臺灣歷史與文化_{研究輯刊}

十 五 編

第 15 冊

清領時期臺灣隱逸詩研究（下）

黃 慶 雄 著

花木蘭文化事業有限公司

國家圖書館出版品預行編目資料

清領時期臺灣隱逸詩研究(下)／黃慶雄 著 — 初版 — 新北市：
花木蘭文化事業有限公司，2019〔民 108〕
目 4+176 面；19×26 公分
（臺灣歷史與文化研究輯刊十五編；第 15 冊）
ISBN 978-986-485-617-6（精裝）
1. 臺灣詩 2. 詩評 3. 清領時期
733.08   108000396

臺灣歷史與文化研究輯刊
十五編　第十五冊　　　　　ISBN：978-986-485-617-6

清領時期臺灣隱逸詩研究（下）

作　　者　黃慶雄
總 編 輯　杜潔祥
副總編輯　楊嘉樂
編　　輯　許郁翎、王筑　美術編輯　陳逸婷
出　　版　花木蘭文化事業有限公司
發 行 人　高小娟
聯絡地址　235 新北市中和區中安街七二號十三樓
　　　　　電話：02-2923-1455／傳眞：02-2923-1452
網　　址　http://www.huamulan.tw 信箱 hml 810518@gmail.com
印　　刷　普羅文化出版廣告事業
初　　版　2019 年 3 月
全書字數　318177 字
定　　價　十五編 25 冊（精裝）台幣 60,000 元

清領時期臺灣隱逸詩研究(下)

黃慶雄 著

目

次

表　次

第七章　山水林泉——逍遙物外情

　　隱逸與自然山水自古是密不可分的，隱士棲身山谷林野的動機，最初可能是爲了遠離人群、全身避禍，到後來開始優遊山水、體悟自然，成爲士人所嚮往的逍遙自適的生活情趣。士人自省地逃離城市，離開人境而投入自然，是一種自覺式的心靈回歸，這與山野樵夫生活在山林之間有著本質上的不同。如同韓愈所說：「士之行道者，不得於朝，則山林而已矣。山林者，士之所獨善自養而不憂天下者之所能安也。」〔註1〕士人潛居山林，除了離避塵世的紛爭禍害外，更重要的是獨守善養其身，並追求「不憂」的閒適生活。

　　從空間意義來看，山林是眞實存在的空間，文人隱士和山野樵夫所看到的，並沒有什麼不同，然而在文人隱士筆下，山林存在著虛幻的詩意想像，有一種源自於本性的喜好，因此，進入山林常被稱作「歸返」自然，最著名的例子是陶淵明的「久在樊籠裡，復得返自然。」〔註2〕自然彷彿是人類生命的起點、精神的母體一般，可以撫慰人的心靈。有時，山林又被視作是神秘的天地，與眞實人間是對立的概念，虛幻而平和。如同李白棲隱山林時所形容的：

　　　　問余何事棲碧山，笑而不答心自閒。桃花流水窅然去，別有天地非人間。

　　　〔註3〕

〔註1〕韓愈，〈後廿九日復上宰相書〉，《韓昌黎全集》（臺北市：新興書局，1967），卷16，頁271。

〔註2〕陶淵明，〈歸園田居〉，《陶淵明詩箋證稿》（北京：中華書局，2007），頁106。

〔註3〕李白，〈山中問答〉，《李太白集》（臺北市：世界書局，1962），卷19，頁944。

「別有天地」事實上是詩人在山水之間的感知審美過程中，透過想像所建構的精神世界，只可意會、不可言說，更不是山野樵夫所能領會的。就像陶淵明所言：「此中有真意，欲辯已忘言。」〔註4〕自然山林所蘊含的哲理，當然要親身經歷、用心體會，豈是言語可以說解的。這樣的精神天地，成為中國文士生活的居遊之所，他們不斷地在山林間探尋，生發感動，進而創作詩文。

　　這種真實存在、卻又虛幻，介於人境和仙境的中介空間，法國哲學家福柯（Michel Foucault）曾以「別異鄉」（heterotopias）來解讀隱士眼中的山水世界，後來新加坡學者蕭馳進一步說明：

> 「別異鄉」是一個真實的地方，卻又是「意義相反的場所」（countersite），是一種「被有效裝扮的烏有鄉」，其中「真實場所同時既被再現，又被爭議和顛倒」。〔註5〕

「烏有鄉」即「烏托邦」（utopia），「別異鄉」是真實存在的空間，透過文學書寫的包裝而「再現」。換言之，隱逸者遊於山林，以身體感官的美感體驗，透過詩化的想像，裝扮了自然的山水世界，連結內心的隱逸空間想像，成就一種仙境式的空間樣貌，它是真實的存在，卻被包裝成另一片美好的心靈歸宿。

　　「別異鄉」的空間特徵，首先是神秘性。自然世界對中國文人而言，具有某種崇高性的意義，人秉自然而生，依靠自然環境、萬物而長，本然真性是質樸美好的。相對於文明社會的制度、物慾，容易讓人性被污染、扭曲。事實上，早從《周易繫辭傳下》：「仰則觀象於天、俯則觀法於地」〔註6〕開始，《論語》提到：「知者樂水，仁者樂山。」〔註7〕《莊子》云：「天地有大美而不言，四時有明法而不議，萬物有成理而不說。」〔註8〕《禮記》引孔子的話：「天有四時者，春夏秋冬，風雨霜露，無非教也。」〔註9〕自然即被視為隱藏大道的真理。到了魏晉，更有王羲之「寓目理自陳」、宗炳「山水以形媚道」，都是把山水與道做一種神秘性的聯結，人若能歸返自然，便能找回真樸的本

〔註4〕陶淵明，〈飲酒〉，《陶淵明詩箋證稿》（北京：中華書局，2007），頁293。
〔註5〕蕭馳，〈問津桃源與棲居桃源——盛唐隱逸詩人的空間哲學〉，《中國文哲研究集刊》，第42期，頁4。
〔註6〕孔穎達，《周易正義》（臺北市：藝文，1970），卷8，頁298。
〔註7〕《論語‧雍也》，《四書章句集注》（上海：上海古籍，2001），頁103。
〔註8〕郭慶藩，《莊子集釋》（臺北市：華正書局，2004），頁735。
〔註9〕戴聖，《禮記‧孔子閒居》，《禮記正義》（臺北市：臺灣古籍，2001），頁1631。

性。因此，面對日益複雜紛擾的社會，歸返自然成了士人終極的生命追求。而代表自然的山水世界，便有士人不斷投入探索，沉醉其間，透過蟲鳴鳥叫、泉石煙霞，尋覓那屬於精神層面的安樂土。

　　中國傳統文人經常因為個人生命的挫折，或是身處衰亂之世，選擇隱避山林成為一種精神的慰藉。「山林」是文人抗拒現實世界的生命歸屬，大自然的平靜、和諧、與世無爭，吸引文人不斷的游走其間，在大自然間汲取能量，讓他們在充滿無奈的現世中，得到短暫的喘息。魏晉時，阮籍「登臨山水，經日忘歸。」〔註10〕嵇康「嘗采藥、游山澤，會其得意，忽焉忘返。」〔註11〕自然山水成了他們對照現實殘酷人生的理想天地，一個可以放縱身心、逍遙自在的樂土。

　　把個人的情感意志轉移到自然山水等外在事物上，在心理學上稱之為「移情作用」（Empathy）。詩人遊走於山水之間，透過主動的接觸和探索、賦予自然風物豐富的生命和情感，如陶淵明的「羈鳥戀舊林，池魚思故淵。」（〈歸園田居〉）、王維「深山人不知，明月來相照。」（〈竹里館〉）詩人以想像將自然山水營造成一個異於人際社會的美好世界，充滿美感、良善、樸實、淡雅、愉悅、無爭的美好世界。這個幽獨神秘的空間，不斷吸引著心向隱逸的士人前仆後繼地追逐，歷久不衰。

　　本章從「山水」空間來談清領時期臺灣文人的隱逸書寫，分成三個層面說明。第一個層面是臺灣的空間意象，從遊宦或移民而言，臺灣自古有著「海外仙鄉」的文化印記，因此在尚未踏上臺灣之前，心中便有一個蓬瀛仙境的想像，文學書寫上自然會將山海與仙境聯想在一起，這是對臺灣島的空間意象。第二個層面是山林空間的書寫，遊走在臺灣山林之間，面對許多尚未完全開發的遠山部落、偏鄉小村、山岩洞穴，文人會將之描寫成與世隔絕的「桃源仙境」，這是中國文人普遍存在的「陶淵明情結」，特別是離鄉宦遊的文人。第三個層面則是聚焦在臺灣本土文人。臺灣特有的山水奇氣，孕育臺灣本土文人「曠放」的文化性格，因此，行走在臺灣的山水林泉之間，常有孤高淡泊之想，詩文創作也較傾向平淡高遠。最後，以臺灣縣詩人陳輝等詩人為例，探討當時詩人遊走於山林之時，在迷失、問津的過程中，不斷地前行探尋心中的桃源仙境，詩人在山水之間不斷探尋、試圖建構一個迷人的世界，基本

〔註10〕房玄齡等，《晉書‧阮籍傳》（北京：中華書局，1974），頁1360。
〔註11〕房玄齡等，《晉書‧嵇康傳》（北京：中華書局，1974），頁1370。

上是欲強化自我的生命哲思，特別是淡泊無求的處世哲學。此例證亦可呈現清領時期臺灣文人的山水詩中特有的隱逸風貌。

第一節　別有天地非人間

臺灣自古有「海上仙山」的說法，但以臺灣海峽的險惡海象，航海技術不足，是難以到達的。對清代人而言，孤懸海外的臺灣是極其陌生的，漢人移民之所以渡海來臺，無非是想追求更好的生活。臺灣素有「海外仙鄉」之稱，「生機處處」的想望，促使他們甘冒危險，勇渡黑水溝。如同連雅堂所說：

> 臺灣產金，世人傳羨，邃古荒昧，至者絕少，遂疑黃金銀為宮闕，
>
> 而為仙人所居，十洲三島，同此詭異，固無足怪。〔註12〕

中國內地民眾對臺灣的陌生，引發「仙境」傳說，《福建通志臺灣府》：「地宜五穀，邇來士知讀書，民務稼穡，漳泉子弟視為樂土，相率而往者歲數千人。」〔註13〕對於急欲覓地生活的移民來說，渡海來臺確實是一個重生的機會。

康熙二十三年（1684）擔任諸羅縣知縣的季麒光，是較早宦遊來臺的官員，他在《臺灣雜記》中所寫的臺灣，處處都是驚奇，金銀珠寶彷彿唾手可得。他敘述的地景僅有十處，都以奇異怪誕為主，如北路的「火山」，相傳是「有大鳥自火中往來，番人見之多死。」；東北的「暗洋」〔註14〕，雖「山明水秀，萬花遍滿」，但卻「一年一晝夜」，人類無法生存其中。其中有關金玉寶藏的傳說，更讓世人爭相探尋的：

> 蛤仔難有金井，水極寒。番淘金，先置火及酒於井旁，懸藤綆入，
>
> 取井底泥沙，口含手掬，急挽而上；寒不可支，飲酒向火，良久乃
>
> 如常。有得一、二錢者，有數分者，亦有一無所得者；既非兼金，
>
> 且散碎難鎔，冒死求利，番人每苦為之。或云：後山倒咯滿南有金
>
> 沙溪，金沙從內山流出，近溪番婦淘沙得金；後為蛤仔難番所據。
>
> 〔註15〕

除了蛤仔難（今宜蘭）以外，當時金山（今基隆）、哆囉滿（今花蓮）、紅頭嶼（今蘭嶼）等地，都有金礦的傳說。其實有關臺灣金礦之說，早在荷蘭據

〔註12〕連雅堂，〈臺灣隨筆書後〉，《雅堂文集》（臺灣文獻叢刊208），卷1，頁55。

〔註13〕陳壽祺，《福建通志臺灣府》（臺灣文獻叢刊84），卷58，頁203。

〔註14〕季麒光，《臺灣雜記》，收入《臺灣輿地彙鈔》（臺灣文獻叢刊216），頁2。

〔註15〕黃叔璥，〈番俗六考〉，《臺海使槎錄》，卷6，頁140。

臺時，即有探採之事，根據荷治時期實質統治臺灣的荷蘭聯合東印度公司的檔案資料顯示，荷蘭人早已掌握臺灣蘊藏金礦的情報，1642 年 10 月透過一位長住臺灣的西班牙人口中得知，哆囉滿（今花蓮）確有沙金。因爲這些地方位於偏遠山區，且多由原住民部落控制，最終並無太多收穫。〔註16〕

　　另一個典型的是打鼓山藏金的傳說。打鼓山（今名柴山）位於高雄西南濱海，相傳明朝末年海盜林道乾將劫掠的金銀珠寶埋藏在打鼓山深山處，並意圖謀反，後來事機敗露，撤離不及，倉促之間埋藏了十八籃半的金銀在山中。其妹林金蓮堅持留下看守，導致延誤逃命時間，在重重追兵包圍之下，林道乾一時情急，斬殺金蓮後殺出重圍，徒留下山中藏金傳說。《鳳山縣志》記載：

> 相傳道乾妹埋金山上，又有奇花異果，入山樵採者或見焉，啜而啖
> 之，甘美殊甚；若懷歸則迷路，雖默識其處，再往終失矣。夫異方
> 固多異境，豈南田石洞、五黃山諸勝特擅其靈秘也耶！〔註17〕

林道乾埋金這類的海盜藏寶傳說，是大航海時代探險者共同的幻想，明清移民冒險渡海，內心總抱著海外尋寶、一夕致富的期待。樵夫意外闖入秘境，再前往而不可得，「異境」、「靈秘」，都點出荒島初開的神秘感，以及百姓急欲探險尋寶的心理。《臺灣志略》則說是「疑有山靈阿護」〔註18〕，更賦與山岳神靈的力量，以抗拒外力的侵擾。

　　這樣的傳說也出現在臺灣中部，《裨海紀遊》有一段「銀山」的記載：

> 銀山有礦，產銀；又有積鏹，皆大錠，不知何代所藏。曾有兩人常入
> 取之，資用不竭。前臺廈道王公（名效崇）命家人挽牛車，隨兩人行，
> 既至，見積鏹如山，恣取滿車，迷不能出，盡棄之，乃得歸。明日，
> 更率多人，薙草開徑而入，步步標識，方謂歸途無復迷理，乃竟失故
> 道，尋之累日，不達而返。自此兩人者亦不能復入矣。〔註19〕

同樣的迷失前路，透過山靈自我保護，表達對人類貪欲的「抗拒」。故事描繪充滿寶藏的秘境，與當時渡海來臺的移民，對臺灣有著金銀遍地的浪漫想像有關。

〔註16〕（荷）包樂史（Leonard Blussé）等編、康培德譯，《邂逅福爾摩沙：臺灣原住民社會紀實：荷蘭檔案摘要（2）》（臺北市：行政院原民會、順益臺灣原住民博物館，2010），頁 185～190。

〔註17〕李丕煜，《鳳山縣志》（臺灣文獻叢刊 124），卷 10，頁 164～165。

〔註18〕蔣師轍，《臺灣通志》（臺灣文獻叢刊 130），頁 228。

〔註19〕郁永河，《裨海紀遊》（臺灣文獻叢刊 44），頁 55。

　　臺灣的金山銀山及山海神靈的故事，其實都來不脫漢文化中神仙秘境的傳說，從文化學的角度來看，是漢民族透過自己熟悉的文化機制，來詮釋臺灣的異族、異地、異文化。引用他們所熟悉的蓬瀛仙境、福地洞天、金銀寶藏的故事，也可以降低他們對陌生環境的恐懼，同時強調自我文化的認同。

　　除了臺灣的山水引發蓬瀛仙境、金山銀山的奇異想像外，對於島上的居民，也有許多特殊的聯想。其中，最值得一提的是關於原住民的太古先民想像。

　　如同人類學者所說，當宦遊臺灣的文人接觸到原住民文化時，會產生某種程度的心理震撼，接著會以自身的文化背景，考察、比較異民族的差異，最常見的敘述是以自己文化中相似的案例來比附。這些書寫形容通常是為了「除魅」（démystifier），即消除因環境陌生、語言不通的恐懼。〔註20〕清領初期，文人官員常用「無懷、葛天氏之民」來比喻淳樸的臺灣人民，或許也反應出他們心中所期待的臺灣。

　　康熙二十三年（1684）來臺擔任臺灣總兵的楊文魁有〈臺灣紀略碑文〉：

　　臺灣，海邦荒服地也，與閩省對峙，惟隔越重洋。其先輿圖未載，
　　故無沿革可稽。所利舟帆，東連日本，南通暹羅、呂宋、琉球諸國。
　　生齒士番，茹毛衣革、椎結徙離，不知文章、不通華俗，居然無懷、
　　葛天之遺也。〔註21〕

筆下的臺人茹毛衣革、挽髻如椎、語言殊異，他們不識文字、不通華俗，生活卻像似中國上古的無懷氏、葛天氏那般的淳樸無欲。

　　康熙三十六年（1696）來臺採硫的郁永河，近距離的觀察臺灣原住民，形容曰：

　　若夫平地近番，冬夏一布，粗糲一飽，不識不知，無求無欲，自遊
　　於葛天、無懷之世，有擊壤、鼓腹之遺風。〔註22〕

把原住民比喻為中國上古傳說中帝堯盛世的百姓，因天下太平而無事，擊壤而歌，日出而作，日入而息，無欲無求的原始社會。

〔註20〕參見陳龍廷，〈相似性、差異性與再現的複製：清代書寫臺灣原住民形象之論述〉，《博物館學季刊》，17：3，2003年7月，頁95。

〔註21〕楊文魁，〈臺灣紀略碑文〉，收入《臺灣府志》（臺灣文獻叢刊65），卷10，頁265。

〔註22〕郁永河，《裨海紀遊》（臺灣文獻叢刊44），頁33。

這樣的原始社會形象，時常結合著部落所處的崇山峻嶺，以及村落的茅廬炊煙，帶給人遠離塵世、別有天地的想像。嘉慶年間來臺的吳性誠，作詩云：

> 七十二社部落分，茹毛飲血麋鹿群。中有曠隰名埔社，水繞山圍佳勝聞。周迴斜闊幾百里，豐草長林平如砥。雕題黑齒結茅居，歌哭聚族皆依此。牧牛打鹿釣溪魚，不識不知太古初。別有天地非人世，萬頃膏腴可荷鋤。〔註23〕

原住民部落多位於群山之間、水流之際，以狩獵捕魚維生，這樣的環境與中國原始社會無異，加上部落時常聚會、飲酒歌舞的歡樂場景，讓人有回到太古時代、無欲無求的幻想。

清代文人剛到臺灣時，其實還存在著「桃花源」的幻想。人都對自然都有一種嚮往，特別是厭倦了文明或遭受挫折的時候，置身自然的懷抱、逃往幻想之境，成了自我消解的良方。「蓬萊仙島」原就是一種中國社會對臺灣的集體式的想像，透過書本文字的虛假幻想，一代傳過一代。他們想像著大海彼端的小島，有著金銀宮殿、神仙世界，是超越現實的理想淨土，一個在文明與自然中隱現，如同仙境的島嶼。

明末沈光文滯留臺灣，創作了一首〈仲春日友人招飲不赴〉詩，第一次將臺灣與「桃花源」聯想在一起，詩云：

> 並無一事慰相知，占住桃源亦頗宜。詩債屢稽明月夜，酒緣偏誤好花時。
> 頻收靜致留春雨，忽發新思寄柳枝。卻訝漁人焉得到，遂令雞犬也生疑。
>
> 〔註24〕

詩中表現沈光文在臺的生活，對於棲身山林，頗感閒情逸趣，雖仍心繫家國，但眼前原始自然的山村野居，卻美得像是桃花源，或去或留、是憂是喜，充滿著矛盾的心情。

不久，隨鄭成功來臺的遺老徐孚遠亦有一首〈桃花〉詩：

> 海山春色等閒來，朵朵還如人面開。千載避秦真此地，問君何必武陵回。
>
> 〔註25〕

〔註23〕　吳性誠，〈入山歌〉六首之三，收入《彰化縣志》（臺灣文獻叢刊156），卷12，頁475。
〔註24〕　沈光文，〈仲春日友人招飲不赴〉，收入《沈光文全集及其研究資料增編》（臺南市：南市文化局，2012），頁59。
〔註25〕　徐孚遠，〈桃花〉，《釣璜堂存稿》（新北市：龍文，2012），卷18，頁1164。

詩人把臺灣想像成逃避亂世的「桃花源」，山光水色、繁花似錦。然而畢竟是
亡國遺民，遠避海外、無法回返，語氣中充滿無奈。

「桃花源」是中國文人共有的美好生活境界，可說是集體的文化意識。
它不限時空、如影隨形地出現在文人的想像與書寫中。將之投射在臺灣的山
水中，除了表現文人個別的情志外，同時也是漢文化的延伸、複製，不管有
意無意，當文人遊息在臺灣的山林之間，「桃花源」彷彿是揮之不去的文化印
記。

乾隆二十九年（1764）修纂的《重修鳳山縣志》登載了一篇〈古橘岡詩
序〉，作者不詳，那是一個秘境故事：

> 邑治有岡山，未入版圖時，邑中人六月樵於山，忽望古橘挺然岡頂。
> 向橘行里許，則有巨室一座。由石門入，庭花開落，階草繁榮，野
> 鳥自呼，廡廊寂寂。壁間留題詩語及水墨畫蹟，鑱存各半。登堂一
> 無所見，惟隻犬從內出，見人搖尾，絕不驚吠。隨犬曲折，緣徑恣
> 觀，環室皆徑圍橘樹也，雖盛暑，猶垂實如椀大，摘啗之，瓣甘而
> 香，取一二置諸懷。俄而斜陽照入，樹樹含紅，山風襲人，有淒涼
> 氣。輒荷樵尋歸路，遍處誌之。至家以語其人，出橘相示，謀與妻
> 子共隱焉。再往，遂失其室，並不見有橘。〔註26〕

這個故事明顯改編自〈桃花源記〉，樵夫誤入自然秘境，有奇花異果，祕境中
老橘在盛暑結實，代表著時序不同凡間，山中歲月特別美好。而石室留有「詩
語」、「水墨」，表示文明之跡，雖未見其人，但有犬搖尾，代表有人，只是神
隱或恰巧不在。樵夫歸家後，同樣沿途留記，但再次尋訪而不可得。故事的
結局和桃花源一樣，無從證實，似乎是暗示這是空幻之境，一個不可強求的
美好世界，只存在於夢幻想像的美麗仙境。

除了鳳山縣的岡山外，類似的「桃花源」書寫尚出現在東部外海的小島，
《彰化縣志》記載：

> 繡孤鸞，山麓皆菊花，有能結實者，老番不知幾百歲。相傳近海有
> 一浮嶼，上皆仙人所居，奇花異草，珍禽馴獸。每歲初冬，則遣一
> 童子，駕獨木小舟到繡孤鸞，遍采菊實，番有從童子至其處者，歸
> 則壽數百歲。猶依稀能憶其概，或童子不來，欲自駕舟往尋，終迷

〔註26〕 佚名，〈古橘岡詩序〉，《重修鳳山縣志》（臺灣文獻叢刊 146），卷 11，頁 335。

> 失水路，莫知其處。惟隨童子往返者，登舟瞬息即到。山無城市，
>
> 祇有人家，至今相傳以爲仙山云。〔註27〕

看得出來這是來自於桃花源故事原型的改易，有著奇花異果、珍禽馴獸的海島仙境，領路駕舟的童子，是惟一與人世接觸的，「采菊」則是暗喻隱逸之情。而見證此境的老番，高壽幾百歲、浮舟往返瞬息，是特異的時間感，都是表示那是異於人世的仙境。

　　兩個桃花源故事，一個是山、一個是海，說明了臺灣的山海奇景，帶給士人無限的浪漫想像。當漢人移民面對臺灣異地時，感受到的除了好奇震驚外，通常會以自身的知識背景，詮釋眼前所見的景象，以減少內心的衝擊和驚恐。於是，這種隨著自我文化及主觀感知所產生的文學書寫，會略帶著文化的偏見，對於書寫對象而言，無法客觀地呈現真實狀況。但是對於創作者來說，他們遠離故鄉、投身異域，亟需構劃一個可供心靈依託的場景，自然是透過生活經驗和文化記憶，把熟悉的文化空間納入想像，同時也展現自我的。

　　臺灣山川秀麗，處處皆有奇景，文人遊於其間，特別會生發浪漫的想像。當時有些山岳命名，本身就具有神仙傳說。如鳳山縣最南端的「仙人山」，傳說是仙人遺跡，《臺灣府志》載：「其巔，往往帶雲如仙人狀。傳聞有服絳衣、縞衣者，對奕其中。今有生成石棋盤及石磴在焉。」〔註28〕卓肇昌曾作詩云：

> 桃源洞裏神仙闓，絕嶠浮空望欲微。樂奏笙簧青嶂翠，杯傾瓊液紫霞飛。
>
> 聳身松杪星河近，控馭山頭鹿猱歸。洞口主人煩指點，若爲茶竈若爲磯。
>
> 〔註29〕

詩人進一步將神仙故事寫入詩中，在桃花源的空間中，有仙樂鳴奏、神仙們飲酒歡饗，歸家時將茶竈、棋盤、石磴遺忘在山頭。他另一首詩則細述仙人對弈的場景，詩云：

> 天公遺下石棋盤，洞裏神仙日月寬。十九路誰分黑界，幾千年自帶雲寒。
>
> 劇憐人世紛爭道，只換山中妙戲彈。乾雹聲聞同玉響，不知還許採樵看。
>
> 〔註30〕

〔註27〕　周璽，《彰化縣志》（臺灣文獻叢刊156），卷11，頁390。

〔註28〕　高拱乾，《臺灣府志》（臺灣文獻叢刊65），卷9，頁223。

〔註29〕　卓肇昌，〈仙人山〉，收入《重修鳳山縣志》（臺灣文獻叢刊146），卷12，頁411。

〔註30〕　卓肇昌，〈仙人對奕〉，收入《重修鳳山縣志》（臺灣文獻叢刊146），卷12，頁411～412。

詩中將仙界與人世作比較，一邊寬敞一邊狹隘、一邊悠閒一邊紛爭，可憐人世紛亂之際，山中仙人卻可自外於世、閒散弈棋。山林空間自古具有仙界的寓意，特別是這樣的幽隱仙界，只有樵夫可以窺見，因此樵夫就被賦予「智者」或「隱士」的角色，具有探訪仙境的特異能力。

卓肇昌另一首〈丹渡晴帆〉則是將渡頭想像成桃源問津之處，詩曰：

> 沈寥丹港渡聲齊，極浦蒼茫望欲迷。一葦凌空寒浸月，片帆斜映浪平隄。
> 白雲深處桃源路，綠樹叢中花縣西。島上漁人歸去晚，參差殘影落峰低。
> 〔註31〕

〈丹渡晴帆〉是鳳山八景之一，位於鳳山縣北的萬丹港（今高雄左營軍港）。或許是漁人歸舟的意象，加上海的蒼茫迷離，讓詩人想像白雲深處可通桃源勝境。

整體而言，臺灣山海書寫的仙境化，主要還是源自中國的東方仙鄉傳說，東方海上有蓬萊、方丈、瀛洲三仙山，其中有金銀宮殿、珍禽異獸，並且能長生不老。不同於西方神仙世界的遙不可及，東方仙鄉自古便有方士道人前往求仙，留下許多令人神往的傳說。

文學書寫呈現詩人內在的感受和思維，不管是山或海，詩人都可以將臺灣的山海自然空間幻化成桃源之境和神仙世界，連帶著臺地的原住民也成了太古時代的葛天氏、無懷氏。這樣的書寫風貌，主要是詩人內心有著主觀的意念，想要追尋無憂無慮的桃源仙境，而更深一層的心理，則是隱逸仙境的想望。有趣的是，這並非少數人的意念，而是多數文人心中的嚮往，所以當他們行走在山水林泉之間，神話仙境自然會出現眼前。

第二節　心寬無處不桃源

自然山水古來共賞，詩人在山水中行走，模山範水之際，往往加入個人的情感、志趣、個性，形成一種交感對應，即《文心雕龍・物色》所謂：「歲有其物，物有其容，情以物遷，辭以情發。」〔註32〕四時萬物的景觀改變，會引起人的生理感覺，進而觸發心理情感。而相對地，人有時會帶著既有的

〔註31〕卓肇昌，〈丹渡晴帆〉，收入《鳳山縣采訪冊》（臺灣文獻叢刊 73），頁 486。
〔註32〕劉勰著，王更生注，《文心雕龍讀本》（臺北市：文史哲，1999），卷 10，頁 302。

情感和偏好，來看待眼前的山水景物，這時所描寫的山水中，將帶著濃厚的自我性格。特別是在失意的時後，面對自然樸質的山林景象，會產生一種孺慕之情，想遠離塵俗，投入山林，寄託個人的情志與懷抱。

臺灣士人的失意與感懷，主要是來自個人身世與遭遇的不如意，如明末的沈光文，因颱風意外漂泊來臺，不僅有亡國之痛，還流亡海外。另外如鄭經，因西征失利、無心政事，於是寄情山水、潛居以終。而宦遊來臺的中土文人，往往因被迫遠宦而意志消沉，多有貶謫海外之感。本土文人的部份，影響至深的還是社會的動亂，早期台灣社會常有分類械鬥、大小民變，到後來的乙未割臺，都對文人造成心理的驚恐和創傷，往往借助山林自然，避居保身、消極隱遁。諸多的失意人生，總是在寄寓自然山水時，才能得到舒緩和慰藉，詩人的情感和文筆，同時也讓自然山水獲得生命和光彩，譜出動人的詩篇。

明代遺民沈光文（1612～1688）流寓臺灣三十多年，避居山林之間，日與閒鷗為徒，可以忘機。他創作不輟，尤其徘徊林泉、感物吟遊之詩，極為豐富。〈感懷〉詩云：

> 不改棲遲趣，偏因詩酒降。晨風搖遠樹，夜月照寒釭。地靜長留古，
> 心幽豈逐尨。興來懷友處，結韻老梅椿。〔註33〕

沈光文剛到臺灣時，常懷歸鄉復國之想，幾年後，卻也逐漸接受現實。他轉換心情，以遊賞山林的情趣代替羈旅異地的傷心，晨風搖、夜月照，都是自然景物的觀察，照映的是詩人內心的「靜」和「幽」，人與自然互為呼應。如同他的另一首詩所說：「塵囂渾欲脫，山水試相尋。」〔註34〕詩人將山林當作「別異鄉」，投身其中，為的是要避開人世間的紛擾，並藉著山水自然，找尋一種能與自己心靈相通的本真，以便寄託漂泊的心靈。

清領之前，統治臺灣的鄭經（1642～1681），在永曆三十四年（1880）西征失敗後，退守臺灣，銳志盡失，而後不問政事，閒居洲仔尾（今臺南永康）。他「築游觀之地，峻宇彤牆、茂林嘉卉，極島中之華麗，優游其間，而至卒歲。」〔註35〕詩集《東壁樓集》收錄了相當多縱情山水、清幽閒曠之作，如〈屏跡〉詩云：

〔註33〕　沈光文，〈感懷〉八首之三，《沈光文全集及其研究資料增編》（臺南市：南市文化局，2012），頁51。

〔註34〕　沈光文，〈發新港途中即事〉，《沈光文全集及其研究資料增編》（臺南市：南市文化局，2012），頁56。

〔註35〕　（日）川口長孺，《東瀛識略》（臺灣文獻叢刊5），頁70。

> 生來性放曠，興起獨遨遊。寂寞橫漁釣，逍遙扣角牛。千峰形紫翠，
> 百鳥調喧啾。開卷聖賢侶，絕塵水石儔。空山巖谷靜，荒徑林塘幽。
> 終歲邀明月，穿窗伴白頭。〔註36〕

詩集中這類的詩不在少數，把家國大事盡拋腦後，悠遊於海濱、山林之間，他把情志表現在山水景色中，彷彿找到可以寄託身心靈的世界。〈山中作〉云：

> 獨坐深山臥曲房，閒行竹徑俯林塘。清流能洗氛埃事，幽谷自開名利韁。
> 林鳥朝朝喧異語，石泉夜夜奏清商。碧空明月時相侶，翠嶺輕雲日在傍。
> 聽韻松間倚竹杖，尋芳花下擷荷裳。情移山水共清態，神與煙霞俱景光。
> 此外俗塵都已淨，惟將旨酒作吾鄉。〔註37〕

對於一個情感飽滿的文人而言，無法在現實社會得到發揮，只得把它收斂在心中，藉著遊山玩水之際，將之轉移到原本無情的山水，行諸於文字，成就有情的文學世界。鄭經政事失意之際，山水成了他心靈最大的依靠，他在山水中得到知音的安慰，林鳥流泉、明月輕雲、松竹花草，都成了對話傾訴的對象，詩人熱切地投入這個迥異於現實、隔絕於人境外的山水世界，心靈上得到撫慰、淨化，精神得以超脫、昇華，彷彿得到重生一般。

而吸引文人沉醉其中的這塊世外之地，有時稱為「幽境」，往往是與世隔絕、人煙罕至的，當中除了山野林泉的元素外，同時也灌注了詩人的浪漫想像，而這些想像往往都是來自於內心的憧憬和夢想，且看鄭經筆下的山水世界：

> 避塵隱深山，出入扶藜杖。歧路荒草掩，親朋無相訪。靜坐幽谷裏，
> 日在碧流傍。青山橫聳起，環列如屏嶂。杉松萬重翠，惟聞鳥聲唱。
> 孤山人到少，麋鹿堪為伉。瀟灑雲煙外，登臨憑四望。長嘯巖谷應，
> 心清任曠放。草廬橫石床，寄傲自安暢。景幽絕世塵，日日獨醉忘。
> 〔註38〕

鄭經企求的幽居之所是幽隱深山，歧路荒草、絕少人跡，青山環繞、流水依傍、松杉相鄰、雲霧長繞，禽鳥鳴唱、麋鹿為友。詩人在這樣的環境中，不僅能與塵世喧囂隔絕，還進一步與天地自然相通相應，「瀟灑」、「長嘯」、「心清」、「曠放」，是他對應山水的態度，沉醉其中、逍遙自在。

〔註36〕 鄭經，〈屏跡〉，《東壁樓集》（明永曆泉州刻本），卷5，頁283。
〔註37〕 鄭經，〈山中作〉，《東壁樓集》（明永曆泉州刻本），卷6，頁318。
〔註38〕 鄭經，〈幽居〉，《東壁樓集》（明永曆泉州刻本），卷1，頁21。

康熙四十四年（1705）來臺的孫元衡，宦臺三年餘，留下《赤嵌集》約
360首詩，台灣地景、氣候、風土在他的筆下，大部分都成了窮山惡水、地震
災厄、鬼獸出沒的地方。「庭燎栖雞怪，場其倦馬哀。」〔註39〕大抵反應了他
遠宦的無奈心情。然而到了任官後期，他的心境有了改變，當他再次來到山
中人家，看到的是自適無憂的生活，詩曰：

> 地僻任耕鑿，山深無是非。檐前朝露注，林外海雲歸。鵝鴨晨懽隊，
> 犯豵夜突機。官符從不到，白日款荊扉。〔註40〕

他的眼中，山居生活沒有是非憂愁，一切如雲露般自由自在，像鵝、鴨、豬
一樣自然歡愉，這樣帝力不及的偏僻小村，在詩人筆下成了人間樂土。

當然，從「窮山惡水」到「人間樂土」，可以明顯看出詩人心境的轉變，
同時也說明了山水本無情，因人而有情的道理。詩人懷著什麼樣的心情看待，
它就會呈現什麼樣的風情。

清領時期像這樣的地理書寫頗為常見，在文人的雜記中，許多地方是以
「桃花源」的形態出現的，如水沙連（今日月潭），康熙六十年（1721）來臺
的藍鼎元（1680～1733），在遊歷了水沙連社後，寫了〈紀水沙連〉曰：

> 潭廣八、九里，環可二、三十里，中間突起一嶼，山青水綠，四顧
> 蒼茫，竹樹參差，雲飛鳥語。古稱蓬瀛，不是過也。…嗟乎？萬山
> 之內，有如此水，大水之中，有此勝地。浮田自食，蟒甲往來，仇
> 池公安足道哉！武陵人誤入桃源，余曩者嘗疑其誕，以水沙連觀之，
> 信彭澤之非欺我也。〔註41〕

水沙連社位於中部深山中，是崎嶇難行的偏遠原住民部落，但部落環山、潭
水清新、幽靜淳樸。康熙五十六年（1717）《諸羅縣志》便記載曰：「水沙連
四周大山，山外溪流包絡。自山口入為潭，廣可七、八里，曲屈如環圍二十
餘里。……嶼圓淨開爽，青嶂白波，雲水飛動，海外別一洞天也。」〔註42〕
水沙連村社位於潭中小島，居民繞嶼築屋，結竹木浮水為田，捕魚為生，飲
酒高歌，安樂無憂，彷彿與世隔絕之桃花源，詩人剛經歷朱一貴事件，來自
於紛亂塵世，進入一個淳樸無爭的空間，彷彿當初誤入桃花源的漁人。

〔註39〕孫元衡，〈宿二林〉，《赤嵌集》（臺灣文獻叢刊10），卷1，頁17。
〔註40〕孫元衡，〈山家〉，《赤嵌集》（臺灣文獻叢刊10），卷4，頁67。
〔註41〕藍鼎元，〈紀水沙連〉，《東征集》（臺灣文獻叢刊12），卷6，頁85～86。
〔註42〕周鍾瑄，《諸羅縣志》（臺灣文獻叢刊141），卷12，頁284～285。

這樣的比喻，對後來的文人有很大的影響，陸續有許多人因此慕名前來，並留下詩文作品，也顯示文人對「桃花源」之境的嚮往。

康熙六十一年（1722）來臺的首位巡臺御史黃叔璥（1666～1742），巡行各地之餘，也有同樣主題的詩作：

> 湖中員嶼外重溪，三跨橫藤人自迷。此境若非番社異，武陵洞口認花蹊。
> 〔註43〕

詩中對原住民部落有細膩的描寫，位於崇山峻嶺之間的水沙連社，又有珠潭環繞，神秘祥和，縱使須跋山涉水，仍然吸引著文人前往。他們的探尋，當然不只是對原住民風土的好奇，更重要的是心中那份普遍存在的「桃花源情結」，中國文人心中嚮往的美麗世界。

同治年間，方濬頤在描述「開墾撫番」的記載中，亦曾提到：

> 水沙連谷地近彰化，潘偉如方伯曾至其地。云山水靈奇，人物秀美，
> 清風徐來，芬馨四溢；時則白菡萏盛開，花瓣一痕金線如畫，儼入
> 桃源。〔註44〕

他轉述另一位文人潘偉如的親身經歷，以「人物秀美」來形容原住民，在清領時期是較為少見的。「清風徐來，芬馨四溢」則可見遊人對此境的美好感知，一如前人所述，是一桃源仙境。

光緒初年來臺的馬清樞有一首描述水沙連的詩作：

> 高岸萋萋草似煙，白波青嶂水沙連；編茅繞嶼千椽屋，架竹浮湖萬頃田。
> 喚渡津頭划蟒甲，賣鹽市上用螺錢。行人莫憚藤橋險，別是瀛壖一洞天。
> 〔註45〕

馬清樞在臺任官期間，關注臺灣風土習俗，有〈臺陽雜興〉三十首。他筆下的水沙連社，芳草萋萋、青山白波，是幅美麗風景。千椽屋、萬頃田，渡頭呼喚、鹽市交易，是富足安樂的景象。

事實上，馬清樞所描繪的水沙連社，極可能是未曾親眼目睹的想像畫面。早在道光三年（1823）來臺的鄧傳安（1764～？），就曾慕名欲入水沙連，可惜未能如願。他當時記錄道：

〔註43〕 黃叔璥，〈詠水沙連社〉三首之三，《臺海使槎錄》（臺灣文獻叢刊 4），卷 6，頁 124。

〔註44〕 方濬頤，〈臺灣地勢番情紀略〉，收入《臺灣海防並開山日記》（臺灣文獻叢刊 308），頁 74。

〔註45〕 馬清樞，〈臺陽雜興〉三十首之八，收入《臺灣雜詠合刻》（臺灣文獻叢刊 28），頁 55。

時已初冬，四山青蔥如夏。滿潭皆菱芡，浮水白蓮如內地之六月菊。
自北而南，艤舟山後。攝衣披草而登，不數十步，見美人蕉一畝，
又見萬年菊一畝，紅黃相映，俱是蔓生。木果亦天成，石榴已殘、
林檎尚可食。風清雲澹、鳥語花香，怡愕忘疲，惜荒蕪中無處可列
坐而休耳。鹿洲所云：「番黎繞嶼為屋以居、架竹木水上藉草承土為
浮田以耕者。」府志亦載之，今皆不見。但見度木水中，傍嶼結寮
為倉，以方箱貯稻而已。其實番黎不解菑畬，既視膏腴如磽确，又
安用此浮田為哉？山麓望潭，不知原委；望遠山，不知脈絡。欲躋
山頂以得寥廓之觀，而草深樹密，無路可尋，悵悵而反。〔註46〕

他自埔裏社出發，依著前人的指路前往，沿途景色雖美，但蔓草雜生、道路
荒蕪。潭中小嶼已經無人居住，更不見島四周的浮田，只見潭水上建造的草
寮、貯稻的方箱。可見當時水沙連社已沒落而遷徙他處，當然就不會有光緒
年間的千棟屋、萬頃田的富庶景象。

　　其實清領時期的許多的地理書寫，都是在前人的紀錄之下，加油添醋般
的寫成的。這其中多半是礙於現實無法親臨一見，另外也顯示出許多文人間
共同的地理書寫，並非一定要親身經歷，而是在特定的畫面勾勒下，便能任
由詩人揮灑想像。這道理就如同「臥遊」山水般，後起的詩人根據文獻、詩文
的記載，發揮想像，亦有行旅細節的描繪，同樣可以表現出遊山玩水的趣味。

　　然而，透過這些共同的地理書寫，所表現出來文人集體的意識形態，也
是值的關注的。「水沙連」作為文人嚮往及書寫的地景，是因為它具備「桃花
源」的地理想像，從藍鼎元開始，產生一系列的共同書寫，除了為「水沙連」
確立了世外桃源的想像外，同時也呈顯出這一脈相傳的詩人，心中懷抱著桃
源仙境的期待與幻想。是故當鄧傳安未能如願見到藍鼎元所述的桃源景象
時，心中充滿著疑惑：

　　嗚呼！臺灣乃海中一嶼耳，嶼之中有斯潭，潭之中復有斯嶼，十里

　　如畫，四時皆春；置身其間，幻耶、真耶？仙耶、凡耶？〔註47〕

藍鼎元所見到的景象，是否真實存在？抑或是他的幻覺呢？藍鼎元是否像「漁
人」一般，進入一個神秘的仙境？後來的人再也無法進入的仙境。

〔註46〕鄧傳安，〈遊水裏社記〉，收入《彰化縣志》（臺灣文獻叢刊156），卷12，頁
　　　　469。
〔註47〕同上註，頁470。

鄧傳安的疑問，也許可以找到答案。晚清時期，彰化詩人蔡德輝（1833
～1891）有首水沙連詩：

> 嘉彰形勝此中分，奇跡搜尋廣見聞。濁浪排空多滾木，危巒繞社半籠雲。
>
> 天斜北斗光長映，地接東埔氣不絕。塵世依然仙境在，笑看泉石酒微醺。
>
> 〔註48〕

搜尋桃源奇跡幾乎是每個愛好山水的共同想望，然而山水景色鋪陳眼前，仙
境想望則存在心中，最好的方式便是心情曠達，「笑看」塵世，而醉酒微醺，
便能想像奔放，那麼仙境自然會出現。

陶淵明的〈桃花源記〉描繪一個與世隔絕、淡泊無爭的「仙境」，這個獨
立於山間的世界，沒有豐富的物質、繁華的景象，人們真誠樸實、怡然自得，
不僅讓故事的主人翁回味不已，更帶給後世的文人無限的想像空間，是謂「桃
花源情結」。自此，中國文人不斷地追逐「桃花源」，心中嚮往著隱避閒逸的
生活，於是帶著「桃花源」圖像，遊走於山水之間，凡是獨立於世的小村莊，
都可能被看作是「桃花源」。

其實「桃花源」並非專指某一空間，而是一種悠閒自在的生活形態。它
獨立於紛雜的塵世外，不受外物干擾控制，人們無欲無求、和諧淡泊，日出
而作、日入而息，與自然共生共榮。而事實證明，只要人的胸懷曠放，無論
走到哪裡，都可以發現「桃花源」，不管在山巔、水邊、林間，都需要用「心」
去發現。這些「桃花源」書寫，除了外在條件以外，大部份還是詩人心中的
想像，因此，「桃花源情結」某種程度呈現了文人對隱逸生活的嚮往。

第三節　本土文士多曠放

臺灣本地的文人，一方面受到臺灣島上自然環境的涵養，一方面感受到
孤懸海外，遺世獨立的文化特質。先天上具有悠閒逸氣、自然淡泊的幽情，
當他們面對山水景物時，展現的是曠放淡泊的文化氣息，這與內地文人的詩
作是截然不同的。這一點，雍正年間來臺兼理學政的夏之芳就曾注意到，他
在科舉課試閱卷之中，就曾表示：

〔註48〕蔡德輝，〈沙連即景〉四首之一，收入《雲林縣采訪冊》（臺灣文獻叢刊37），
　　　　頁170。

> 臺士之文多曠放，各寫胸臆，不能悉就準繩。其間雲垂海立、鰲掣
> 鯨吞者，應得山水奇氣；又或幽巖峭壁、翠竹蒼藤，雅有塵外高致。
> 其一瓣、一香、一波、一皺，清音古響以發自然，則又得曲島孤嶼
> 之零煙滴翠也。海天景氣絕殊，故發之於文類頗能各逞瑰異。至垂
> 紳搢笏、廟堂黼黻之器，則往往鮮焉。固其士之少所涵育，亦其地
> 之風氣僻遠而然也。〔註49〕

他認為臺灣士子的詩文具有超曠奔放、直書胸臆的特質，而這樣的天生質性，
便是來自山海自然環境的涵養，不論是氣勢磅礡或高雅脫俗，都與臺灣自然
的山海景色、物候風土息息相關。

　　由於臺灣偏居海外，參加科考須渡海遠行，十分艱辛，故臺地文人對於
科舉並不熱中，許多人僅只於鄉試中第便返鄉不出，或安於家業，或教書維
生，因此反應在應試詩文中，多曠放塵外之風，而一般的文人也多淡泊名利、
閒隱度日。以下略舉數例說明：

　　鳳山縣詩人卓肇昌，乾隆十五年（1750）舉人，官揀選知縣，但不赴任。
康熙六十年（1721）朱一貴事件時，隨父親卓夢采隱避鼓山。他常在山水詩
作中表達曠達的心志，如〈斜灣樵唱〉詩：

> 忽聽樵子唱，躑躅下前山。幾曲斜峰亂，一肩落日還。輕風聞遠浦，
> 清響度花灣。娟娟鶯頻和，泠泠石點頑。行歌聊自適，笑士不如閒。
> 試問家何處，白雲屋半間。〔註50〕

斜灣是鳳山八景之一，即今日的西子灣。詩人遊於柴山、海邊，在落日餘暉
下，伴隨著樵唱、輕風、鶯啼、泉水等山海間的清幽響聲，走在曲折小徑、
石嵐松陰下，一片悠然靜謐的山林景致。而詩末與樵子的對談，則點出詩人
閒逸獨居的想望。

　　另一首〈晴巒觀海〉詩：

> 絕頂晴峰陟，遙瞻碧海迎。川光山上湧，巨浸望中生。渾似凌天漢，
> 依稀接玉京。坐雲看變化，觀水悟清明。沙鳥孤飛盡，歸舟一抹橫。
> 紗縹無盡處，從此達蓬瀛。〔註51〕

〔註49〕 夏之芳，〈海天玉尺編二集序〉，收入《重修臺灣府志》（臺灣文獻叢刊104），
　　　　頁669～670。
〔註50〕 卓肇昌，〈鼓山八詠‧斜灣樵唱〉，收入《鳳山縣采訪冊》（臺灣文獻叢刊73），
　　　　頁472～473。
〔註51〕 卓肇昌，〈晴巒觀海〉，收入《鳳山縣采訪冊》（臺灣文獻叢刊73），頁475。

詩人經過自然山水的洗滌，登上峰頂，遙望碧海，心中浮現凌霄天河、遠接天庭的虛幻想像。而坐雲觀海，讓人體會山水雲霧的變化飄紗，孤鳥飛盡、歸舟橫江，瞬息轉空。透過多角度的視覺感受，激發更多的想像，「川光」、「巨浸」、「天漢」、「玉京」都是感官經驗的反應回饋，而「體悟」則是更深層的哲理思考，詩人的心靈通過「感官」、「想像」兩個層次的淘洗，顯得通透明朗，進一步對生命有了醒悟，飄飄然好似飛昇進入蓬萊仙境。

卓肇昌的叔父卓夢華，同樣生性恬適。他的〈淡水溪雨泛〉詩：

> 霏霏溪水渡，舟子呼相於。碎滴桃腮膩，痕添柳眼舒。浮橋知有岸，
> 舞樹欲留裾。鼓棹萍分手，開窗鳥覷余。客將詩度雨，田有叟孤鋤。
> 花塢蒼茫裏，白雲處士廬。〔註52〕

在雨中的淡水溪上，桃花、柳樹在細雨中更顯嬌媚，渡津上旅人淡淡的離情，浮橋、舞樹都為之動容。而不管是窗外的鳥兒或是田間的孤叟，都襯托著詩人靜謐的情思，始終在蒼茫花塢邊，身處白雲裊繞的草廬裡，靜觀這天地萬物，頗有陶淵明「心遠地自偏」的悠然自得。

乾隆年間鳳山縣詩人陳文炳，有〈龜山望海〉詩曰：

> 極目滄溟萬里遙，白雲片片手中招。晴嵐日抱山圍郭，水影聲喧人渡橋。
> 吾道南來歸學海，大江東去湧文潮。何當跨鶴登仙路，遶遍蓬瀛聽紫簫。
> 〔註53〕

詩人從龜山望海，眼前萬里蒼茫，身旁則是白雲飄浮、晴嵐圍繞，詩人因景而生發詩興、領悟大道，進而想像自己跨鶴高飛，遍遊蓬瀛仙境。山海勝景，往往帶給文人無限的想像空間。

同樣的場景，乾隆年間鳳山縣生員林青蓮，也有詩云：

> 層巒獨上莽寒煙，四望蒼茫潮氣連。欲淨塵胸千頃外，直空醉眼萬波前。
> 湧來三汲銀河捲，駕去六鰲碧落懸。漫記禹門爭奮鬣，且教滄海動龍眠。
> 〔註54〕

同樣引神仙故事入詩，源於詩人對自然景色的浪漫想像。不管是「跨鶴」、「仙路」、「蓬瀛」、「銀河」、「六鰲」、「碧落」或「禹門」、「龍眠」，都是由山海的具體形象引發虛幻的神話傳說，詩人遊於山水之際，想像山間的嵐煙能洗清

〔註52〕 卓夢華，〈淡水溪雨泛〉，收入《重修鳳山縣志》，（臺灣文獻叢刊146），頁436。
〔註53〕 陳文炳，〈龜山望海〉，收入《鳳山縣采訪冊》（臺灣文獻叢刊73），頁453。
〔註54〕 林青蓮，〈登龜山望海潮〉，收入《鳳山縣采訪冊》（臺灣文獻叢刊73），頁453。

塵俗，眼前的萬頃波浪如同銀河捲動，彷彿六鰲負山連動、禹門鯉魚爭躍，甚至驚起海底沉眠的巨龍。山水的靈秀引領詩人進入神仙幻境，正如李白所云「別有天地非人間」，眼前的山水，早已不是一般的山水，而是幻化成詩人心中另一個虛幻的世界。

另一位鳳山縣詩人錢時洙曾登上鳳山城郊的屏山，作詩曰：

> 徙倚芝苔徑，白雲盈我衣。新花開欲遍，啼鳥散還飛。笑逐山光入，
> 醉攜春色歸。更餘幽興在，淡爾發清機。〔註55〕

詩人除了遊山玩水的幽興之外，藉著自然景物觸發內心淡泊息機之心。詩中提到「盈我衣」、「笑逐山光」都表現出詩人與自然互通聲息，物我合而為一的超然狀態。物我兩歡是山水詩的高度境界，同時也標識著詩人離俗遠慮、遊心物外的高雅心境。值得注意的是詩中使用「入」和「歸」，充分表明詩人的心靈趨向，進入山林世界，是為追逐自然美景的山水雅趣；歸家時帶著滿懷春色，像是精神上的飽滿沉醉。詩人在行旅山林當中，常藉由感官描繪自然幽靜的空間氛圍，進而觸動內在的幽隱之思。

另外，臺灣多溪流、湖水，雖然不及海洋的開闊浩瀚，但是清靜悠然，足以讓人流連難忘。乾隆年間鳳山縣文人林夢麟有〈淡溪秋月〉詩：

> 玉兔娟娟碧水悠，波光萬頃映沙州。聲歸長寂溪原淡，氣有餘清月帶秋。
> 泛棹渾忘身在世，行吟只覺魄吞喉。塵心對此全銷卻，半點繁華更不留。
> 〔註56〕

名列鳳山八景的下淡水溪（今高屏溪），秋天時明月照映在溪水上，讓人有仙界的想像，渾然忘記身在人世，詩人在溪上泛舟行吟，彷彿能拋卻塵心，以閒適自得的心情，與山水自然相互交融，形成「悠然」、「渾忘」的意境，表現出詩人曠放自適的情懷。

嘉慶年間臺灣府文人陳登科，遊於府城郊外的「鯽魚潭」，作詩曰：

> 潭影湛明月，幽林芳徑穿。參差數茅屋，隱約依林泉。猲猲眾犬吠，
> 惝在桃源間。我來問耕夫，三五話桑榆。為予指東道，溪邊一草廬。
> 竹籬半遮掩，門外雜菓蔬。客到坐談久，烹茗款款留。匆復軷麴蘖，
> 邀共飲丹邱。田家風味真，雞黍供綢繆。微醉憩林下，身世慚閒鷗。

〔註55〕錢時洙，〈登屏山〉，收入《鳳山縣采訪冊》（臺灣文獻叢刊73），頁477。
〔註56〕林夢麟，〈淡溪秋月〉，收入《鳳山縣采訪冊》（臺灣文獻叢刊73），頁498。

往來鎮自得，宿食奚所求。江湖信爲樂，儘欲放輕舟。斜陽懸古道，

棲鳥爭林投。相辭出門去，春鶯啼不休。〔註57〕

「鯽魚潭」位於臺灣府城東北，《海東札記》云：「廣可十數里，平流清淺，碎萍圓藻，演漾水面，岸際漁村蟹舍，錯落其間。」〔註58〕詩人遊歷到此，有清水明月、幽林芳徑、參差茅屋、深聞犬吠，讓人誤以爲來到「桃花源」。他描寫入村時，草廬數間、竹籬半掩，村人熱情與客問候、閒話桑麻，一時主客杯酒盡歡。一切的敘述，簡直是漁人遊於桃花源的翻版。而在這樣閒適自得的山居體驗下，讓詩人有所感悟。因爲山水的桃花源想像，觸發心中隱逸林泉之志，人生追求什麼？與其相爭不休，不如徜徉山水、行走江湖爲樂。

此外，文人遊走於山間孤村、水邊人家，對於異地風情，都可能有「桃花源」想像。如新竹文人林占梅（1821～1868）遊走在新竹城郊的樹杞林（今竹東），竟也會生起世外桃源的想像，他作詩曰：

數椽老屋枕岩巔，塵海居然有洞天。鳥趁白雲秋度水，人隨黃犢曉耕煙。四圍山影奇排樹，十里溪聲急瀉泉。莫羨桃源風景好，此間卜築亦如仙。〔註59〕

樹杞林的開發約始於嘉慶年間，一直到光緒年間才逐漸繁榮，詩人在同治年間走訪，看到的景象是小村散戶，詩中描繪山邊老屋、村人農耕，一派幽閒；伴隨著鳥鳴泉聲、白雲曉煙、山影奇樹的美好感官知覺，置身於此彷彿別有洞天。

陳肇興（1831～1866）曾遊大坪頂（今鹿谷），作詩曰：

朝經水沙連，暮宿大坪頂。石級高百盤，槎枒爭一挺。直上如雲梯，連步防躓等。中絕忽旁通，儼若汲引緪。前登膝齊腰，後顧形隨影。絕頂忽開張，桑麻近半頃。耕鑿數百家，茅舍亦修整。有如桃花源，雞犬得仙境。又若榴花洞，煙霞饒佳景。大石立其前，勢如猛虎猛。修篁四森布，巨可任舴艋。峨峨高半天，嶺上疊諸嶺。居人扳木末，雲際摘仙茗。復聞大頂峰，中有蛟龍井。其上多白雲，其下產蓴荇。

〔註57〕 陳登科，〈春日遊鯽魚潭〉，收入《全臺詩》，第四冊，頁212。

〔註58〕 朱景英，《海東札記》（臺灣文獻叢刊19），卷1，頁10。

〔註59〕 林占梅，〈樹杞林村即景〉，《潛園琴餘草》（新竹市：竹市文化，1994），卷2，頁136。

路絕不可攀，悵望徒引領。何當結茅屋，長此事幽屏。閉戶有名山，

願言養心靜。〔註60〕

這是詩人因戴潮春事件避居中部山區，並趁此遊歷山林鄉野。大坪頂位於濁水溪支流清水溝溪的一處寬闊河階台地上，海拔約 260～280 公尺，地勢平坦，早在明鄭時期已有漢人移入開墾。詩人辛苦地爬上台地，忽然感受開闊平坦的田園，有農家數百、屋舍儼然，彷彿桃花源仙境一般。另外，也讓人想起傳說中與世隔絕的榴花洞一般，有煙霞美景。〔註61〕而面對如此的名山仙境，直讓詩人想就此結廬隱居在此。

　　臺灣文人久浸於山林河海之氣，具有先天的文化性格，對應外在自然景物，常是主客對望，物我感通，進而「直抒胸臆」，也說明了臺灣本土文人子既有的獨特美學意識與生命感通。隱逸出世、淡泊名利的精神趨向，使他們在山水詩的創作過程中產生超越山水形象的抽象美感，藉著佛理禪意、桃源仙境的浪漫想像，逃離世俗，甚至構建出心中理想的虛幻世界，將外在景物與內在心靈融合為一，達到「物我合一」的逍遙境界。

第四節　迷忘問津訪仙源

　　「山林」自古是文人抗拒現實社會的生命歸屬，大自然的平靜、和諧、與世無爭，吸引著文人不斷的游息其間，在大自然間汲取能量，讓他們在充滿無奈的現世中，得到短暫的喘息。魏晉時，嵇康經常「采藥、游山澤，會其得意，忽焉忘返。」；阮籍時而「登臨山水，終日忘返。」自然山水成了他們可以放縱身心、逍遙自在的樂土。

　　對文人而言，遊於山林並非單指感官的享樂，而是在大自然中尋求一種啟示，以便呼應生命的困境和迷惑。《論語・微子》有個「子路問津」的故事：

〔註60〕陳肇興，〈大坪頂〉，《陶村詩稿》（臺灣文獻叢刊 144），卷 5，頁 67～68。
〔註61〕榴仙洞故事見（宋）蔣文懌《閩中實錄》，記載唐代宗永泰年間（765～766），福州有樵夫藍超，在山中遇白鹿而追逐之，來到榴花河口，遇一石洞門。洞門極窄，進入深處，豁然開朗，裡面竟有村舍人家，雞犬相聞。藍超遇見一老翁，詢問之，老翁說這裡的人是逃避秦時戰亂來到此地，也不知現在是什麼世道了。老翁勸藍超留下，藍超說回去辭別妻子再來，老翁臨別時贈予石榴花一支。藍超出洞後恍然如夢，不久再欲前往，但已經找不到洞口所在了。故事顯然是改編自陶淵明的「桃花源記」。

長沮、桀溺耦而耕，孔子過之，使子路問津焉。長沮曰：「夫執輿者
為誰？」子路曰：「為孔丘。」曰：「是魯孔丘與？」曰：「是也。」
曰：「是知津矣。」〔註62〕

「問津」原意是探問渡頭前路，後來引申為探問道理之義。陶淵明有詩：「終
日馳車走，不見所問津。」意指當時世俗之人為了功名利祿，終日驅車奔走，
不復探求人生大道。而在〈桃花源記〉中，劉子驥探尋桃花源未果。作者感
嘆「後復無問津者」，不僅指無人尋訪桃花源，對於清隱之道後繼乏人有些惋
惜，無怪乎他在〈桃花源詩〉中疾呼：「願言躡清風，高舉尋吾契。」〔註63〕

　　清領時期，臺灣的文人遊歷於山水，往往不是逃避俗世，而是尋求生命
的正道，類似「問津」的過程。透過充滿感情的地理空間書寫，蘊含著個人
情感的寄託，進而找到自我的生命意義。以下就以陳輝作為例證：

　　陳輝，臺灣縣人，夙耽風雅，詩文並茂，其作品在地方志中頗多收錄。
詩作以閒居吟詠為主，他常行走於山水之間，吟詠情性，並表達閒適曠達之
意。他曾作詩曰：

窮居忘我拙，涉世懶逢迎。壁破牽雲補，窗疏待月生。蓬廬天地闊，
塵事羽毛輕。好就杯中酒，狂歌一放情。〔註64〕

僻處心常靜，幽棲意自閒。種花分隙地，閉戶似深山。日湧濃煙裏，
風搖積翠間。不須尋酒伴，獨坐亦開顏。〔註65〕

　　二首詩都借用自然風物的巧喻，想像用雲來填補破敗的牆壁，或以煙雲
風動做為酒伴，都表達安貧樂道、閒適物外的心境，詩人把破敗、孤寂的環
境，美化成生動有趣的生活空間，怡然自得，大有超脫塵俗、縱酒狂放的隱
逸之心。這種想像詮釋的過程，實則是詩人的自我重構。士人在山林之間，
有意識地以曠達之心來看待自己的生存狀態，將自己塑造成一名隱者，透過
心靈與自然的對話，重新建立自我價值，找回生命的本質和人生的方向。

　　陳輝曾行旅於臺灣、鳳山兩縣，透露出一種遠離世俗、追尋人生的企盼，
詩作表現出優雅輕快的心情，並且在行旅中不斷地出現「桃源」、「蓬萊」等
意像，詩人似乎是意有所指的追逐，不斷地前行探索。如〈半路竹〉詩：

〔註62〕《論語・微子》，《四書章句集注》（上海：上海古籍，2001），頁216。
〔註63〕陶淵明，〈桃花源詩〉，《陶淵明詩箋證稿》（北京：中華書局，2007），頁524。
〔註64〕陳輝，〈自題〉，收入《使署閒情》（臺灣文獻叢刊122），卷2，頁68。
〔註65〕陳輝，〈小齋〉，收入《重修臺灣府志》（臺灣文獻叢刊105），卷25，頁801。

> 客舍春郊裡，陰陰翠竹園。衝煙聞犬吠，隔樹見鶯喧。草綠疑無路，
>
> 雲深又一村。行行車馬過，從此近仙源。〔註66〕

詩中的客舍、竹圍、炊煙、犬吠、鶯喧等敘述，閒散雅致，頗有世外桃源之味，加上山區雲深、路途曲折迂迴，令人有探問桃花源的期待。所以當他漸次往南走，越來越原始的自然景物，不但不害怕，反而勾起他探幽尋仙的樂趣。

　　如果遊山玩水是士人銷憂的良藥，那麼「探幽」則是進一步展現士人隱逸之情。遊人尋訪幽境，是投射內心對於異化空間的一種嚮往。詩人筆下的文學世界，常隨著個人情思，構建出精彩的想像空間，如清代惲南田論畫所云：「一草、一樹、一邱、一壑，皆靈想所獨闢，總非人間所有。其意象在六合之表，榮落在四時之外。」〔註67〕詩人造境，往往也是想像異於現實世界的虛幻空間。對遊於山林的詩人來說，他們慣以自然為模式，組構一個充滿靈想的幽深勝境，成為行旅當中追求的目標，這樣以自我意識為核心的追尋，同時也是投射出詩人生命的理想境界。

　　「迷」是探幽的一種心靈感受，一般而言，登臨山水，若中途迷失，會讓人有恐懼不安的感覺，但詩人在詩中的「迷」，是一種浪漫、想像式的心理，是刻意讓自己處在「迷幻」的情境中，產生與現實脫離的狀態，這誠然是對現實的反動，一個「逃避」的心理投射。因此，「迷」並非是真的迷失，而是一種短暫的幻覺，敘述者帶著主動性，為了區隔在這一刻前、後的心境、空間，好鋪陳下一段超現實的情境，而這一切，都是為了短暫地逃避，讓自己處在「隱逸」的理想世界。

　　如他在〈村中〉詩云：

> 隱隱孤村近碧峰，朝來但覺睡雲濃。疏狂到處難為客，懶散無心學老農。
>
> 草舍寒煙迷橘柚，竹橋秋水映芙蓉。寂寥幸有園林趣，為覓奇巖路幾重。
>
> 〔註68〕

「迷」是過渡現實和想像的關鍵，讓這一切的情境想像如此地合理自然。透過想像，這種臺灣隨處可見的山下小村落，瞬間轉化而成桃花源的景象，也

〔註66〕陳輝，〈半路竹〉，收入《重修臺灣府志》（臺灣文獻叢刊105），卷25，頁804。

〔註67〕尤姿雅，〈虛擬實境中的生命諦視──談魏晉文學裡的臨界空間經驗〉，收入《空間、地域與文化──中國文化空間的書寫與闡釋》（臺北市：中研院文哲所，2002），頁351。

〔註68〕陳輝，〈村中〉，收入《重修鳳山縣志》（臺灣文獻叢刊146），卷12，頁401。

同時反映著詩人內心恬淡的心，以此觀照外物，構成了孤村、睡雲、草舍、寒煙、竹橋、秋水等，安詳平和的圖像。我們試以另一位康熙時代宦臺詩人孫元衡為例，同樣是面對僻靜的山村景色時，他是這麼形容：「秋雲向暮總陰森，竹屋卑栖枳棘林。」〔註 69〕山村在詩人眼中成了「陰森」、「卑下」的窮惡蠻荒之地。

　　陳輝的探幽之旅由臺灣縣一路往南，途中他偶遇小村，寓目所見、即感即寫，遊覽閒詠之際，表現他閒散幽雅的情性。在〈依仁道中〉：

> 踽踽行來望翠微，晚風吹度拂征衣。樣林斜影迷樵徑，竹塢繁陰引釣磯。
> 路轉紆迴溪鳥散，山橫黯淡野人歸。鄉村擾擾何時靖，萬馬頻嘶未解圍。
>
> 〔註 70〕

〈小店仔夜宿〉：

> 塵途未整遠行裝，夜息還同客異鄉。一盞寒燈吟拓落，三更旅舍話淒涼。
> 茅簷夢破芙蓉月，竹榻思侵荻葦霜。曉起雞聲咿喔處，數村煙水畫蒼蒼。
>
> 〔註 71〕

他的南行之旅，一路所見不僅是林泉之美，包括人文風土，都別具淳樸之真，往往陷入浪漫的幻想之中，如第一首的「迷樵徑」、「引釣磯」，「茅簷夢」、「竹榻思」，再再都顯示詩人的塵外之心。

　　來到鳳山縣境南端，他作了幾首詩，〈龜興溪〉云：

> 蘆漪人欲渡，幾曲龜興溪。淺汕飛沙鳥，深蓬叫野雞。嵐橫卑濕地，
> 路入水雲蹊。應是極南處，村遙草露迷。〔註 72〕

龜興溪（今林邊溪）位於鳳山縣南端，往南是未開發的區域，並進入番社部落。接下來一首是〈宿放索社口〉：

> 十里荒荊路欲迷，停車小住傍巖棲。山當傀儡煙常冷，地接琉球月更低。
> 蠻曲偏驚春夜裏，漁燈散點海涯西。行人到此渾無寐，夢斷詩成聽野雞。
>
> 〔註 73〕

〔註 69〕孫元衡，〈野宿〉，《赤崁集》（臺灣文獻叢刊 10），卷 3，頁 53。
〔註 70〕陳輝，〈依仁道中〉，收入《使署閒情》（臺灣文獻叢刊 122），卷 2，頁 69。
〔註 71〕陳輝，〈小店仔夜宿〉，收入《使署閒情》（臺灣文獻叢刊 122），卷 2，頁 71。
〔註 72〕陳輝，〈龜興溪〉，收入《使署閒情》（臺灣文獻叢刊 122），卷 2，頁 69。
〔註 73〕陳輝，〈宿放索社口〉，收入《重修臺灣府志》（臺灣文獻叢刊 105），卷 25，頁 803。

兩首地理位置接近，「村遙草露迷」、「十里荒荊路欲迷」同時使用「迷」字，卻不見恐懼之感，尤其前首的感官描寫，「蘆漪」、「淺沚」、「深蓬」、「嵐橫」、「雲蹊」、「草露」、「沙鳥」、「野雞」等用詞，均帶著清閒淡雅之意，而「欲渡」、「路入」，更有向前探尋之意，說是「探幽」一點都不爲過。

　　前文提過，詩人通過迷茫的感官發酵，引發理想世界的美麗想像，如同〈桃花源記〉中漁人迷入幻境般。當陳輝來到東港時，也有相似的情境，他作〈東港渡〉詩曰：

　　　　斜帆臨野渡，水漲海涯東。草色連長岸，嵐煙聚短篷。山山春雨霽，

　　　　樹樹夕陽紅。欲向津頭問，桃源路可通。〔註74〕

顯然他把東港渡口當作是通往仙境的入口，還躍躍欲試地向津頭探問，而後寫下〈琉球山〉詩：

　　　　翠嶼孤懸在水隈，青蔥疑是小蓬萊。雲連遠影嵐光動，日映高峰海色開。

　　　　恍惚鰲游千尺水，蒼茫浪激數聲雷。信知南極瀛壖地，物產猶傳鸚鵡杯。

　　　　〔註75〕

琉球山位在鳳山縣西南海上，天清時隱隱可見，然因番民所居，加之海路險阻，一般人多不能至。詩人遠眺琉球，心生想像，彷彿蓬島仙境近在眼前。事實上，早在康熙年間鳳山詩人卓夢華就有〈望琉球〉詩：

　　　　四野茫茫望欲迷，一峰矗矗與雲齊。斗牛三尺龍光照，桃橘千年鶴爪栖。

　　　　白雨來時滄水闊，青山盡處夕陽低。卻嫌蓬島無涯畔，幾度虹橋跨作梯。

　　　　〔註76〕

琉球島上山勢雖不高，但有煙霞美景，形似海上仙山，因汨沒於海水之間，歷來有許多仙境想像，「球嶼曉霞」還名列鳳山八景之一。不管詩人最終是否親自登臨，亦或是引用仙境傳說的想像，如此的探幽過程，正如〈桃花源記〉裡的漁夫，一次又一次地走進仙源，讓詩人沉浸在登臨仙境的感動，盡情地抒情內心的物外之情。

　　這樣的想像是借助山水自然的奇氣，呈顯出內在心靈的企盼，營造出一種外在與內心統一的和諧感，對一個游心物外的人來說，是人生追求的最高境界。南朝隱士陶宏景曾論山水之美說：

〔註74〕陳輝，〈東港渡〉，收入《重修臺灣府志》（臺灣文獻叢刊105），卷25，頁804。

〔註75〕陳輝，〈琉球山〉，收入《重修臺灣府志》（臺灣文獻叢刊105），卷25，頁803。

〔註76〕卓夢華，〈望琉球〉，收入《鳳山縣采訪冊》（臺灣文獻叢刊73），頁451。

> 山川之美，古來共談，高峰入雲，清流見底，兩岸石壁，五色交輝，
> 青石翠花，四時俱備。曉霧將歇，猿鳥亂鳴，夕日欲頹，沉鱗競躍，
> 實是欲界仙都。〔註77〕

山水之美，是自然不需雕琢的，不管高峰清流，山石林木，都有四季變化、
繽紛美麗。特別是其中雲霧幻化、夕日交輝，猿啼鳥鳴、魚兒嬉戲，各種視
覺、聽覺的感官享受，帶給人無比的樂趣，心靈同時取得平靜和諧之感。特
別是對超然物外的隱士，自然山水確實是人間的仙境，這樣的體悟應該是陳
輝這類文人行旅所追求的。

這種透過虛擬實境的空間想像，學者尤姿雅稱之爲「臨界空間」，她提到：
「在魏晉文學中，不論是詩、文、辭、賦，或者是志人、志怪小說，經常出
現種種游離自現實生活世界，並與現實生活世界成雙元相對的幻象空間，如
酒國、仙界、異域、世外桃源等。」〔註78〕離開現實的塵世社會、投入虛構
的自然世界，是隱逸情懷的基本思路，在山林間旅行，這一退一進、一出一
入，造就了多少精彩的文學想像和書寫。

康熙四十三年（1704）宋永清到鳳山縣任知縣，一次渡淡水溪（今高屏
溪）的經驗，陌生偏僻的山水讓他惶恐不安，他作詩曰：「淡水悠悠天盡頭，
東連傀儡偏荒丘。雲迷樹隱猿猴嘯，鬼舞山深虎豹愁。野寺疏鐘煙瘴路，黃
沙白露沴寥秋。」〔註79〕後來他再到淡水河北岸的「大澤機社」，心情有了極
大的轉變，〈大澤機〉詩曰：

> 淡水由北去，車迷大澤機。煙屯蘿徑窄，翠滴澗雲飛。洞口仙家景，
> 溪邊野客扉。風塵何事老，落落竟忘歸。〔註80〕

「大澤機社」是鳳山縣平埔族八社之一〔註81〕，在當時尚屬未開化之地，

〔註77〕 陶宏景，〈答謝中書書〉，收入《魏晉南北朝文》（臺北市：莊嚴書局，1983），
頁 222。

〔註78〕 尤姿雅，〈虛擬實境中的生命諦視——談魏晉文學裡的臨界空間經驗〉，收入
《空間、地域與文化——中國文化空間的書寫與闡釋》（臺北市：中央研究院
中國文哲研究所，2002），頁 350。

〔註79〕 宋永清，〈渡淡水溪〉，收入《重修臺灣府志》（臺灣文獻叢刊 66），卷 10，頁 417。

〔註80〕 宋永清，〈大澤機〉，收入《重修臺灣府志》（臺灣文獻叢刊 66），卷 10，頁 417。

〔註81〕 根據歷史學者簡炯仁研究，清康熙時期臺灣方志文獻記載，屏東平原共有八
個平埔族「番社」，即「阿猴社、上淡水社、下淡水社、力力社、茄藤社、放
索社、塔樓社及大澤機社」；直到雍正以後，文獻出現「武洛社」，並進而取
代「大澤機」成爲「鳳山八社」之一。見《《臺海使槎錄》記載「武洛（一名
大澤機，一名尖山仔）」之初探〉，《臺灣史蹟》第 38 期，2001 年 1 月，頁 181。

宋永清迷途於番社，這時卻一反之前的恐慌心情，對於眼前的景色，產生了浪漫的想像，煙嵐彌漫在狹窄的山路上，雲霧飛飛散在山澗中，彷彿來到仙鄉。

　　從「迷途」到「忘歸」，詩人心境之所以有如此大的改變，關鍵在歷經風塵俗事之後的體悟，「迷」不一定是不好，「忘」有時是必要的，暫時的逃避是一種心理調適，是士人對應外在事物，無可改變之下的生存之道。詩人在大自然間行旅，特別是曠野無人的荒山野地間，往往有「迷幻」、「蒼茫」之感，進而產生浪漫的想像。如卓肇昌的〈丹渡晴帆〉詩云：

　　　沈寥丹港渡聲齊，極浦蒼茫望欲迷。一葦凌空寒浸月，片帆斜映浪平隄。

　　　白雲深處桃源路，綠樹叢中花縣西。島上漁人歸去晚，參差殘影落峰低。

　　〔註82〕

詩中運用了視覺上的「迷」，營造一種蒼茫迷離的美感，從而進入桃花源式的浪漫想像中。

　　另一位乾隆年間鳳山縣詩人陳斗南也有相似的書寫：

　　　一灣春水繞人家，兩岸餘波濺碧沙。咫尺煙津盧過客，浮沉古木欲棲鴉。

　　　雲封遠岫千層渺，草長荒田一望賒。共訪仙源何處是，隔溪依約有桃花。

　　〔註83〕

詩人的視點是在溪中，目光所及是兩岸景致和溪邊人家，「碧沙」、「煙津」是美麗的景色，然而溪邊浮沉的古木棲鴉、讓雲遮蔽的遠山、蔓草生長的荒田，卻呈現荒涼虛無的空間感，讓想探尋桃源仙境的詩人有些迷茫遲疑。

　　除了空間上的迷幻美感外，詩人亦常運用時間的變化，來突出心理的轉折。宜蘭詩人李望洋（1829～1901）行旅於甘陝一帶，曾作詩云：

　　　旅次渾忘日，征夫不記年。萬山排玉笋，一路畫銀箋。樹樹珊瑚架，

　　　家家玳瑁天。客身不自主，栩栩欲登仙。〔註84〕

「忘日」、「不記年」或許是旅途疲憊所致，然而搭配上皚皚白雪，讓這種渾忘世事、羽登仙境的幻覺更為合理。

　　另外像彰化秀才吳德功（1850～1924）也同樣運用了這種手法，詩曰：

〔註82〕卓肇昌，〈丹渡晴帆〉，收入《鳳山縣采訪冊》（臺灣文獻叢刊73），頁486。

〔註83〕陳斗南，〈溪上〉，收入《鳳山縣采訪冊》（臺灣文獻叢刊73），頁440。

〔註84〕李望洋，〈二十二日晚宿廟溝四山雪深尺許數日盡在雪地行走有朗朗玉山上之景不勝欣賞偶咏〉，《西行吟草》（臺北縣：龍文，1992），頁161～162。

> 青山千疊轉，空谷邃而深。香草隱荒徑，異花藏茂林。行雲無定處，
>
> 流水有餘音。游倦幾忘返，斜陽海外沉。〔註85〕

「轉」、「空」、「邃」、「深」、「隱」、「藏」、「無定」是一種空間的幽隱意象，游倦忘返暗示著詩人離塵隱逸的想望。

再如章甫詩：

> 睡足脂痕暈海棠，故燒高燭照紅妝。驚回一覺遊仙夢，溪水流來誤阮郎。
>
> 〔註86〕

「阮郎」指的是誤入仙境的阮肇。相傳漢朝時，會稽人劉晨、阮肇一起到天臺山采藥，遇到兩個麗質仙女，被邀至家中，並招為婿。詩人常行吟山水之間，體驗山水自然之美外，內心真正尋找的其實是桃花源仙境。

隱逸文化深深地根植在臺灣的文人身上，他們安於清逸閒適的生活，多有隔絕塵俗、遠離名利之習性。他們在學富盛年之時，慣於登臨山水、吟遊索居，並傳承中國文士的「山水癖」，不管是生命困頓或是遭逢世變動亂，選擇走避山林、獨然樵唱，無疑是一種「逃避」。人們普遍厭倦社會的「喧鬧」、「爭奪」，但又無法毅然離群索居，於是選擇短暫地抽離人群、走向山林，在自然之間尋找心靈的慰藉。

然而，在山水間游目遊心的過程中，尋找心靈寄託，誠然是一種生命道路的「歸返」活動。自然一直是人性原始的狀態，社會名教則是後來發展出來的，文人選擇離開社會，只不過是想要歸返原始自然的本初，並透過山水自然去尋找。如同葛洪所言：「知足者則能肥遁勿用，頤光山林」〔註87〕，「肥遁」是優雅餘裕的隱遁，所謂「林泉之士」、「江海之士」，是遊走於山林間，藉此頤養心性，同時也是另一種生命理想的追尋。

小　結

「山水」自古以來是文人抗拒現實世界的生命歸屬，大自然的平靜、和諧、與世無爭，吸引著文人不斷的游走其間，在大自然間汲取能量，讓他們

〔註85〕 吳德功，〈遊虎山巖後〉，《瑞桃齋詩稿》（南投縣：臺灣省文獻會，1992），頁 47。

〔註86〕 章甫，〈和友春睡夢覺集句〉，收入《全臺詩》，第三冊，頁 403。

〔註87〕 葛洪著、陳飛龍註譯，《抱朴子內篇今註今譯》（臺北市：臺灣商務，2001），頁 11。

在充滿無奈的現世中，得到短暫的喘息。山林之遊開始是著重「遊目」，著眼於外在世界的探索，觀照自然、耳目之間的感官活動，因此書寫的是眼前所見奇特美麗的聲色風貌。而後回歸詩人內心的情感和省悟，所側重的是心靈世界的享受和追求，是謂「遊心」。

臺灣在地理上與中土的「隔離」，加上異於中土的特殊文化感受，在文士的心中早已成為心靈暫棲的「世外桃源」，許多宦遊臺灣的士人在不得已的情況下，選擇以「吏隱」的心情，悠閒地行旅於山水之間。如同錢時洙詩「更餘幽興在，淡爾發清機。」〔註88〕表面上詩人寫的是山水之樂，但所引發的淡泊之心，實則是潛藏在詩人內在的隱逸因子被觸動、誘發。

故而宋郭熙《山水訓》云：

> 君子之所以愛夫山水者，其旨安在？丘園，養素所常處也；泉石，嘯傲所常樂也；漁樵，隱逸所常適也；猿鶴，飛鳴所常親也。塵囂韁鎖，此人情所常厭也。烟霞仙聖，此人情所常願而不得見也。
>
> 〔註89〕

遊於山水除了一般人喜歡的「遊目」的娛樂活動外，文人所追求的，是更進一步的養生、嘯傲、隱逸等，大多是「遊心」的享樂。對比現實殘酷的城市社會，山水不但可以娛人耳目、療癒傷痛，並且透過文學想像，昇華為逍遙自在的仙境樂土。

明清以後的隱逸文化，並非全然的隱遁起來，常常是一種短暫性的心理活動，前面所提到的「迷」很能解釋這種現象。在「避離」現實、「游移」於自然之中，詩人利用暫時性的「迷茫」，讓自己投身於幻想的世界，一個理想、夢幻般的仙境，可以讓人逍遙安樂的隱逸空間。

中國道家的莊子有所謂「逍遙遊」，主要是通過「遊」來達到精神上的絕對自由。〈齊物論〉稱「至人」能「乘雲氣，騎日月，而游乎四海之外。」〔註90〕人雖可以親歷四海、行走山林，但都是耳目感官的經驗，惟有心靈上的曠達，才能真正達到身心的自由逍遙，一種超越性的精神境。嵇康有首詩提到：「流俗難悟，逐物不還。至人遠鑒，歸之自然。萬物為一，四海同宅，

〔註88〕錢時洙，〈登屏山〉，《鳳山縣采訪冊》（臺灣文獻叢刊73），頁477。

〔註89〕郭熙，〈山水訓〉，收入《中國美學史資料選編》（臺北市：輔新書局，1984），頁346～347。

〔註90〕郭慶藩，《莊子集釋》（臺北市：華正書局，2004），頁96。

與彼共之，予何所惜。」〔註91〕就是厭惡追逐名利的世俗生活，而以「至人」為榜樣，期盼回歸山林，與自然萬物合一的思想。

相對於人類文明的社會，山水世界是自然化成的，無為無私，甚至無情，自古詩人爭相投入山水世界，是因為山林之間充滿幽靜、安樂、和諧、妙道，而通過自然山水的感官刺激，詩人可以恣意想像，從而體悟至道，最後回應自我生命的價值和哲思。比起被動的避禍隱居，主動走入山林、探尋自然，則更能展現其追求理想與生命價值的態度。

〔註91〕嵇康，〈贈兄秀才入軍詩〉，收入《先秦漢魏晉南北朝詩》（北京：中華書局，2013），頁483。

第八章　佛寺道觀──清靜絕塵俗

　　中國佛教講求出世，由心出發，追求虛靜寂空。以明心見性、心靈覺悟來洗滌塵俗，擺脫雜念，最終達到一個沒有差別、絕對自由的理想世界。特別是具中國特色的禪宗思想，主張立足精神世界、淡化、虛化現實。禪宗認為世界的本質是「空」，世間一切事物都是短暫而虛幻的，徒具外在與表象。

　　發源於中國本土的道教，則是以豁達的態度去追求生命的永恆，以得道成仙為終極目的。世俗的理想世界講的是公平、和平，而宗教的理想世界則是更完美的「仙境」，道士透過宗教儀式和個人修練，追求能超脫生死、得道成仙。不同於佛教認為人死後才能到達極樂世界，道教認為人的形體可以通過一些形式的鍛鍊，進而「得道」之後可以在人世間過著悠遊自在的生活，即所謂「活神仙」。甚至達到形體上的長生不死「成仙」，這樣就可以在仙境中過仙人的生活。

　　基本上，禪宗與道家都主張曠達灑脫的人生觀，一切隨緣、主觀任性的處世態度，不執著於現實，強調「齊是非」、「齊生死」、「齊物我」，忘卻得失、擺脫利害，超越現實的束縛，以恬適淡然的心境，與自然融為一體，從中證成人生的價值和生命的情趣。不管是佛教的涅槃思想與道教成仙學說，都是在面對現實社會的黑暗與無奈，進而形成的一種精神選擇，使人獲得解脫，成為心靈安慰和精神寄託。

　　中國的隱逸文化，緣於士人對外在政治社會的失望冷漠，於是隱居匿跡、置身世外，求的是內心的平靜與無所罣礙。隋唐以降，佛教、道教的傳入與盛行，宗教性的出世、超脫的情懷，頗迎合隱士們內心的渴望，逐漸與隱逸思想交融，成為一種心靈自由的追求。隱逸文化與佛道思想的交融，自六朝、

唐代以下，從不間斷。六朝的嵇康、葛洪、陶淵明、王維、孟浩然，到宋明以後，禪宗的「見性成佛」提供了隱逸思想內在化的依據，隱逸文化從「形隱」正式進入到「心隱」，於是「人人可隱」、「隨處皆隱」。

佛道思想對隱逸文化的影響，首先體現在「方外」、「世外」、「物外」的遠離塵世的空間概念。自六朝以來，中國士人儒釋道兼修，當他們不滿於世俗時局時，往往心生逃避之想，透過出家、遁世，甚至是游仙，遠離令人沮喪的現實世界。最著名的例子是陶淵明的桃花源，透過與世隔絕的福地洞天的想像，呼應心中逃離塵世紛擾的想望，成為歷代文士傳頌不已的理想。這不僅是闡述道教的仙境傳說，同時也符合儒家強調的「邦無道則隱」，當士人處於生命逆境時，不管是仕途失意、悲憤世俗或是逃難避禍，自然會選擇離避保真，尋求另一個生命的出口。

另一個顯著的例子是「逃禪」，「逃禪」是中國佛教與隱逸文化融會之下的產物。在佛教的角度看，「逃禪」是指稱士人好佛參禪，進而遁入佛門的行為，是「逃而入」的概念。然而對隱士及俗世而言，卻恰好相反，他們為了離避世俗、選擇遊於方外，是「逃而出」的概念。特別是遇到鼎革之變的遺民，或社會動亂、危患及身的情況下，士人們「游方外以遯時」，甚至是遊於仙界。

本章將探討佛道思想為隱逸文化開闢了一個新的想像空間，士人閒暇時常遊於佛寺道觀，有時不純粹是為了宗教的信仰，他們集體吟詠寺觀的空間景致，透過詩文盡情地想像、書寫、馳騁於神仙仙境和極樂世界。這類空間的想像，顯現出內心想要追求自由無礙的逍遙境界，不管是仕宦或隱逸，都成為中國士人精神生命的最高追求。特別是仕宦者，雖然在現實上他們無法遁迹山林、甘心畎畝，但是在精神上，卻可以選擇悠遊於福地洞天、神仙世界。隱逸的精神化，讓士人透過「方外」、「福地洞天」、「極樂世界」等仙境空間的想像，提供了士人另一個理想的生命情態，同時也抒發了他們隱心避世的精神需求。

第一節　名士佛教與遺民意識

當鄭成功攜同明末遺臣退居臺灣，這些流寓海外的士人自然有無盡的家國傷感，而後眼見復國無期，只能尋求生命的寄託和慰藉，而佛教、道教的

宗教情懷，適時提供了這類精神的安慰。這些頓然失去一生仰仗的政治舞臺，甚至失去家國的情感歸宿，王公大臣們開始在台灣創建佛寺，有些是為了紀念或奉祀死去的親人，更多是為了退隱生活的依靠。由於當時佛教寺院多是鄭氏部將或來臺的遺民、文人所創建，文人又常流連於寺院中，因此將這一時期佛教稱之為「名士佛教」。意指介於出家僧侶和在家士族之間的佛教，其特徵包括宗教與政治的牽扯不清、強烈的「逃禪」心態、濃厚的文學氣質。〔註1〕

每到易代之際，或是社會情勢動盪、個人生命困頓之時，文人總是為難於出與處的困境，而佛寺、道觀的超然世界，正好提供文人一方逃避隱遁的淨土。這樣以避世為目的的學佛參禪便稱作「逃禪」。明末逃禪的遺民文人極多，如屈大均、方以智、熊開元、董說等，他們剃髮為僧，剛好免去入清薙髮的尷尬。

被稱為「臺灣文獻初祖」的沈光文，是臺灣文獻上第一位避居山林的隱逸文士。他在明末逃亡海上，遭遇颱風而漂泊來臺，後又得罪鄭經，變服為僧，入隱山間。沈氏之隱，起初頗有明朝覆亡的遺民氣節，而後為避禍而隱遁。他的〈普陀幻住庵〉詩云：

> 磬聲飄出半林聞，中有茅菴隱白雲；幾樹秋聲虛檻度，數竿清影碧窗分。
>
> 閒僧煮茗能留客，野鳥吟松獨遠群；此日已將塵世隔，逃禪漫學誦經文。

〔註2〕

詩人來到深山之中，只見迴盪於樹間的秋風、舞弄於竹林的清影，偶爾傳來佛堂的引磬聲，才察覺深山雲間有座遠離塵世的佛寺。在此處，雖有僧人煮茶相伴，但遠離人群的野鳥和吟松，恰似自己獨絕的寫照，只能在這與世隔絕的地方，學著坐禪誦經，權作「逃禪」之計。「漫學」一詞可知詩人的隨興，頗有時勢所逼、不得已之無奈。

沈光文在 1651 年從金門搭船前往泉州時，遭遇颱風而飄流到臺灣，從此定居下來。1661 年鄭成功來臺，以客禮相見，並與明代遺老寧靖王朱術桂、王忠孝等酬唱往來。翌年，鄭經嗣位，改易政制，沈光文作賦諷刺，幾遭不

〔註1〕楊惠南，〈明鄭時期台灣「名士佛教」的特質分析〉，《臺灣文獻》，53：3，2002年9月，頁1。

〔註2〕沈光文，〈普陀幻住庵〉，收入《沈光文全集及其研究資料增編》（臺南市：南市文化局，2012），頁58。

測，而後變服剃髮爲僧，避居深山。他的〈山居〉八首是隱逸之代表作，堪稱是臺灣隱逸文學之首倡者。〔註3〕試看其中一首：

> 生平未了志，每每託逃禪。不遂清時適，聊耽野趣偏。遠鐘留夜月，
> 寒雨靜江天。拯渙方乘木，才弘利涉川。〔註4〕

當時他剃法爲僧、隱居山林，卻仍不忘家國，故有「看他儘有參天勢，只爲孤貞尚寄籬。」〔註5〕之詩句，而爲番社看病、教育，更可見其入世之心。沈光文的隱逸，是儒家「無道則隱」、「不事二朝」的遺民退避之心，他身隱心不隱，對時局充滿著無力感，只得遁世參禪、寄情山水。他有詩云：

> 戰攻人世界，隱我入山間。且作耽詩癖，誰云運覽閒。松杉生遠影，
> 風雨隔前灣。天路遙看近，歸雲共鶴還。〔註6〕

因人世間戰爭不斷，所以迫使他隱入山間，雖然以作詩爲樂，但卻刻苦自勵，隨時掛記著返京歸鄉之路，可見他是暫時的失意隱避，一時沉潛是期待日後的奮起。

　　永曆十七年（康熙三年、1663 年）王忠孝（1593～1666）、徐孚遠（1599～1665）、沈佺期、李茂春等人隨鄭經來臺，面對鼎革巨變和思鄉愁緒，他們杜門不出，與流寓諸士放意詩酒，不涉塵事，〔註7〕以隱避的態度面對亡國之痛。王忠孝〈東行〉詩：

> 歷盡波濤剩一舟，生涯計拙也無求。由來素食驚貧骨，擬把漁竿當
> 西疇。〔註8〕

當時詩人正由澎湖渡海來臺，對於流亡海外之事，似乎漸漸釋懷，他別無所求，只能強作適意地垂釣海上。

　　另一位名士徐孚遠也有〈桃花〉詩：

〔註3〕 龔師顯宗，〈臺灣漢文化的播種者沈光文〉，收入《沈光文全集及其研究資料增編》（臺南市：南市文化局，2012），頁 258。

〔註4〕 沈光文，〈山居〉八首之二，收入《沈光文全集及其研究資料增編》（臺南市：南市文化局，2012），頁 51。

〔註5〕 沈光文，〈詠籬竹〉，收入《沈光文全集及其研究資料增編》（臺南市：南市文化局，2012），頁 48。

〔註6〕 沈光文，〈感懷〉八首之一，收入《沈光文全集及其研究資料增編》（臺南市：南市文化局，2012），頁 51。

〔註7〕 魯鼎梅，《重修臺灣縣志》（臺灣文獻叢刊 113），卷 11，「人物志‧僑寓」，頁 389。「王忠孝」條：「國變，家居杜門不出。康熙三年甲辰，偕盧若騰入臺。日與流寓諸人放意詩酒，作方外侶。」

〔註8〕 王忠孝，〈東行〉，收入《全臺詩》，第一冊，頁 18。

海山春色等閒來，朵朵還如人面開。千載避秦眞此地，問君何必武陵回。

〔註9〕

詩中藉著桃花聯想「桃花源」，詩人避居海東，果如〈桃花源記〉的武陵避秦，那生活在臺灣這個美好的桃花源，還有什麼好追求的呢？如此說法，或許帶著亡國流離的無奈，但顯現的是消極隱避的思想。

隨著鄭氏來臺的還有許多文士，如漳州名士李茂春。李茂春，字正青，漳州龍溪縣人，萬曆十一年（1583）癸未科進士。他喜好佛道，來臺後邂居市井，在府城小南門城外築「夢蝶園」，過著退隱的生活。高拱乾《臺灣府志》曰：

> 遯跡至臺，好吟咏，喜著述。仙風道骨，性生然也。日放浪山水間，
> 跣足岸幘，旁若無人。搆一禪亭，名曰『夢蝶園』；與住僧誦經自娛，
> 人號李菩薩。尋卒，因葬於臺。〔註10〕

李茂春好老莊、信佛禪，仙風道骨，人稱「李菩薩」。而園名取「夢蝶」，顯然取自《莊子》「莊周夢蝶」的典故，也是受到道家思想的影響。陳永華〈夢蝶園記〉曰：

> 吾友正青善寐，而喜莊氏書。晚年能自解脫，…夫正青曠者也，其
> 胸懷瀟灑無物者也。無物則無不物，故雖郊邑煙火之所比鄰，遊客
> 樵夫之所闌咽，而翛然自遠，竹籬茅舍，若在世外；閒花野草，時
> 供枕席，則君眞栩栩然蝶矣！不夢，夢也；夢，尤夢也。余慕其景
> 而未能自脫，且羨君之先得，因名其室曰「夢蝶處」，而爲文記之。

〔註11〕

記中說明李茂春喜好莊子哲學，晚年更超然解脫，他以「曠者」、「瀟灑無物」、「翛然自遠」、「若在世外」來形容李茂春避世隱逸的高雅行狀。陳永華素與李茂春相善，反觀自己忙於朝政、汲汲於世，內心是極爲羨慕的，可見陳永華對退隱的生活是有所嚮往的。

到了 1895 年臺灣割讓給日本時，引發臺地文人一片亡國傷痛，許多文文絕意人間，隱於佛禪。如府城進士許南英（1855～1917）在乙未之後，散盡

〔註 9〕 徐孚遠，〈桃花〉，收入《全臺詩》，第一冊，頁 25。
〔註10〕 高拱乾，《臺灣府志》（臺灣文獻叢刊 65），卷 8，頁 212。
〔註11〕 陳永華，〈夢蝶園記〉，收入《臺灣南部碑文集成》（臺灣文獻叢刊 218），頁 162。

家產後離臺內渡，多年在內地、海外漂泊，宦海浮沉，讓他心生喟嘆，有向佛遁隱之意。詩云：

> 宦況蹉跎氣轉醇，隨緣五嶺看青春。不知避地依然我，始悔趨時不若人。
> 士本長貧終自好，官如此苦向誰陳。還山無處思山隱，夢斷桃源世外民。
>
> 〔註12〕

他的詩中時常流露出世禪隱的心跡，如「從此謝絕塵間事，且道嵇康學養生。」、「已脫塵心平火宅，爰尋野趣憩山房。」、「老去逃禪觀自在，閒來證佛拜迦羅。」最後雖未能出家遁隱，然可見他參透人生、逃禪隱世的情懷。

鹿港文人施梅樵（1870～1949），詩文俱佳，有名於時，乙未割臺時，正是拔萃出群之際，他毅然隱遁出世、寄情佛禪，有詩曰：

> 十年已淡利名心，變幻人情自古今。覓盡寰區無淨土，不期世外有禪林。
>
> 〔註13〕
>
> 紅塵莫插腳，入山訪神仙。神仙竟難遇，山中空雲煙。上有紫瓊芝，
> 下有白玉田。蒼蒼千歲松，直幹高接天。怪石懸危崖，俯臨萬丈淵。
> 我欲登絕頂，躡屐筇吟肩。素有愛山癖，到此思慮捐。依山且結廬，
> 靜坐參詩禪。〔註14〕

事實上文人並非真想遁入空門，而是希望藉著習禪入定，暫時忘卻世俗不如意者。這樣的潛心佛道，在臺灣文人階層，比比皆是，如王松《臺陽詩話》所載郭芙卿逃禪事跡：

> 郭芙卿茂才（鏡蓉），記才敏捷，寓目成誦；胸次曠潔，不作俗儒故
> 態。臺割後，落髮為僧，雲游鷺江，住錫虎溪兒者數載。日以詩酒
> 自娛，醉則痛擊同侶；群僧患焉，謀逐之。旋里，復歸儒，隱於臺
> 北士林。與余相逢於客次；自誦其劍潭書室偶題云：『古寺藏幽僻，
> 山房靜不譁。談經僧入座，問字客停車。隙地多栽竹，空庭半種花。
> 書聲聽了了，此處是吾家』。詩骨甚清，肖其為人。〔註15〕

〔註12〕 許南英，〈和易實甫觀察原韻〉，《窺園留草》（臺灣文獻叢刊 147），頁 77。
〔註13〕 施梅樵，〈圓光寺僧妙果招隱賦此示之〉二首之一，《捲濤閣詩草》（臺北縣：龍文，2001），頁 21。
〔註14〕 施梅樵，〈入山詞〉，《捲濤閣詩草》（臺北縣：龍文，2001），頁 13。
〔註15〕 王松，《臺陽詩話》（臺灣文獻叢刊 34），上卷，頁 34。

這些文人在遭遇社會動亂和家國變易時，咸感無力扭轉時局，憂憤之心無處發洩。這樣的心志，已無法藉著遊走山林來轉移，而必須要有一套人生哲思，才能讓鬱結的心得到紓解，因而普遍將情感寄託於宗教，藉著參禪悟道，化解胸中的苦悶。

　　不管是明鄭時期或是乙未割臺後流寓海外的遺民，他們選擇避居海外，就像是離枝的落葉一般，想要返復大樹，已幾乎不可能，在無力改變時局的情況下，多抱著消極無望之感，〔註16〕匿跡，隱逸似乎是必然的選擇。如連橫所言：

> 蓋以玄黃之際，干戈板蕩，綱維墜地，懷忠蹈義之士，有託而逃，
> 非果以空門為樂土也。〔註17〕

「逃禪」意謂遁世以參禪，藉著佛門參禪，讓自己逃離塵俗，進入宗教的清靜虛無的世界，〔註18〕明末就有許多遺民是直接削髮出家。這種集體式的逃遁活動，雖然表面是以宗教信仰為包裝，但不可否認的，這些帶著亡國之恨的士人，是選擇一條安全，並與社會若即若離的宗教之路，成為一個心靈抒發的新出口。於是士人遊走於佛寺道觀、遊走於世俗和佛法之間，是一種心理需要，除了佛道的宗教信仰外，位於山林郊野的寺觀，提供了清靜獨絕的空間，讓人可以短暫脫離塵俗，沉澱心靈，對勞心俗務的士人而言，是一種心靈的寄託。換成一種說法，亡國的遺民們在遭受家國之難及人生重大的挫折之時，轉而進入佛道寺院、隱遁於佛法道心中，一方面逃離人世，一方面則借助佛法安頓生命。

〔註16〕　對於鄭成功轉進臺灣以為根據地，南明諸臣有不同意見，張煌言就曾上書勸說：「況大明之倚重於殿下者，以殿下之能雪恥復仇也，區區臺灣，何與於赤縣神州。…夫思明者，根柢也，臺灣者，枝葉也。無思明，是無根柢矣，能有枝葉乎？此時進退失據，噬臍何及！古人云『寧進一寸死，毋退一尺生』，使殿下奄有臺灣，亦不免為退步，孰若早返思明，別圖所以進步哉！」〈上延平郡王書〉，收入《張蒼水詩文集》（臺灣文獻叢刊142），頁30。案：思明，亦即廈門，永曆九年（1655年），鄭成功將駐軍的廈門島及金門地區改設「思明州」，表示「思念明朝之意」。依張煌言之見，是建議鄭軍固守內陸及廈門，伺機反攻，始有復國之望。

〔註17〕　連橫，《臺灣通史》（臺灣文獻叢刊第128），卷22，頁576。

〔註18〕　廖肇亨，〈明末清初遺民逃禪之風研究〉，國立臺灣大學中國文學研究所碩士論文，1994年。

第二節　游於方外絕塵俗

　　臺灣的佛教與道教信仰，是隨著漢人來臺而移入的，大多是閩、粵所信仰的觀音、媽祖、王爺等多神信仰，另外有官方的孔廟（文廟）、關帝廟（武廟）等，形成儒、釋、道教混雜的宗教特色。而漢人的遷徙墾植，大多以寺廟爲中心，形成精神團結的象徵，是屬民間信仰。有別於孔廟（文廟）、關帝廟（武廟）的教育、學術推展之功能，建於幽深靜謐的山林間佛寺、道觀，則往往是人們心靈困頓的依靠、安歇之所。對於明清時期渡海移民而言，離鄉背井的愁思、面對未來的不確定感，再加上生活困頓、族群械鬥、民變匪寇等社會亂象，極需宗教信仰來安定心理。

　　基本上，明鄭時期礙於開發未及，臺灣的寺院多集中在城市之內，頂多設於近郊，而進入清領以後，又陸續有海會寺、法華寺、黃蘗寺等名寺設立，並開始在各地山林廣建寺院，鳳山縣大崗山上的超峰寺、鼓山上的元興寺、諸羅縣的大山巖、碧雲寺。不管寺院位於都市或是山林，寺院寧靜清幽的環境，可以使出家人免於塵囂的干擾，能更專心致力於戒、定、慧的修學和佛法的鑽研；都市的寺院位於車水馬龍間，有利於弘法活動，可以就近提供信眾紓解壓力的環境和即時的心靈撫慰。

　　明鄭時期，許多寺院的建立，基本上都跟當時的文人、官員有關，他們流連於寺院，與僧人住持往來密切，習佛論禪，並留下許多詩詞作品。這些明末的遺老流寓來台，無官可做，對時局擔憂卻無力改變，爲了抒發內心的鬱悶、逃避家國覆亡的苦痛，唯有遁入空門、潛心修佛，才能得到超脫。遁入佛門的沈光文曾作詩曰：

　　　　沿溪傍水便開山，我亦聞之擬往還。一日無僧渾不可，十年作客幾能閒？

　　　　書成短偈堪留寺，說到真虛欲點頭。正有許多爲政處，僅將心思付禪關。

〔註19〕

詩中表達對僧寺活動的熱衷，聽聞州守新建佛寺，便欲前往參拜。回想過往的十年忙於俗事不得清閒，只能藉著與僧人相與論道，因此說不可一日無僧。詩人權將心思寄託於禪法，實是爲抒解俗事之情，並非真的要絕塵離俗。

　　清代宦臺的官員，常利用公餘時間，訪遊各地佛寺道觀，並作詩歌吟詠。當時包含臺灣縣的竹溪寺、海會寺、法華寺、彌陀寺等；鳳山縣的元興巖、

〔註19〕沈光文，〈州守新搆僧舍於南溪人多往遊余未及也〉，收入《沈光文全集及其研究資料增編》（臺南市：南市文化局，2012），頁61。

超峰寺、仙堂；諸羅縣的龍湖巖、南浦寺、大山巖；彰化縣的碧山巖、虎山巖、清水巖等佛寺道觀，大都位於城郊、山區，與城市有一段距離，而文士經常利用公餘，趁著日暖花開，邀約遊憩踏青，甚至設宴歡飲。他們選擇聚會於佛寺道觀，一方面是寺院提供的清幽宜人的環境，適合雅致的宴會活動，一方面可以遠離俗事叨擾，讓人心曠神怡。因此，清領時期留下不少的詩歌吟詠，可見遊於方外、調劑心靈已成爲當時官員文士重要的社交活動。這種集體式的歡愉，早在中國魏晉時期就已流行於士族間，他們藉著宴會歡飲，彼此安慰，來忘卻現實世界的痛苦，雖然只發生在特定的時間及空間，但仍可視爲逃避現實的文化之一。

　　比較常見的是巡行於台灣鄉間的官員，往往在任務結束後，邀集僚屬文友，飲酒作詩，以適閒情。如巡台御史張湄特別喜歡流連佛寺，留下多所相關的詩作。〈勸農歸路經海會寺次韻〉詩：

　　　　野趣自清曠，豐年情不同。泉新茶碗碧，火宿石鑪紅。眺海三層閣，

　　　　栽花半畝宮。息心塵外賞，遠嶼夕煙空。〔註20〕

這是他在一次巡行勸農的任務後，與僚屬友人聚會於城郊「海會寺」的詩歌唱和，詩中對於當時歲豐年稔，頗感欣慰。在無事煩心之下，自然能體會清曠的郊野情趣，口中品嚐著茗茶，映入眼簾的是遠方的海景和腳下的花團錦簇。重點是一句「息心塵外賞」，代表著詩人的心境澄澈無礙、彷彿自外於塵俗世事，想必是受到寺院中沉靜的氛圍所影響。

　　「海會寺」原名「北園別館」，是鄭經爲母親董氏所建〔註21〕，入清以後廢蕪。康熙年間，陸續由官府闢建亭台園林。康熙二十九年（1764）始改名爲「海會寺」。「海會」一詞係佛教用語，意指佛教盛大的集會，同時它位於柴頭港溪入海處，因以爲名。該寺是清領初期官員名士郊行讌集之熱門處所，幾乎歷任巡行臺地官員都有讌集詩作，如康熙四十二年（1703）海防同知孫元衡就有三首在海會寺的讌集詩作，其中〈陪憲副王公總戎張公偕諸僚友往觀禾稼歸途讌集海會寺抵暮而返〉詩曰：

〔註20〕　張湄，〈勸農歸路經海會寺次韻〉二首之二，收入《全臺詩》，第二冊，頁155，另題名〈遊海會寺次楸邨韻〉。

〔註21〕　盧嘉興據林謙光的《臺灣紀略》認爲「北園別館」非爲董氏所建，而是鄭經兵敗廈門後，淡出朝政，退隱於洲仔尾，所築的遊觀之地，後稱「承天府行臺」、「洲仔尾園亭」、「鄭氏別館」，後鄭經卒於此。見盧嘉興〈北園別館與開元寺〉，收入《中國佛教史論集》，頁269～283。

　　回響入禪林，停輿就夕陰。餓鷗鳴斗酒，飛騎致庖禽。布席山門敞，

　　行廚竹徑深。雙榕亂黃鳥，鐘磬會清音。〔註22〕

本詩是與當時的分巡臺灣兵備道王敏政、總兵張玉麒等官員，在一次巡行觀
稼後，到海會寺聚會宴飲。會選擇在海會寺，應是地理位置的考量，該寺位
於府城北郊，在北行的官道上，地點僻靜、幽雅宜人。「山門敞」、「竹徑深」
是說明海會寺的空間寬敞幽靜，寺中除了有樹林、竹徑、雙榕之外，尚伴有
禽鳥啼鳴、鐘磬的清音，自然而雅致。

　　除了借用寺院來讌集之外，寺中的住持和僧侶常常也參與其中，甚至與
士人詩歌唱和。

　　「海會寺」的第四代住持釋澄聲，本名石峰，頗有詩才，乾隆初年與當
時官員士人往來密切。《重修台灣縣志》有載：

　　釋澄聲，號石峰，海會寺住持也。戒行素著，擅書畫，好咏吟，尤善

　　手談。有司聞其名，多就訪之。時或苦旱，延以祈雨，屢驗。〔註23〕

「手談」是指圍棋，魏晉時期士人談玄、論佛、好隱，把圍棋當作修身娛樂，
也有「坐隱」、「忘憂」、「爛柯」之稱。張湄就多首詩是與石峰有關的，如〈勸
農歸路經海會寺次韻〉詩云：

　　山郭雨初霽，招提入來。寒雲流梵韻，濕翠蓮臺。缽爲投詩滿（僧

　　石峰能詩），扉緣客開；催耕餘好鳥，人靜林隈。〔註24〕

詩人在雨後進入「海會寺」，以靜觀的角度描寫所見的寺院氛圍。「招提」、「梵
韻」、「蓮臺」、「缽」都是佛教語，可見詩人參佛之深。而提到扉門因客開，
缽中裝滿詩句，是指當時雅集詩會之熱烈，特別是讚賞石峰的詩才，可見縣
志所言「有司聞其名，多就訪之。」並非虛言。

　　在張湄之後接任巡台御史的書山也有〈勸農歸路經海會寺與諸同人分賦〉
詩云：

　　問訊詞壇客，山僧逸興同。地高晴翠合，林靜妙香通。登眺消塵慮，

　　安閒步梵宮。寸心持半偈，頓覺海天空。〔註25〕

〔註22〕孫元衡，〈陪憲副王公總戎張公偕諸僚友往觀禾稼歸途讌集海會寺抵暮而返〉
　　　　三首之二，《赤崁集》（臺灣文獻叢刊 10），卷 4，頁 75。

〔註23〕魯鼎梅，《重修臺灣縣志》（臺灣文獻叢刊 113），卷 11，頁 392。

〔註24〕張湄，〈勸農歸路經海會寺次韻〉二首之一，收入《重修福建臺灣府志》（臺
　　　　灣文獻叢刊 74），頁 596。

〔註25〕書山，〈勸農歸路經海會寺與諸同人分賦〉三首之二，收入《重修福建臺灣府
　　　　志》（臺灣文獻叢刊 74），頁 597。

　　同樣是巡行勸農後，眾人聚集「海會寺」，寺中僧侶也加入吟詩活動。因為寺中的寧靜閒情，讓人塵慮盡消，頓時感到海闊天空，可見此類的聚會活動，實有澄心淨慮之功。

　　士人與僧侶往來密切，章甫有〈月夜聽僧智輝與李爾沖和平沙落雁操〉詩：

　　　　步月訪禪家，揮絃對碧紗。儼然來遠雁，相與落平沙。著指頻頻印，關情故故斜。曲終塵俗洗，並不點些些。〔註26〕

　　陳繩，乾隆 9 年（1744 年）任諸羅縣訓導，有〈賦得夜涼溪館留僧話〉詩：

　　　　老僧欲去復留之，溪館微寒夜話時。蓮社遠公猶具酒，香山居士尚吟詩。談空有象天花落，持偈無聲法雨施。畢竟三心須點破，道傍婆子莫支離。〔註27〕

詩中陳繩與僧人夜話，欲罷不能，遂殷勤留止，可見詩人的喜好佛法。他把僧人比作淨土宗初祖慧遠，結「蓮社」以講道弘法，自己則自比白居易──奉佛吟詩，並且「交遊一半在僧中」，兩人談佛論道，十分契合。點破三心者，是指「過去心」、「現在心」、「未來心」，皆是妄心，不可得。

　　不過，士人在佛寺道觀的讌集雅聚，有時只是圖個清靜雅致，並非一定跟宗教信仰有關。當時士人對寺院的接受，部份是因為寺院兼具隔絕塵世、可以閒遊清修的功能。可以讓一些礙於現實因素，無法歸隱息心的仕宦文人，一償物外之情。在詩中常常可見他們以羨慕的心情，看待離塵幽閒的寺院和潛心清修的僧侶們。如林占梅詩「共羨禪扃好，清幽似隔凡。」（〈登青潭岩頂壁題〉）、洪坤詩：「羨爾山僧得靜修」（〈遊竹溪寺〉）。李逢時詩：「願從巖下叟，結屋老林泉。」（〈有懷某道人〉）直接表明隱逸的心志。

　　康熙年間海防同知齊體物有〈竹溪寺〉詩云：

　　　　梵宮偏得占名山，岏作蠻州第一觀。澗引遠泉穿竹響，鶴期朝磬候僧餐。夜深佛火搖鮫室，雨裏檳榔綴法壇。不是許珣多愛寺，須知司馬是閒官。〔註28〕

〔註26〕章甫，〈月夜聽僧智輝與李爾沖和平沙落雁操〉，《半崧集簡編》（臺灣文獻叢刊 201），頁 15。
〔註27〕陳繩，〈賦得夜涼溪館留僧話〉，收入《使署閒情》（臺灣文獻叢刊 122），卷 2，頁 56。
〔註28〕齊體物，〈竹溪寺〉，收入《臺灣府志》（臺灣文獻叢刊 65），卷 10，頁 287。

許珣是魏晉名士，熱愛佛法，曾捐出會稽山陰之住宅，築成「祇洹寺」，世人稱頌他有高逸的情懷。然而詩人卻以此自嘲，游於寺觀、問佛體道，並非真如許珣的熱衷於佛學，實在是遠居海外，閒散避地的無奈罷了。這也點出了當時士人遊歷寺院，

　　比起參悟佛法，遊於方外的士人更重視空間環境的氛圍。如張湄〈彌陀寺〉云：

> 官跡重溟外，遊情半日閒。妙香禪室靜，灌木鳥音蠻。種葉常書偈，
> 留雲早掩關。稍聞烹水法，容我坐苔斑。〔註29〕

「彌陀寺」建於明鄭時期，位於府城東安坊，府志載：「庭宇幽靜，佛像莊嚴。傍植檳篁，名花芬馥，可供遊詠。」〔註30〕詩中點明仕宦海外是孤寂苦悶的，調劑心靈的良方，便是遊一趟佛寺，享受半日的悠閒。禪寺常常是掩關門扉、謝絕遊人的。寺內空間的氛圍沉靜而充滿妙香，加之庭院有自然景物如花木鳥鳴的襯托，整個彌漫寧靜、安詳、平和之氣，對照寺外的塵世擾攘，真有天壤之別。

　　士人的隱逸之思，常常從生活空間的自我隔絕開始。陶淵明隱於田園，將自己隔絕起來，故而詩曰：「白日掩荊扉，虛室絕塵想。」（〈歸園田居詩〉其二），「長吟掩柴門，聊為隴畝民。」（〈癸卯歲始春懷古田舍〉其二），「寢跡衡門下，邈與世相絕。顧盼莫誰知，荊扉畫常閉。」（〈癸卯歲十二月中作與從弟敬遠〉），閉掩柴門，安居守拙，是為了隔絕塵世，達成他歸隱的目的。而〈桃花源記〉裡的小國寡民，也是隱避一方、絕塵於世，不願為外人道。隱避在獨立絕世的空間，斷絕一切與塵俗的關係與往來，一直是隱逸思想的核心。而佛寺的空間特性，寧靜、深幽、莊嚴、空靈，正好符合士人短暫隱逸的需求。

　　士人集體式地游於方外，絕不僅止於宗教的信仰，進入寺院這狹小的空間，彷彿進入一個獨絕的世界，佛道世界中，清靜而無喧囂、無欲無爭、質樸和諧，不管世事的流轉變化。這對於汲汲於名利的官宦士人來說，提供了一個心靈的慰藉、療癒之所。在這裡，心靈是自由的、無牽掛，大可盡情抒發情感，悠遊於想像世界。

〔註29〕 張湄，〈彌陀寺〉二首之一，收入《續修臺灣府志》（臺灣文獻叢刊 121），卷26，頁 946～947。
〔註30〕 高拱乾，《臺灣府志》（臺灣文獻叢刊 65），卷9，頁 220。

　　嘉慶年間臺灣縣詩人章甫（1760～1816）行吟山林之間，遊遍各山頭的佛寺道觀，根據他所創作的詩作，顯示他曾到過府城的竹溪寺、法華寺，臺灣縣的靖海寺、鳳山縣岡山巖、虎溪巖、日光巖、醉仙巖、賜恩巖、彌陀巖、喝水巖、雲頂巖、寶智寺、湧泉寺等。他作〈遊竹溪寺〉詩曰：

> 西天即在海東關，記此沙門舊日顏。竹徑縫雲圍世界，溪橋渡水出人間。
> 梵音了卻忙中鬧，鳥語吟餘靜裡閒。解到拈花微笑去，暮霞斜挂斗魁山。

〔註31〕

竹溪寺，創建於明永曆年間，鄭經主政初期由當時的州守所建。寺門上有「小西天」匾額，「西天」是指西方極樂世界，佛寺供奉如來佛祖者，慣稱「小西天」。入門見此匾，宛如進入西方的極樂淨土。故連橫曾介紹曰：「清溪一曲，修竹萬竿，可避塵囂。春秋佳日都人士修禊於此。…寺門曰小西天。游其間者幾有出世之想。」〔註32〕詩中點出「圍世界」，表示寺廟是自成一個塵世之外的世界，被竹林、小徑、雲霞所包圍、隔絕的獨立空間。在這裡雖然也有誦經聲、鳥叫聲，卻與塵世的喧囂有別，令人心安神閒。府城進士施士洁（1856～1922）曾有詩句曰：「赤嵌城外竹溪寺，佛界幽深入境隔。」〔註33〕進入到寺裡，便彷彿走出人間，來到西天，一個截然不同的虛幻空間，寺廟成了與「人間」、「塵俗」相對的小而幽隱的空間。

　　章甫另有一首〈宿岡山巖〉：

> 山外連雲雲外山，雲巖古剎謝塵寰。零星木石相牽引，斷續藤蘿且附攀。
> 避客兔歸三窟裡，談禪僧現十方間。浮生因果誰參破，夜半鐘聲夢覺關。

〔註34〕

「岡山巖」位於鳳山縣大岡山上，相傳是名僧紹光於雍正9年（1731年）結茅開基，原名超峯石觀音亭。乾隆二十八年（1763）知府蔣允焄乃建為寺，名為「超峰寺」，又稱「岡山巖」。「巖」即山寺，閩人稱寺為「巖」。詩人來到遠離城市、座落山間的佛寺，山峰連綿、雲霧飄渺，彷彿謝絕塵寰。遊人至此，所見盡是林木岩石、藤蔓雜草、野兔鳥獸等荒野景象。但詩人夜宿寺中，並未見驚恐不安之感，反而熱衷與僧人論禪，體現佛法普照十方，此時

〔註31〕 章甫，〈遊竹溪寺〉，《半崧集簡編》（臺灣文獻叢刊201），頁17。
〔註32〕 連橫，《雅堂文集》（臺灣文獻叢刊208），卷3，頁207。
〔註33〕 施士洁，〈羅穀臣太守招同耘劬游菜稱香瑞卿消夏竹溪寺〉，《後蘇龕詩鈔》（臺灣文獻叢刊215），頁66。
〔註34〕 章甫，〈宿岡山巖〉，《半崧集簡編》（臺灣文獻叢刊201），頁18。

心中盤踞的是浮生因果，不知不覺來到了夜半鐘響時，可見詩人參禪入化，時間飛逝如梭。對詩人而言，這個過程，如同進入到另一個時空般，完全沉浸在尋找悟道的要義關津，渾然忘卻外在環境的現實情況。

　　嘉義詩人張以仁，清嘉慶年間人士。有〈竹溪寺〉詩：

　　　　到此絕塵機，山光靄翠微。通幽泉自曲，悟靜鳥將歸。雲氣空中合，

　　　　禪心物外依。何當襟帶綠，掩映竹成圍。〔註35〕

「絕塵機」直接點明佛寺空間與塵世空間的區別，在詩人心中，佛寺屬清靜地，偶爾到佛寺遊訪，多半是藉著靜謐的空間，尋求心靈的沉靜安適，藉此得以啓悟人生道理。尾聯再強調寺廟的空間感，「襟帶」、「成圍」後的寺院空間，都是成就僧眾或詩人參禪悟道的具體憑藉。

　　道光年間來臺的劉家謀，遊竹溪寺時，直接形容寺廟是獨絕於人世的靈境空間，〈宿竹溪寺〉詩云：

　　　　迺有此靈境，窈然郊郭間。四年自塵坌，一夕且幽閒。風竹韻清夜，

　　　　月泉輝近山。人言法華好，金碧絕斕斑。〔註36〕

本詩開頭即結論式地點出他對佛寺的感受，直接以「靈境」比喻竹溪寺，探訪過程中讓他從世俗塵坌中，突然進入幽靜的世界中，配合著清風、竹韻、月色、水流，心靈得到了舒緩安慰。「四年塵坌」是對生命的回顧，帶有時間的嘆逝之感，「一夕」則是強調瞬間的感受，對照式的描述，極具張力。而這樣的體會，正好與時下世人喜歡熱鬧、金碧輝煌的宗教性參拜活動，有明顯的不同，可見詩人心中所需要的是心靈的寧靜、澄明，而非真正的宗教信仰。

　　從文學的角度來看，佛道思想確實為詩文開闢了新的馳騁空間，隱士往往在詩歌中吟誦出一個令人嚮往的神仙仙境、極樂世界，這個只存在於心中的理想樂土，是詩人在苦鬱當中，想像、領悟的虛無世界，藉此得以暫別惱人世俗，得到短暫且珍貴的歡愉和慰藉。

　　臺灣士人的隱逸思想，體現在他們生活中對佛道的信仰，如交遊結社，往往有僧人道士，行旅踏青皆不出佛寺道觀，因此文學書寫中，亦出現大量的佛道思想。他們一面認為神仙思想是荒誕無稽，一方面又渴求神仙世界的悠然自適，特別是在紛擾的塵俗、苦悶的人生中，神佛世界提供了士人心靈

〔註35〕張以仁，〈竹溪寺〉，收入《續修臺灣縣志》（臺灣文獻叢刊140），卷8，頁629。

〔註36〕劉家謀，〈宿竹溪寺〉，《觀海集》（南投縣：臺灣省文獻會，1996），卷4，頁53。

棲息，同時暫離現實的寄託。而落實在現實社會中，求仙問佛儼然成了士人尋求慰藉的文化活動。

第三節　隱逸空間的意象經營

　　士人在佛道寺院的空間體驗，不僅是感官上的覺知，還包含情感上的體會、哲思上的體悟，甚至是超越性的想像。除了客觀的感官描繪外，多半也同時表現詩人內心的情志。詩人不斷地遊於方外，製造一種環境的氛圍、積累情感，讓原是客觀存在的地理空間，被賦予個人或群體性的情志，透過詩文，把「景語」轉化爲「情語」。這種由具象事物，逐漸形成一種氛圍、意境，同時照映出詩人內在的心境、情境，是謂「造境」。

　　「境」一詞源自佛教用語，佛法稱色、聲、香、味、觸爲「五境」，是生活中眞實存在的，然而人有眼、耳、鼻、舌、身等「五根」作爲感知物件，人秉於情感，當「五根」感應「五境」時，產生「五識」，其後有「意識」、「意根」及「空性」共「八識」。如果以文學而言，前「五識」是感官知覺層次，外在事物具體的形象可透過感官覺知，像是明暗、聲響、香氣、苦辣、寒凍等知覺，形成文學中的「象」，有一定的客觀性。「意識」之後的三識，則開始加入了個人的情意、思想，進而悟道、超越，在文學的創作中，個人本於生命經驗，用心對應於外在事物，往往會生發感悟，亦即佛教的「萬象源於一心」。

　　清領時期，在臺灣的詩人遊於道觀佛寺後所留下的詩文書寫，普遍是通過寺院的景象，即外物之象，經營著「意境」的手法。詩人所造之詩境，多是對寺院環境、外在事物的描繪及感知，用詞包括「清」、「靜」、「空」、「疏」、「淡」、「幽」、「深」、「冷」、「寂」、「閒」、「淨」等，其中最常出現的便是「靜」和「寂」。「靜」、「寂」是感官上的聽覺，寺院與外界最大的表象差異可能就是寂靜的氛圍，特別是與世俗的人車喧鬧有強烈的對比，也是令人感受最深刻的。雖然寺中仍有誦經、鐘聲，甚至是風雨水流、蟲鳴鳥叫聲，但這類大自然和佛音，相對地讓詩人更能沉浸於這塊世外化境的想像當中。

　　進入寺院的寂靜環境中，詩人秉著情感的體會，通常會有進一步的感知，如幽深、清冷、幽閒、空疏等，屬於環境的觀察和詮釋出現。甚至反映出自己內心的情志，如孤獨、寂寥、閒趣等，不過這些都仍停留在「形象」的描述

上。如章甫詩句「梵音了卻忙中鬧，鳥語吟餘靜裡閒。」〔註37〕，梵音和鳥語
是客觀存在的聲響，忙鬧、安靜亦是真實的感官覺知，然而由梵音「了卻」
忙亂、鳥語停歇後突顯了閒適，卻是一種觀察比較和進一步的詮釋，是詩人
加入個人情意。張以仁的詩句「通幽泉自曲，悟靜鳥將歸。」〔註38〕，泉「自」
曲、「悟」靜、鳥「歸」，皆是詩人情思的表現，「泉自曲」有種任意、自然的
自由；「鳥將歸」是因接近日暮而感到時光飛逝；「悟」則是一種心靈經過沉
澱後的醒悟，是內心與外物的感通。整體而言，這類的寺院詩作，普遍都是
從環境景物的描繪與感知開始的，詩人擇取環境中重要的因子來書寫、感知、
詮釋，為的是鋪陳接續將抒發的內在情志，亦即後「造境」的創作理路。

以下列舉這些環境描繪與感知的詩句：

優鉢曇心淨，塢雲梅影疏。（卓肇昌〈暮春遊元興巖〉）

蝶夢空今古，經聲幾寂喧。（王之科〈法華寺〉）

煙侵晚岫通幽徑，水隔寒隄接遠村。曲檻留陰閒睡鹿，疏星倚月冷
啼猿。（章甫〈龍湖巖〉）

無營祇覺幽懷廣，自在惟聞好鳥啼。（盧九圍〈春日遊竹溪寺〉）

竹雨喧秋葉，溪烟冷暮鐘。（陳廷瑜〈竹溪寺〉）

通幽泉自曲，悟靜鳥將歸。（張以仁〈竹溪寺〉）

丹崖境靜清塵夢，碧澗泉幽證道心。（林占梅〈偕戴山人宿棲雲巖〉）

水際沉孤月，松巔帶片雲。（林占梅〈夜宿棲雲巖〉）

蠟屐跡逾遠，蒲團情自閒。（林占梅〈偕友登棲雲巖留宿〉）

清影搖千竿，左右列修竹。時聆幽韻流，彷彿居巇谷。（吳德功〈春
日遊虎巖〉）

以詩歌的架構而言，前半的實際形象和感官體驗，是一種初階的具象描
繪，之後逐漸鋪陳、進入更深一層的抽象書寫，表現的是詩心及詩境。「詩境」
指的是詩中表現的意境，是抽象的概念。白居易〈秋池〉詩之二：「閒中得詩
境，此境幽難說。」詩人靈感的來源，往往是對生命遭遇的感懷，投射在所
處遇的環境事物中，發而為詩歌創作，因心無一，往往難以言狀。中唐時，
皎然、劉禹錫及呂溫等人開始使用「境」的概念論詩，除了提出「取境」、「緣

〔註37〕 章甫，〈遊竹溪寺〉，《半崧集簡編》（臺灣文獻叢刊 201），頁 17。

〔註38〕 張以仁，〈竹溪寺〉，收入《續修臺灣縣志》（臺灣文獻叢刊 140），卷 8，頁 629。

境」等構成詩境的方法之外，還提到構成詩境有關的「造境」概念。皎然「須 臾變態皆自我，象形類物無不可。」孟郊：「天地入胸臆，吁嗟生風雷。文章 得其微，物象由我裁。」劉禹錫則主張「境生於象外」，都是要求詩人創作時， 要超越外物之象，返照內心而創生詩境。而這種「因心造境」的理論，與佛 教「返照心源」的觀念，有著密切的關連。〔註 39〕

「意境」之說，是創作者內心的情、理，與外在的事、物（景）交互作 用所形成的抽象特殊情境，「可以意冥，難以言狀」，是文學創作中精微的設 計。詩人們心存一念，或亡國之思、或物外之情、或思古懷憂，來到寺院， 見景而生情、因情而感悟，「意境」自然而生。試舉一些清領時期士人遊於佛 寺所創作的詩歌，便可發現具體的物象之外，詩人所造之境，才是詩中之精 髓。康熙年間的王之科有〈法華寺〉詩曰：

　　愛此泉林好，來遊李氏園。沿溪花覆地，遠逕竹成垣。蝶夢空今古，

　　經聲幾寂喧。酒闌酣索句，絕勝入桃源。〔註 40〕

詩一開頭便點出自己愛好林泉的心志，便是來到「法華寺」的目的。「法華寺」 舊時是隱士李茂春的園邸。入寺所見是沿著溪畔遍植花卉，迴繞的小徑以竹 圍起。是純粹寫景。頸聯因景生情，詩人懷想起園林的主人、前朝隱士李茂 春，昔日的夢蝶之想，如今空餘誦經聲，讓人觸發生命無常、空幻如夢之感。 而諸人共遊，飲酒賦詩，便似入桃源勝地，翛然塵外。

詩中透過「法華寺」的歷史典故，聯想起夢蝶之思，再由今昔之感、嘆 逝之情，轉為曠達行樂，彷彿進入獨絕世外的桃源仙境。從「夢蝶」到「桃 源」，詩人重複、累積著隱逸的美好世界，構成一幅幽深空靈的虛幻世界，成 為浪漫詩化的意境。而歸本溯源，是詩人隱逸之心，這便是所謂「境生象外」、 「因心造境」。

類似的意境，章甫有〈萬石巖〉詩曰：

　　疊嶂層巒萬石生，幽巖搆結豈虛名。鳥吟空谷偷詩調，水滴寒橋淡畫聲。

　　四面溪山皆舊跡，幾間樓閣半新成。搜奇引入桃源勝，疑是仙津路可行。

　　〔註 41〕

〔註 39〕　參見劉衛林，〈中唐詩學造境說與詩之變——兼論佛教思想之影響〉，《普門學 報》，第 16 期，2003 年 7 月，頁 1～12。

〔註 40〕　王之科，〈法華寺〉，收入《臺灣縣志》（臺灣文獻叢刊 103），頁 272。

〔註 41〕　章甫，〈萬石巖〉，《半崧集簡編》（臺灣文獻叢刊 201），頁 26。

位於廈門的「萬石巖」，因奇峰怪石遍佈，林木繁茂，古跡眾多而聞名。同樣的有空谷鳥鳴、寒橋滴水，搭配著古蹟及樓閣，景致優美而奇絕，彷若世外桃源、人間仙境。

　　另陳文達的〈蝶園朝雨〉詩：「蟲吟物外想，蝶夢幻中生。頓覺無塵礙，道心處處明。」〔註42〕同樣是懷想前人，觸發生命如夢的感慨，進而理清塵俗的罣礙，領悟到眞道，讓心靈頓時澄澈清明。

　　再看卓肇昌的〈暮春遊元興巖〉詩：

> 招提南郭外，乘興爰相於。嵐氣青逾迥，川光碧漾潴。化城圍竹裏，
>
> 香刹繞春餘。優鉢雲心淨，塢雲梅影疏。酒香詩弄膽，歸暮月窺予。
>
> 攜手問津處，一竿人釣魚。〔註43〕

「元興巖」位於鳳山縣城南的鼓山上，建於乾隆八年（1743年），詩人暮春時偕友人同遊佛寺，半山腰上可見山嵐綠野、水光碧波，寺院則圍繞在竹林梅影當中，春意盎然。「優鉢曇」是梵語，即無花果樹，其花隱於花托內，一開即收，不易看見。意指佛教的如來妙法，瞬息之悟、不易窺見。「淨心」亦是佛家語，是指洗淨塵慮，還復清淨本性之修爲。詩人透過寺院的氛圍，轉瞬悟道，於是有「歸暮月窺予」灑脫語，末尾問津釣魚的情景，頗有禪意，詩人成功地造出得道脫俗、安適閒逸的詩境，足與他翛然塵外的心志相呼應。

　　類似的詩作尚有林占梅〈偕友登棲雲巖留宿〉詩云：

> 共宿遠公社，碧蘿欣可攀；鳥歸仍認樹，日落尚銜山。蠟屐跡逾遠，
>
> 蒲團情自閒。我非陶元亮，煮茗且怡顏。〔註44〕

詩中營造出悠閒自然的氛圍，是遠離人跡、自尋閒情，詩人自比陶淵明，悠然於山林古寺中。

　　另張湄亦有詩〈遊彌陀寺贈喝能上人〉曰：

> 何必遠城郭，已空車馬塵。因心川共逝，觸指月如輪。客愧乘槎客，
>
> 僧兼賣卜人。此生期再訪，幽夢或通津。〔註45〕

〔註42〕陳文達，〈蝶園朝雨〉，收入《臺灣縣志》（臺灣文獻叢刊103），頁268～269。

〔註43〕卓肇昌，〈暮春遊元興巖〉，收入《鳳山縣采訪冊》（臺灣文獻叢刊73），頁475～476。

〔註44〕林占梅，〈偕友登棲雲巖留宿〉，《潛園琴餘草簡編》（臺灣文獻叢刊202），頁101。

〔註45〕張湄，〈遊彌陀寺贈喝能上人〉二首之二，收入《重修臺灣縣志》（臺灣文獻叢刊113），卷6，頁200～201。

他把離塵的寺院看作是幽隱的夢境、通往光明之地，表現了仕宦文人在人生道路上，期盼心靈可以沉靜，並得到指引的共同情態。

第四節　悟道逍遙歸仙去

　　士人遊於佛寺道觀，雖然只是短暫的活動，然而若其本心即有定向，外在的景物不過是一種觸媒，以士人的聰慧，便能很快地領悟大道。其中禪宗的直覺觀照、參禪靜思、醒悟真道，最是符合詩歌創作的心物交感、興發人生哲思的過程。因此從詩中便輕易地看出了禪思佛意，即所謂的「以禪入詩」、「以佛入詩」。如乾隆年間李振芳有詩云：

　　　獨愛清幽此地來，不辭芒履踏蒼苔。煙迷竹徑鐘聲遠，雲斂溪山梵宇開。

　　　勝蹟何須金布砌，上方寧異玉生臺。談空閒士遲歸思，無數閒禽綠水隈。

〔註46〕

「清幽」是詩人愛到寺觀的重點，在寺觀中所有的外在景物，包括蒼苔、竹徑、鐘聲、白雲、遠山、溪水、鳥禽，都成了最美的景致。而身處這些景物之下，到訪的士人得以悠閒地談論佛理，樂而忘返，可見詩人並非憑空漫說，大多有一定的佛道修習功夫的。

　　如鳳山文人錢元揚的〈觀音山寺〉說明了這樣的修習悟道過程：

　　　曲折循幽徑，中峰信可觀。澗阿紆以曠，松石邃而寒。禪定花香異，

　　　機忘鳥語歡。如何窺道意，夕照有遺丹。〔註47〕

位於鳳山縣城北的「翠屏巖」，因依傍著觀音山，山勢如屏風矗立，曲徑幽林，水流蜿蜒，可極望平疇；古木奇石，幽邃而沁寒。詩人到此打禪入定，周圍盡是鳥語花香，引人入勝，渾然不覺時光飛逝，日已西下。末聯問如何才能悟道，他自我解嘲云只能望著夕照，幻想著道家的仙丹傳說，聊作想像。晉代仙道黃大仙於煉丹山上遺落一顆仙丹，每當煙雨晦暗時，或星月昏朦之夜，仙丹便會化作一團火球，並伴隨著雞啼之聲。

　　彰化文人曾作霖遊當地名刹「虎山巖」，有詩曰：

　　　虎山巖寺宲而深，半是香花半竹林。赤劇有君當不俗，白沙許我最知音。

〔註46〕李振芳，〈遊海會寺〉，收入《重修鳳山縣志》（臺灣文獻叢刊146），卷12，頁419～420。

〔註47〕錢元揚，〈觀音山寺〉，收入《重修鳳山縣志》（臺灣文獻叢刊146），卷12，頁445。

> 禪參玉版空塵慮，夢入瑤籤愜素心。老衲憐渠風韻好，常教作笛效龍吟。
>
> 〔註48〕

「玉版」為宋代禪僧，蘇軾好與論道，稱之為「玉版禪」，「瑤籤」即玉簪，比喻高而尖的山峰，此作仙山解。參禪是一種修習，入夢仙山則是達道境界。詩人想像自己在寺院中能透過禪修、放開俗事雜慮，回返純潔樸素的心，達到逍遙自由之境。

錢元揚、曾作霖兩人皆因寺院的環境因子，透過禪定、夢入等修習，帶領進入佛道的宗教思維和探索當中，完全拋開寺外的時間與俗慮。這樣的「忘」，想必是士人對遊觀寺院樂此不疲的主要原因。

清領時期臺灣士人與佛教寺院往來密切，有些篤信佛法的詩人會一頭栽入佛法的世界中，由此悟徹生命，達到超越的境界，全然是參透生命的隱逸表現。淡水名士陳維英（1811～1869）隱居「棲野巢」時，時常徘徊於附近的「西雲巖寺」，創作了〈題西雲岩雜詠〉詩十首，大約可說明士人習佛參悟、進而超脫世外的過程。他第一首詩云：

> 兀坐禪堂學上乘，休辭永別對孤燈。風生靈室窗三面，月照寒床枕一肱。
>
> 欲扣齋魚祈佛祖，偏餐絮果伴山僧。況兼此地西天近，絕頂煙雲覆幾層。
>
> 〔註49〕

詩中描述他靜坐參禪的過程，面對著孤獨的燈火，靜默不語，只有清風、明月相伴，孤獨是修習過程中必要的試煉。有時敲木魚誦經，有時與山僧論道，想像這裡離西方極樂世界很近，就在山頂幾層雲之外了。說明詩人參禪修習的過程

第三首詩曰：

> 漫道為儒不解禪，此間幽隱謝塵緣。巉岩圖畫門前石，斷續琴聲澗底泉。
>
> 恍寓夔州峰十二，如遊瓊島界三千。浮雲無事何須問，半日清閑卻是仙。
>
> 〔註50〕

詩人想像寺外的岩石構成了一幅險峻山巖的圖畫、深澗中的流水聲如同隱晦的琴聲，把情境模擬成夔州的十二峰頂顛，彷彿遊歷佛門三千世界的幻境一般。詩人即景想像，創造一個虛幻的美妙世界，得以清閒地悠遊其間，便是仙人般的生活。

〔註48〕 曾作霖，〈虎巖聽竹〉，收入《彰化縣志》（臺灣文獻叢刊156），卷12，頁497。

〔註49〕 陳維英，〈題西雲岩雜詠〉十首之一，收入《全臺詩》，第五冊，頁167。

〔註50〕 同上註，〈題西雲岩雜詠〉十首之三。

　　到了第四首詩開始描寫到因為參禪修習而有所啓發，並不斷地冥思，反
覆淘洗心靈：

　　　　西雲蘭若上崚嶒，俯瞰江山一望平。石徑紆迴開法界，松軒寂寞聽鐘聲。

　　　　丁年汲古資修鍊，丙夜攤書對短檠。浩蕩此心寧待洗，明珠仙露擬同情。

　　　〔註51〕

彎彎曲曲的石徑，開啓了通往深羅萬象的世界，也開啓了詩人的心靈。在寺
院的清修，大大地洗滌了詩人塵俗之心，如同明珠仙露沐浴在佛法的恩澤當
中。可見詩人接受佛法的洗禮、沉醉其中。第七首也是相同的主題：

　　　　西雲直上幾忘形，下視煙巒九點清。醉眼瞥開家遠近，塵心洗淨水瓏玲。

　　　　龜山兀突膺天眷，犀嶺巍峨得地靈。且待杏花消息至，一枝高折插楊瓶。

　　　〔註52〕

「坐忘」是佛禪重要的修為功夫，「忘形」拋開外在形體的束縛，是開啓心靈
自由的關鍵。詩人藉著登臨寺院，洗淨塵俗罣礙，同時得到大自然的靈氣與
啓發。末尾等待花開插枝，是比喻如同觀音大士的得道之時。

　　到了後兩首，詩中已充滿仙境的想像描寫，詩人不再執著於外在事物及
內在情志，開始進入到仙境的無邊想像，第九首詩云：

　　　　龜山仰止幾何年，絕頂登臨得意先。北海且睎羈北淡，西雲直上接西天。

　　　　高僧永伴青牛臥，俗客難同白鶴眠。世外紅塵皆不染，聊為陸地小神仙。

　　　〔註53〕

詩人想像眼前高聳的龜山，不知道已存在了多少年，如若攀登上那絕頂之境，
是否就可以直通到西方極樂世界？這寺裡的高僧有如超然塵外的高人，並非
一般的凡夫俗子所能相與論道的。詩人視此地為人間仙境，不染著世俗的一
點塵埃。

　　第十首詩云：

　　　　西雲深處儼丹邱，古剎珠林萬相幽。俯仰太虛無畔岸，鴻濛元氣自沉浮。

　　　　難因講道能傾耳，石以聆經亦點頭。可笑花銷輕薄子，妄從王播客揚州。

　　　〔註54〕

〔註51〕同上註，〈題西雲岩雜詠〉十首之四。
〔註52〕同上註，〈題西雲岩雜詠〉十首之七，頁168。
〔註53〕同上註，〈題西雲岩雜詠〉十首之九。
〔註54〕同上註，〈題西雲岩雜詠〉十首之十。

隱密的「西雲巖寺」有如神仙居所，古寺、森林的環境顯示出一片幽靜。在這裡彷彿可以環視無垠的宇宙，天地混沌之氣在此滾動流淌。這裡的一切都具備靈性，鳥禽能傾聽僧人講道、冥頑的石頭聆聽佛法都能點頭稱是。而可笑的是那些空乏淺薄的人，竟也妄學唐朝的王播，空住寺中，無所助益。詩人以神化的想像描寫寺院的空間，雞禽和石頭等萬物都具備靈性，一幅仙界的奇幻景色。末尾對俗人的批評，對照著鳥禽和石頭的受教，不僅是一大諷刺，還可說明詩人對俗世的鄙夷，刻意藉此離棄塵俗，讚頌並投入這仙境般的世界。

「西雲巖寺」位於淡水觀音山麓，又作「栖雲寺」，《淡水廳志》云：「寺絕塵埃，亦一異也。」〔註55〕陳維英隱居的「棲野巢」就在附近，因此時常遊歷至此，除了上述十首外，他還有〈甲寅（1854）正月四日偕竹坡孝廉秋黃茂才泛舟遊西雲巖古寺〉四首、〈題劍潭古寺次區覺生韻〉等相關詩作。他曾擬作〈歸去來詞〉詩寫道：

> 天風吹袂下蓬萊，東望扶桑曉色開。不待舞鸞與騎鶴，踏雲歸去踏雲來。
> 歸去歸來路幾程，春風自此愧先生。不慣趨時宜守拙，那堪宿晝惹留行。
> 故鄉非憶鱸魚膾，家塾無嫌蛙鱔羹。惟有窗前君子竹，蕭蕭弄出別離聲。
> 〔註56〕

本詩應該是道光二十五年（1845）任福建閩縣教諭時所寫，詩中表達想辭官歸隱之意，但與陶詩不同的是使用了「蓬萊」、「扶桑」、「舞鸞」、「騎鶴」、「踏雲」等道家的仙界用語，強烈的表達逍遙仙境的隱逸想像。

這類逍遙仙境的想像，也出現在章甫的詩中。他的〈遊湧泉寺〉詩云：

> 屴崱峰高寺湧泉，松陰翠粒破晴煙。靈源有隙能開竅，喝水無聲不鬧禪。
> 石鼓風鳴青嶂外，通宵路在白雲邊。人間亦有蓬萊景，到此登臨即是仙。
> 〔註57〕

「湧泉寺」是福建福州古剎，始建於唐代，位於鼓山山腰，規模宏偉，有「閩剎之冠」的稱譽。「靈源」是指人與生俱來的佛性，到訪佛寺便能醒悟開竅。「靈源」可另指隱者所居、遠離塵世之地。詩人身處青嶂白雲間，彷彿有通往天界的路，登臨至此人間仙境，便是逍遙神仙。

〔註55〕陳培桂，《淡水廳志》（臺灣文獻叢刊172），卷13，頁345～346。
〔註56〕陳維英，〈歸去來詞〉，收入《全臺詩》，第五冊，頁185。
〔註57〕章甫，〈遊湧泉寺〉，《半崧集簡編》（臺灣文獻叢刊201），頁42。

　　士人從塵俗世界進入佛院空間，再透過想像幻遊仙界，是一種精神的昇華作用。這種精神的轉化，實際上是受宗教的影響，如佛教強調修行之後，靈魂可達西方極樂世界；禪宗則透過禪悟，可以拋卻欲念，達到無礙的神通；道教則追求物我和諧，最終能飛升成仙。詩人在仕途、人生遭遇坎坷，選擇進入深山僻靜的佛道寺院中，陶冶並修煉身心，從而進入到自由和諧的仙境。這樣的過程，短則數小時，最長亦不超過三天，與夢境相類似，士人在此得以盡情地徜徉在美麗仙境，無須顧慮外界現實，可說是士人精神棲居、自由理想寄託的最佳場所。

　　我們不妨從寺院的空間感來看待遊仙這件事，魯鼎梅在乾隆十四年（1749）擔任臺灣縣知縣，當時「海會寺」經過一番整修，魯梅鼎為此作了一篇序，曰：

> 一葦東來，煙波萬狀。臺陽歸然，立海若中，恍瀛洲與方丈夾蓬萊而駢羅也。…夫渤海三山，相傳為人世所莫能至，故有銀關金宮之稱。設果有之，亦幻境耳。茲寺之景象清華，加以整頓，不更有真致乎？吏情未覺滄州遠，感而遂興，是在同志者。因為序。〔註58〕

魯梅鼎心中理想的寺院，是與神仙境地緊密聯結的，「瀛洲」、「方丈」與「蓬萊」是古代神話中的海外仙山，中國自古以臺灣為三山仙境，魯梅鼎承續這樣的文化想像，認為寺院應以此為模範來興建，這跟早期古典園林的一池三山的概念是相同的，可見寺院對士人而言，具有仙境的意象。

　　宜蘭文人李逢時（1829～1876），雖曾遊歷郡縣、入為幕賓，但時運不濟，終究抑鬱不得志，最後歸隱鄉里，教書以終。他的〈升天行〉表現出對仙境的嚮往：

> 朗朗廣寒月，蒼蒼太白星。中有綠髮翁，披雲臥空冥。不笑亦不語，
> 世人無知名。遺我金光草，服之四體輕。去影忽不見，回風送天聲。
> 舉首遠望之，飛飛渡太清。將隨赤松子，對博坐蓬瀛。〔註59〕

詩中描述飄忽虛幻的神仙境界，有廣寒宮、太白星，其間住著一位綠髮老翁，身披白雲、騰空坐臥，不笑不語、與世隔絕。突然送給他一株仙草，服下後四體輕盈，然後老翁就離去無蹤，返歸仙界，只留天聲迴繞。赤松子相傳是道教修煉得道的仙人，詩人將追隨他的腳步，前往蓬瀛仙境。

〔註58〕魯鼎梅，《重修臺灣縣志》（臺灣文獻叢刊 113），卷 6，頁 196。
〔註59〕李逢時，〈升天行〉，收入《泰階詩稿》（臺北縣：龍文，2001），頁 134。

　　本詩明顯仿傚李白的〈古風〉詩「太白何蒼蒼」，當年李白第一次進長安求官受挫，藉遊歷太白山寫出仙境遊歷，是詩人面對現實世界的灰心不滿，以虛幻的仙境想像，企求得到解脫。這首〈升天行〉則是李逢時尚未考取科舉功名前，可見他也是在挫折中，以離塵遊仙的出世想像來紓解苦悶心情。事實上他同時作了一首〈放歌行〉，訴說曠達物外的胸懷：

　　　　鴻鵠辭藩燕，遠從太虛游。一舉千萬里，弋者何所求。世人心不曠，
　　　　牢籠時自投。當其身富貴，顧盼何優遊。青門種瓜人，舊日東陵侯。
　　　　何如莊周蝶，是蝶不是周。萬物與俱化，禍福門無由。〔註60〕

他自比鴻鵠，一飛千里，悠遊於太虛仙境，其心志遠非燕雀所能相比。就如同世人之追逐富貴名利，如何能體會什麼是優遊逍遙呢？往昔莊周夢蝶，是真實或幻境？到頭來一切都是空。

　　神仙生活、仙風道骨一直是文人所嚮往的，神仙生活自由自在，能力無限卻又不受限於俗世窠臼，神仙們不需要擔心現實，神袖一揮瞬間就能夠擺脫身體或地理的限制，上天入地無所不能。中國士人的「遊仙」文化，是針對個人的生存困境和社會的環境壓抑，不得已選擇的超越性途徑，亦是「隱逸」文化的一環。在想像的神仙世界中，士人可以縱情任性、隨心所欲，讓精神無限自由、甚至連生命都是永生不滅的。士人往往在遊歷宮廟佛寺時，墜入仙境的想像，讓自己短暫脫離現實的殘酷，得到超凡入世的快感。雖然最終必須回到現實，但避離的瞬間，仍然是充滿理想和希望的，這一點足以讓人得到充份的精神慰藉，得以回歸殘酷的人生戰場，繼續奮鬥。

小　結

　　因為宗教教義的關係，佛道寺院的空間設計原本就以肅穆莊嚴、清靜幽深為主。明鄭時期的寺院考量到安全，地點多設在城區或近郊。清領以後，隨著地方的開發，寺院開始修築在各地山區，主要是僧道們「遠離塵囂」、「清心修行」的要求。而這樣的空間特性，恰好符合士人工作餘閒時，所需要的聚會交流，甚至是調劑身心的需求。士人個別的情志，加上臺灣移民式社會的不安定感，因此，佛道寺院便自然地成了士人吟詠騁懷的詩意空間。

〔註60〕 李逢時，〈放歌行〉，收入《泰階詩稿》（臺北縣：龍文，2001），頁133。

　　最早流連寺院、抒發情志的，是明末退居臺灣的遺民士族，他們滿懷的家國傷痛，只能藉助宗教尋求慰藉，於是陸續創建佛寺，並流連於其中，佛教界稱之爲「名士佛教」。這時期留下了不少動人的詩作，多半脫離不了宗教和政治，並富有「逃禪」的意涵，是典型的隱逸文化。

　　進入清領，宦遊士人多趁公餘之際，在寺院讌集雅聚，考量的是空間的幽靜雅致，並透過集體式的歡樂，忘卻遊宦離鄉之苦，是一種彼此取暖安慰的社會機制。個人情志方面，寺院隱密區隔的空間，可以讓忙碌的官員暫時拋下俗事，沉浸在寧靜清閒的環境，短暫地離避塵世的紛擾，不啻是個理想的隱逸空間。

　　而從這類詩歌來分析，士人在佛道寺院的空間體驗，不僅是感官上的覺知，還包含情感上的體會、哲思上的體悟，甚至是超越性的想像。除了客觀的感官描繪外，多半也同時表現詩人內心的情志。詩人不斷地遊於方外，製造一種環境的氛圍、積累情感和感知，讓原來客觀存在的地理空間，被賦予個人或群體性的情志，透過詩文，把「景語」轉化爲「情語」。這種由具象事物，逐漸形成一種氛圍、意境，同時也照映出詩人隱避俗世的內在心境。

　　士人從塵俗世界進入佛寺空間，再透過想像幻遊仙界，是一種精神的昇華作用。這種精神的轉化，實際上是受宗教的影響，如佛教強調修行之後，靈魂可達西方極樂世界；禪宗則透過禪悟，可以拋卻欲念，達到無礙的神通；道教則追求物我和諧，最終能飛升成仙。詩人在仕途、人生遭遇坎坷，選擇進入深山僻靜的佛道寺院中，他們拋卻俗慮，同時撫慰並修煉身心，從而進入到自由逍遙的仙境。

　　對士人來說，寺院空間是隱避休息，可以觀感聽聞的具象空間，同時也是開拓延伸生命自由的抽象空間。雖然現實的條件中，「方外」、「仙境」都是創造出來的虛幻想像，但從心靈角度而言，士人所選擇、書寫的時空，都是在表現他們追求生命的自由本質、心靈的逍遙自在，具有生命實踐上積極且眞實的意義。

第九章　異質空間——夢境與幻境

　　「異質空間」（heterotopia）是法國哲學家傅科（Michel Foucault）所提出的空間概念。這種空間，通常是人們對應於「現實空間」的侷限，所創造出來的理想空間，有時是虛幻不實的幻想空間。「異質空間」並非指狹義、具象化的一般空間，如居室、廟宇等。它是廣義、抽象性的概念，一種哲學思維式的「存在狀態」的描述方式，是人類精神層面所反映出來的抽象空間，如「桃花源」、仙境等。「異質空間」是一種文化性的想像與實踐，它的出現，主要是彰顯出「現實空間」即人類的文明生活的種種缺陷、醜陋。對現實社會而言，是一種文化反思、批判的功能，並且依照他們所能想像的生存形態，建構另一個更完美的生活空間。〔註1〕

　　夢和幻境是典型的異質空間，它們的存在，不純粹是空間想像的問題，從心理學來看，是人在現實社會的一種退避狀態，轉而在另一個時空抒發的期待和理想。借用美國神話學家坎伯（Joseph Campbell）的說法：

> 淡泊或退出，它是一種把強調重點由外在世界轉向內在世界，…也就是自荒原的悲戚絕望退入內在永恆的寧靜。…在那裡釐清、拔除自己個人的困難。〔註2〕

人在外在世界遭遇困難與挫折，往往會退而從內心做反省沉思，特別是在孤獨、絕望、無助的情況下，透過夢境來抒發、排解痛苦，尤有甚者，轉而遊

〔註 1〕（法）Michel Foucault，〈Of Other Spaces:：Utopias and Heterotopias〉，收錄於 Neil Leach，《Rethinking Architecture: A Reader in Cultural Theory》（London：Routledge，1997），p.350～356。

〔註 2〕（美）Joseph Campbell 著、朱侃如譯：《千面英雄》（臺北市：立緒，1997），頁 17～18。

於幻境，一個與現實世界迥然不同的完美世界，自由逍遙、縱情放任、隨心所欲。「夢境」與「幻境」是與現實世界相對的異質空間，就實證主義而言，全然是人們透過想像建構而成的虛幻世界。然而，從文人的角度來看，「夢境」並非單純的虛擬世界，而是做夢者內心的投射，「夢境」可以超脫現實的束縛和侷限，完成現實所無法達成的期待。特別是對於夐然遠逝者，透過「夢境」的召喚，得以一解愁苦，「詩意的空間」於焉展開。「幻境」則有如白日夢，詩人憑藉著想像和對神仙的企慕，悠遊於虛無飄渺、如夢如幻的仙境，實則隱含著對現實的不滿，對理想世界的期待。

先秦屈原在〈離騷〉中登天神游，駕飛龍、乘鷖鳥，游於「玄圃」、「咸池」、「扶桑」、「白水」等仙境，為的是超越世俗的不遇和鬱結，追求更開闊的精神世界，所以說：「悲時俗之迫阨兮，願輕舉而遠遊。」他在挫折絕望中，選擇退出現實外在世界，轉而退入內心世界，想像翱遊於仙境，藉此擺落現實困境、追求心靈的安適及自由逍遙。自此，「遊於仙境」成了歷代文人消解現實困境的絕佳途徑。包括魏晉詩人曹植、嵇康、阮籍、郭璞等，唐代的李白、宋代的蘇軾，都有大量的遊仙書寫，透過詩文寫作，勾勒出心中理想的樂土，不管是夢境或仙境，都有瑰麗的景色、美人醇酒和仙樂妙舞，令人沉醉其中，儘管所處、所游的時間短暫，足以讓人快慰一生。他們熱切地投入神仙世界，彷彿找到生命的理想歸宿，實際上，轉瞬間即落入塵俗，一如夢醒，如此反覆輪迴，從無休止。

「仙境」是人類心靈深處，對於生命永恆和和諧社會的願望和理想，是獨立於現實世界的「異質空間」。承襲先秦《楚辭》以來的書寫模式，詩人的想像世界中，營造著一個虛實交錯的理想空間，有著奇花異草或珍禽異獸的描寫，同時還浸染著神話的氛圍。這種類似「桃花源」的地理想像，實也呼應古代文人藉著吟詠山水仙境，成為個人安身立命的隱喻現象。特別是漢代以後，隨著神仙道教的發展，宗教式的神秘樂土，逐漸深植人心，不管是如幻似真的「桃花源」，或是想像中的「蓬萊仙境」，這樣美好的理想空間，成為士人面對現實社會的挑戰，所賴以生存的文化中不可或缺的構成。

清領時期臺灣的士人有兩種典型的生命困境，一是因仕宦遊歷各地，多半有著離鄉愁苦和仕途浮沉的無奈；另一種是乙未割臺的歷史宿命，當時士人背負著沉痛的家國之恨，甚至流落海外的淒苦遭遇。這些面臨生命困境的文人，不甘淪落又無力挽回頹勢，無處宣洩的情況，只好從所在的現實空間

出走，退入「夢境」與「仙境」，一個虛無飄渺的空間，並且沉溺其中，彷彿一切現實的缺憾和挫折都拋卻腦後、煙消雲散。

　　本章將從遊宦文人的仕宦生涯談起，無論是宦臺或本土文人，清代的文人多數都苦於離鄉任官和仕途升沉的不確定感，往往透過詩文表現「人生如夢」的開悟。當他們的憂思無從排解時，常夢入幻境，並藉著美好的空間意象，短暫地忘記憂愁，轉化內在的負面情緒，因此「夢境」成了遊宦文人最佳的休養療癒之地。其次討論的「幻境」，是一種憑空出現的想像，不同於「夢境」的出現直接而頻繁，所謂「日有所思、夜有所夢」，「幻境」必須透過更多的想像，必須有文化的根柢，並且需要有催化的因子，如修煉功夫或仙丹、鴉片之類的東西，才得以產生、進入，空間的意象比夢更瑰麗而奇妙。「幻境」的生成需要有相當大的動機，多數是文人遇到巨大傷痛和挫折時，才能激盪出更優秀的文學想像，屈原便是一典型的例子。本章多以臺灣乙未世變的文人為主，探討他們如何在鼎革之際，透過「幻境」來逃離、潛養心靈。

第一節　遊宦文人的夢與幻

　　世事果真都是夢一場？「莊周夢蝶」，莊子在夢中變成了一隻蝴蝶，翩翩起舞、悠然自得。可是突然夢醒了，蝴蝶成了躺臥床上的莊子。到底是莊子做夢變成了蝴蝶，還是蝴蝶做夢變成了莊子？故《莊子・齊物論》：「且有大覺，而後知其大夢也。」〔註3〕就是在勸喻「人生如夢」，不須執著於現實的得失榮辱，而應超脫於現下的萬事萬物，使自己內心趨於平衡。尤其在士人的官宦生涯中，往往起起伏伏，無法預料，許多士人在經過完整的生命歷練後，便會有這般的自我觀照。

　　夢幻與現實，本是相對的概念，士人之所以強調夢境，實則否定現實、逃避現實。然而，除非是走入宗教性的修練，否則「夢境」必然短暫，或至少時間有所限制，然後回復到現實，亦即覺醒。

　　沈光文有詩「隱心隨倦羽，寒夢遠歸槎。忽覺疑仙去，新嘗蒙頂茶。」〔註4〕說出他滯臺多年，復國無望、歸鄉無期的絕望，因此對世事灰心倦意，

〔註3〕郭慶藩，《莊子集釋》（臺北市：華正書局，2004），頁104。
〔註4〕沈光文，〈感懷〉八首之七，收入《沈光文全集及其研究資料增編》（臺南市：南市文化局，2012），頁51。

轉而在夢中縈繞著浮槎歸隱之心，而後心生仙境幻想，可看出他的挫折失意的心理調適與轉化的過程。諸如此類透過逃入「夢境」、置身「幻境」，來抒解內心的憂鬱，普遍存在於當時宦遊臺灣的文人，原因無非是對現實環境的無奈，只好轉變內在心境，企圖追尋另一種更自由、開闊的理想生命情態。

明末進士李茂春，永曆十八年（1664）隨鄭經來臺，而後以遺民自居，築「夢蝶園」，隱居終老。陳永華作記曰：

> 昔莊周爲漆園吏，夢而化爲蝴蝶，栩栩然蝶也。人皆謂莊生善寐，余獨謂不然。夫心閒則意適，達生可以觀化，故處山林而不寂，入朝市而不棼；醒何必不夢，夢何必不蝶哉？夫正青曠者也，其胸懷瀟灑無物者也。無物則無不物，故雖郊邑煙火之所比鄰，遊客樵夫之所闃咽，而脩然自遠，竹籬茅舍，若在世外；閒花野草，時供枕席，則君眞栩栩然蝶矣！不夢，夢也；夢，尤夢也。余慕其景而未能自脫，且羨君之先得，因名其室曰「夢蝶處」，而爲文記之。〔註5〕

陳永華認爲李茂春是眞正達道之人，他心閒意適，達生觀化，且夢隨心轉，故而處山林、朝市皆無礙其清淨心。因此，無論夢與醒皆無差別，他都能隱心自遠、超然物外。亦即認定現實的李茂春是隱士，過著悠然閒適、瀟灑物外的生活。而化作夢境之中的蝴蝶，同樣可以翩然飛舞，自在逍遙。夢與醒皆如此，故曰「不夢，夢也；夢，尤夢也。」然而「蝶夢」人人可作，超脫現實確非容易達成，包括陳永華，都羨慕他能如此豁達。

李茂春的「夢蝶園」，雖僅是簡單竹籬茅舍，但遍植梅竹，臨流而坐，給人清曠閒適的空間意象。進入清領後，雖陸續改建爲火神廟、法華寺，但文人雅士遊歷到此，總會想起這段故實，總使人見景思情，進而沉澱心靈、反思生命，成爲超脫塵俗的象徵性空間。一般士人總未能拋卻俗務、瀟灑物外，但只要進入「夢蝶園」的空間氛圍，感懷於李茂春的夢蝶忘機，便能短暫地揣摩「夢我」和「眞我」之別，進而領悟人生如夢的眞諦。六十七有詩：

> 竟成禪室新迦葉，無復名園舊主人。漫說當年迷蝶夢，而今誰是獨醒身。

〔註6〕

〔註5〕陳永華，〈夢蝶園記〉，《續修臺灣縣志》（臺灣文獻叢刊140），卷5，頁335。
〔註6〕六十七，〈夢蝶園〉，收入《重修臺灣府志》（臺灣文獻叢刊105），卷25，頁781。

都說李茂春的隱逸是迷醉於蝶夢幻境，然而有誰能肯定地說自己是獨醒於世的呢？足見詩人對於人生是眞境或夢境、及事物存在的辨證，有深切的思考。

康熙年間臺灣縣詩人陳文達有詩云：

> 鄉晨趨野寺，泉籟共幽清。法雨敲仙唄，疏煙濕磬聲。蟲吟物外想，
> 蝶夢幻中生。頓覺無塵礙，道心處處明。〔註7〕

縱使「夢蝶園」已成爲清幽佛寺、梵唄磬聲，但仍令人懷想當年李茂春的夢蝶之想，頓時感染物外之心，覺得心無塵礙、心處澄明。雖未進入夢境，然蝶園之意象，確實引發詩人超然物外之心。

嘉慶年間臺灣縣詩人陳廷珪，有詩曰：

> 招提古蹟蝶園中，物化都從佛化空。池水何緣含舊綠，岸風猶自落殘紅。
> 茫茫湖海寰中客，栩栩江山夢裏翁。吾輩尋春談往事，曇花坐對冷簾櫳。
> 〔註8〕

詩人從時空的角度看，人去樓空，當時的「夢蝶園」都改建成佛寺，而園中的寰中飄零客、江山夢裡翁已不復在，空餘吾輩談論往事，大有懷古、感嘆今昔之意。另有王之科詩句「蝶夢空今古，經聲幾寂喧。」〔註9〕、清末唐贊袞曾有詩序曰：「遊塵囂於海國，絕中朝蝶使之來。留勝躅於芳園，等海外蜉蝣之夢。…嗟乎！日月如梭，滄桑幾度；榮枯靡常，古今同慨！始知天地一夢區也、功名一夢況也。」〔註10〕都是慨嘆人生如夢、功名榮辱轉眼成空。

澎湖文人林豪（1831～1918）亦曾遊夢蝶園，作詩曰：

> 世界華胥耳，人生夢中身。夢中復占夢，疑夢復疑眞。何當借得
> 邯鄲枕，好夢千春不肯醒。醒時栩栩，夢時蓬蓬。周耶蝶耶，故
> 我今吾。吾與我相忘，非周亦非蝶。春色忽相遭，看花復採葉。
> 花花葉葉夢未還，惟我與吾相周旋。周旋只在華胥表，是周是蝶
> 都了了。夢亦非夢醒非醒，雞蟲鹿馬憑擾擾。此中卻有眞吾存，
> 故我今吾不須論。留得高風足千古，當前即是桃花源。君不見，
> 夢蝶園。〔註11〕

〔註7〕陳文達，〈蝶園朝雨〉，收入《臺灣縣志》（臺灣文獻叢刊103），頁268～269。
〔註8〕陳廷珪，〈法華寺懷古〉，收入《續修臺灣縣志》（臺灣文獻叢刊140），卷8，頁620。
〔註9〕王之科，〈法華寺〉，收入《臺灣縣志》（臺灣文獻叢刊103），頁272。
〔註10〕唐贊袞，〈蝶夢園詩二首序〉，《臺陽集》（臺灣文獻叢刊309），頁149。
〔註11〕林豪，〈夢蝶園〉《誦清堂詩集》（臺北縣：龍文，2006），卷7，頁137。

《列子・黃帝》載：「（黃帝）晝寢而夢，遊於華胥氏之國。華胥氏之國在弇州之西，台州之北，不知斯齊國幾千萬里；蓋非舟車足力之所及，神遊而已。」〔註 12〕詩人以爲人生如夢，醒時栩栩若生、夢時翩然爲蝶，一直是故我和今吾的相對待周旋。但人生是眞是幻並非重點，重要的是從中找到「眞我」，一切便不須討論。而「眞我」即純眞質樸之心、無功利無慾求，歸返內在的眞實表現，才能可長可久，就像流傳千古的高尚節操，便如同桃花源世界般，是否眞實存在已不重要了。詩人透過夢境，虛實相映，具體地構築心目中理想的世界。

　　文人對於夢境，往往又愛又恨，愛的是它在痛苦無助時，可寄託情感；恨的是美夢易醒、轉瞬幻滅。林豪另有詩云：

　　　　一枕迴清夢，蕭然萬慮澄。蒼蠅朝集硯，點鼠夜窺燈。機息先忘我，

　　　　心枯欲學僧。翻雲將覆雨，自嘆一無能。〔註 13〕

每當夢醒時，往往思慮再次澄清，可見夢中能息機忘我，是心靈追求的最高境界，只可惜夢醒回歸現實時，一切都可望而不可及，只能在喟嘆中繼續現實的生活。林豪另有一首〈秋夢〉：

　　　　高臥烟霞短榻宜，遊仙清夢任遲遲。竹床秋冷呼兒換，菊枕香疎有蝶知。

　　　　歸路五更迴曉柝，吟魂幾度到東籬，縱教得句憑忘却，未忍偎寒喚小姬。

　　　　〔註 14〕

這是詩人的一次秋夢，高臥煙霞、夢遊仙境。夢中因菊枕的香氣，有化身蝴蝶之感，而幾度夢到東籬，可見詩人渴望歸隱故里之想。美夢從來最易醒，「任遲遲」、「未忍」都是沉醉夢境、不忍清醒。縱使醒來，也拼命地想抓住那雪中鴻爪，可見夢境對詩人的意義，形同虛幻的「樂園」，暫時性的高臥煙霞、翛然忘我，可以讓久經現實摧殘的士人，在心理層面上得到一些安慰。從心理學的角度看，這種沉醉夢幻不願醒，其實是對現實世界的一種逃避，而上述三首夢主題的詩，足以看出詩人對任情逍遙、隱逸高蹈之懷想，縱使他從未能如願歸隱。

　　由於清代的任官制度需離鄉任官並按時輪調，臺灣士人或宦遊臺灣的士人，除了遠離故鄉外，還要渡過險惡的黑水溝，更是令人心驚膽跳、恍若隔

〔註 12〕列禦寇，《列子・黃帝》（臺北市：文津，1990），頁 108。

〔註 13〕林豪，〈碧珊瑚軒夜坐書懷〉八首之四，《誦清堂詩集》（臺北縣：龍文，2006），卷 8，頁 156。

〔註 14〕林豪，〈秋夢〉，《誦清堂詩集》（臺北縣：龍文，2006），卷 8，頁 160。

世。康熙年間來臺的孫元衡，回任滿離臺後，回顧這段遊宦經歷，作詩云：「初到似遣還似謫，即今疑幻卻疑仙。」〔註15〕當時來臺的官員，確實有遠貶海外、流離困厄之感，下意識地把這段不堪回首的經歷，當作是一場夢。孫元衡曾作詩寫道：

> 八月渾如夏，冰紋枕簟斜。渴虹淹溽暑，毒霧苶風沙。破夢無名鳥，
> 傷心未見花。自憐情漫浪，更擬著浮槎。〔註16〕

前四句都是對臺灣氣候的描述，孫元衡不只一次表達對臺灣酷熱氣候的難耐，他有詩句「地能簸蕩沙能沸」〔註17〕，誇張地描述到暑熱天氣，另一首〈苦熱行〉「丹蛇折鱗龍解角，扶桑曦馭騰東井。頭痛山南天毒西，片月當中墮焦影。牽牛脫軛河漢枯，織女停梭空引頸。」〔註18〕極盡所能地形容臺灣酷熱的環境。在酷熱的八月，一場夢中醒來，夢裡的花團錦簇、浪漫情懷早已煙消雲散，傷心自憐之餘，轉而想像他日能乘浮槎於海，以通天界。詩人面對遠宦海外的愁緒，加上風土氣候的不適應，只能暗自傷心難過，然而他隨即轉念，想像自己的乘船浮海，是爲追求傳說中的仙鄉。「浮槎於海」是古代的海外求仙傳說，出自晉代張華的《博物志》：

> 舊說云天河與海通，近世有人居海渚者，年年八月有浮槎去來不失期，人有奇志，立飛閣於槎上，多齎糧，乘槎而去。十餘日中，猶觀星月日辰，自後芒芒忽忽，亦不覺晝夜，去十餘日，奄至一處，有城郭狀，屋舍甚嚴，遙望宮中多織婦，見一丈夫牽牛渚次飲之。牽牛人乃驚問曰：「何由至此？」此人具說來意，並問此是何處。答曰：「君還至蜀郡，訪嚴君平則知之。」竟不上岸，因還如期。後至蜀問君平，曰：「某年月日有客星犯牽牛宿。」計年月，正是此人到天河時也。〔註19〕

他想像自己如傳說中的海客，浮槎於海，進而接遇仙鄉、仙人。詩人的宦遊，明明是迫於現實的無奈，但他轉化爲浪漫式的尋訪仙境，是對自身處境的安慰，藉此消解內心的惆悵之思。

〔註15〕　孫元衡，〈留滯海外倏踰三載追維所歷不無慨焉〉四首之三，《赤崁集》（臺灣文獻叢刊 10），卷 4，頁 74。
〔註16〕　孫元衡，〈秋日雜詩〉二十首之二，《赤崁集》（臺灣文獻叢刊 10），卷 3，頁 50。
〔註17〕　孫元衡，〈暑中書所歷〉，《赤崁集》（臺灣文獻叢刊 10），卷 1，頁 11。
〔註18〕　孫元衡，〈苦熱行〉，《赤崁集》（臺灣文獻叢刊 10），卷 1，頁 14。
〔註19〕　張華，《博物志》（北京：中華書局，1985），卷 3，頁 19。

　　孫元衡有多首詩作如〈贈海客〉、〈聽海客言寄嘲北莊友人〉、〈因海客言勗文士〉、〈海客與文士談仙〉，都提到了「海客」的角色，並有許多對話。在他筆下，「海客」是世外隱逸之人，他作〈贈海客〉詩曰：

> 頭白不須憐，安居已是仙。閉門遲過鳥，孤嶼得遙天。潮視盈虧月
> （潮之大小視月），風隨順逆船（海風不分南北，去來之舟可用）。
> 此中堪翫世，知有太平年。〔註20〕

「海客」指的是以海維生的漁夫、釣客，在詩人眼中，他們的生活總是那樣安適、悠閒，不管潮起潮落、風向如何，都能順勢應變、隨遇而安，如同循世高蹈、嬉遊人間的隱士。

　　再來看宋永清的詩〈倒咯嘓夜雨〉：

> 寂寂荒村薄海濱，孤燈獨影一征人。風飄番社三更雨，夢斷京華十丈塵。
> 半嶺霧籠星月暗，一痕煙鎖畫圖新。秋來每憶家園裏，小艇漁簑自采蓴。
> 〔註21〕

　　詩人在康熙四十三年（1704）遊宦來臺，寂寥荒蕪是他對臺灣當時的印象，一個人隻身遠遊，面對陌生的臺地，總有些思鄉情緒。特別是風雨飄搖的夜裡，從京師的繁華夢中醒來，突然面對眼前煙霧籠罩、星月暗淡的臺地景色，在孤燈的陪伴下，顯得特別淒涼孤寂。在這為仕途奔波的情境中，不免令人懷想日後致仕歸鄉時，乘著小船、穿著簑笠，悠然地釣魚採蓴菜。詩中藉由外在的現實情境，刻劃著內心期待的想像情景，從繁華美麗的「夢境」醒來，回到煙雨黯淡的「現實」，再想像歸老致仕後的悠然「幻境」。詩人的「夢」，反映出內心的情感與渴望，然而夢終究會醒，回到真實的世界，詩人亦不甘被現實拘束，他以自由的想像來對應外在的侷限，而這種暢然快意的想像，誠然是一種心境的轉換，更具體地說，是對現實處境的迴避與自我安慰。

　　同樣地，遠宦中土的臺灣文人，也認為宦海浮沉總是夢，期待夢醒歸鄉頤養。宜蘭士人李望洋（1829～1901），咸豐九年（1859）中舉，同治十年（1871）後派任甘肅，遊宦各地 13 年。他常在詩中藉夢表現懷鄉之思，甚至是歸隱之情。如「一枕潯江空楚夢，披裘頻欲問西天。」〔註22〕，「問

〔註20〕孫元衡，〈贈海客〉，《赤崁集》（臺灣文獻叢刊 10），卷 3，頁 47。
〔註21〕宋永清，〈倒咯嘓夜雨〉，收入《重修臺灣府志》（臺灣文獻叢刊 66），卷 10，頁 418。
〔註22〕李望洋，〈二十二日鍾祥縣曉行即景〉，《西行吟草》（臺北縣：龍文，1992），卷上，頁 39。

天」是憂思愁緒無處宣洩而訴問於天，可見詩人心中的矛盾、無所適從。
他曾作詩曰：

> 謬膺民牧擁專城，案牘勞勞夢五更。背榻殘燈光不遠，掛窗斜月影微明。
>
> 容身之外皆餘地，得意其中便自鳴。曷若投簪歸竹里，兒童伴我讀書聲。
>
> 〔註23〕

這是他在仕宦生活中，一次冬夜裡想念家人的心情。詩中藉著夢裡劬勞，體
悟仕隱進退之理，有著人生苦短、不如歸去的感嘆。

李望洋苦於宦遊，只好轉換心境，「忘」是常用的策略。他在一次雪夜留
宿山寺的經驗中，如此寫道：

> 旅次渾忘日，征夫不記年。萬山排玉笋，一路畫銀箋。樹樹珊瑚架，
>
> 家家玟瑁天。客身不自主，栩栩欲登仙。〔註24〕

現實情況而言，行路遇雪，艱苦難行，雖然「身不自主」，心卻可以自由想像，
索性就把眼前的滿天雪景想像成仙境，「苦」瞬間變成「樂」。

如果說「沉醉夢境不願醒」是逃避現實，那夢境中美麗如詩、安逸享樂，
就是對現實缺憾的補償，一種「滿足性的替代」，因此「夢」成了一個休息、
療傷的場所，讓在現實中受創的心靈有一個短暫停泊的空間。

唐代李公佐〈南柯太守傳〉中，主人翁淳于棼便是官場失意後，在一次
酒後進入夢境，夢境中他先婚配皇室、位極三公、子孫繁茂，接著妻死、戰
敗、眾叛親離，歷盡人生窮通榮辱，醒來才知道是一場夢。生命之託於夢境，
原是道家為消解塵世的紛擾，安慰人生困境，所開創的生命途徑。諸如「處
世若大夢，胡為勞其生。」〔註25〕的人生態度，實在與傳統儒家的價值觀相
差甚遠，所以除非士人遭遇生命的大挫敗、或是人生價值的混亂，否則不會
輕易投身其中。觀察歷代中國文人對「夢境」的書寫，無非是真實的處境困
窘、價值崩壞，才會被迫逃入夢境，藉著虛幻的空間想像，重新架構心中理
想世界的秩序及人生的價值。

〔註23〕 李望洋，〈十月十八夜憶家中二子〉，《西行吟草》（臺北縣：龍文，1992），卷
下，頁101。

〔註24〕 李望洋，〈二十二日晚宿廟溝四山雪深尺許數日盡在雪地行走有朗朗玉山上之
景不勝欣賞偶詠〉，《西行吟草》（臺北縣：龍文，1992），卷下，頁161～162。

〔註25〕 李白，〈春日醉起言志〉，《李太白全集》（臺北市：世界書局，1962），卷23，
頁1146。

第二節　世界迷離逃幻境

　　1895 年對臺灣而言，是個天崩地裂的變局，士人遭遇到前所未有的家國之變，他們不管內渡或留臺，漂泊流離、無所依靠，失去家國的悲傷、飄零海外的無奈，構築了內心難以承受的亡國傷痛，成為詩歌吟詠的主題。「遺民」泛指「江山易代之際，以忠於先朝而恥仕新朝者。」這樣的政治身份，由來已久。特別是明清之際，異族入主中國，產生大量的遺民，這些人或另立共主，企圖恢復舊業，如鄭成功，張煌言；或退隱山林，追懷往事，如張岱；或皈依宗教藝術，尋求度脫，如石濤，八大山人；或醇酒美人，自暴自棄，如冒襄；或著書立說，省思文明存亡續絕之道，如顧炎武，黃宗羲；而朱舜水、沈光文等投奔海外者，暫居異鄉，徐圖大舉，當他們發現復國歸鄉之路遙遙無期，也只能徒呼負負，進而在夢幻中、詩文中暫寄懷想，聊表胸懷。

　　李茂春築園隱居，是典型的隱逸遺民，他所隱居的「夢蝶園」，一直是士人心中的仙境，如章甫所言「滿園都是華胥界」〔註 26〕。兩百多年後，在乙未諸文人的眼中，同樣成了遺民們的隱遁之地、避世的桃花源，一個讓人逃離亂世的棲身之所。臺灣末任巡撫唐景崧（1841～1903）作詩曰：

> 世外蓬仙海外臣，花中魂魄一相親。漆園客許棲遺老，香冢魂疑化美人。
>
> 世界迷離逃幻境，天涯應從睡閒身。夢中事畢聞王死，蛻骨終當返永春。

〔註 27〕

詩中強調李茂春遺民的身份，在世局混亂迷離之際，逃入幻境。這種幻境即是「世外蓬仙」，李茂春所抱持的「蝶夢」，是一種超越現實的夢境和想像，在那裡可容許亡國落難者棲息，最重要的，完成忠貞節操的精神，當永留青史。詩人藉著生命的永續，以彌補現實生命的有限；強調忠貞氣節的可貴，進一步肯定自我生命的價值。而迷離幻境，正是精神長存、志節永垂的寄託空間，藉此撫慰並療癒士人心中的家國之痛。

　　洪繻（1866～1928），本名攀桂，學名一枝，字月樵。臺灣割日後，取《漢書·終軍傳》「棄繻生」之說，改名繻，字棄生，以示其立大志之心。彰化鹿港人，光緒十七年（1891）以案首入泮。乙未之役，與丘逢甲、許肇清等共同倡議抗戰，臺灣民主國瓦解後，潛歸鹿港，杜門貞隱，不與世事。進入日治，由於身居棄地，洪繻堅持儒生的氣節，採取「不妥協、不合作」的應世

〔註 26〕　章甫，〈夢蝶園懷古〉二首之二，《半崧集簡編》（臺灣文獻叢刊 201），頁 53。
〔註 27〕　唐景崧，〈夢蝶園限束眞陽韻〉，收入《全臺詩》，第十冊，頁 65。

態度，以遺民終其身。洪繻在現實的情境中，面臨異族統治，鬱鬱不得意，壓抑的心志常以夢來抒發，他有〈說夢〉二首，透過夢境來表達強烈的使命感：

> 連朝陰雨閉門扃，案頭萬卷當百城。讀書握筆呵凍玉，硯凹磈硊冰棱棱。
> 平生素渴封侯願，麟閣鳳閣期標名。一朝墮作傖荒客，滄海桑田觸目驚。
> 浮沉一世空苟免，仕隱千秋兩不成。夢中踏月出關塞，塞垣萬里黃雲平。
> 漢馬驕嘶桃花雪，虜帳橫屯偃月營。壯夫盡向玉關老，天嶺陰山草不生。
> 回鶻不揚令使節，燕然空讀古碑銘。提戈壯志無所用，夢破蕭齋燈月明。

〔註28〕

詩人表現心中仕隱的掙扎，儒生讀書以仕宦為志業，為的是建立功勳、揚名宇內，然而日治後的社會，讓士人完全失去舞臺，眼見無法免俗於世，只好向夢裡尋找理想天地。第二首接著說：

> 怒風萬仞吐潮浪，永從大海爭轟鳴。夜闌四壁走蛟魅，坐咤千聲吼鯢鯨。
> 夢中樓船起橫海，遠從海上收赤城。曉日雙輪烏馭迅，落霞萬里龍旗明。
> 金甌重補神州缺，玉柱遙撐地軸傾。玉皇虛左相逢迎，瑤池侍飲許飛瓊。
> 奏凱蓬萊坐列仙，仙人顧我笑且興，此夢依稀落上清。

前四句寫的是轟轟烈烈的戰爭，是暗喻乙未抗日之戰。詩人在夢境中，英勇奮戰、收復失土，憑藉神力收拾江山，是士人實現自我、建功揚名的期許。於是受到玉皇大帝的禮遇、王母賜婚仙女，榮登仙界、位列仙座，極盡功勳榮耀，實是士人終身追求的生命價值。這場「夢」明顯是詩人補償現實世界所失落的需求。

　　乙未之後，對臺灣的士人而言，現實世界已成了虎狼之域，所謂的「蓬萊仙島」變成了破碎的「失樂園」，當士人面對這種世局而無力改變時，那種苦悶、孤獨、空虛感，容易讓人對生命價值產生質疑，對現實世界開始絕望。此時，往往把人推向超越虛幻的仙境世界，因為惟有仙境，才重現那美麗的風景、富庶的生活、甚至是生命中期待的功成名就、兒孫滿堂。洪繻作了一首〈夢遊玉京〉，便是在現實絕望後幻想進入美妙的神仙世界：

> 日落蓬萊峰，微茫天地色。空中聞笙歌，忽見天門春。崔嵬帝座中，
> 晃疏映金碧。眞仙夾仗趨，玉女從旁掖。靈馭後扶輪，神人前執戟。
> 朱鬙隨鸞鶱，几几來赤烏。童子帶雲璈，從行拂素策。徘徊晃蕩間，

〔註28〕洪繻，〈說夢〉二首，《寄鶴齋詩集》（南投縣：臺灣省文獻會，1993），頁309。

千門萬戶闢。羽葆擁旄幢，森森百千尺。雲氣雜星光，玲瓏繞幕帘。
圭鑽奉嵯峨，璇璣紛映射。鈞天廣樂鳴，奇器無由識。蒼龍吹簧籟，
白虎鼓竽瑟。神馬立天衢，珠韉黃金勒。鳳凰凌九皋，時啄靈脂食。
白角千歲麑，青牛共游息。殊異難盡名，自是神仙域。日月相盪摩，
雲霞時翕羀。列宿繚衣裾，不復辨昕夕。縱步得安行，無可問蹤跡。
道逢老仙翁，揖之告以臆。仙翁顧我笑，似將為拂拭。問我何從來，
對以恍然得。指之向我云，此為神君闥。昨者招群仙，共來會辰極。
王母在上方，賜以蟠桃席。桃熟歲三千，塵寰經數易。今適塵劫時，
子向塵寰謫。仙人憫子身，援汝魂與魄。雖不與斯宴，亦足繫斯籍。
慎勿忘本來，致墮塵灰隙。聞之豁然悟，儼同群仙適。塵世苦惱懷，
不復為記憶。蝸角生戰爭，不過流光擲。陵谷起變遷，如掃塵埃積。
富貴功名場，蜉蝣為形役。無時無殺機，乾坤亦荊棘。萬古與千秋，
去來如一刻。紫氣出天關，雲際麾霹靂。置身於此間，空明無障隔。
瞥然望老翁，一去如飛翼。縹緲不可追，仙花開的的。看花不知歸，
忽見赤城赤。前有采芝人，後有眠雲客。顧盼失所遭，一笑在羅羃。
捫得胸懷間，猶遺仙桃核。迴思入夢時，夢境何歷歷。出門望鄉里，
殊覺非疇昔。大廈為荒邱，高原為深澤。不見舊時人，問途迷巷陌。
山川倏忽更，城闕生禾麥。痛悔到人間，從茲尋黃石。〔註29〕

「玉京」是指天帝所居之處，此詩敘述詩人進入仙界，由仙樂接引，他從天
門闈進入，群仙玉女夾道歡迎，陣仗浩大，珠寶神器、珍禽異獸，極盡奢華。
其後與仙翁的對話，在說明自己原是遇塵世劫數的謫仙人，並交待眼前的戰
爭亂事，不過是過往雲煙，如同世間富貴功名之虛幻，置身此間，要保持心
境的曠達澄澈、無所障蔽，方能安然度過劫難。夢醒時，詩人胸懷仙桃核，
暗示真有此境，然而回到鄉里，便驚覺人事全非，證明恍如隔世的夢幻時空。
洪繻所遊的仙境，奢華綺麗、奇幻神秘，全然是幻像而成，這是迴異於現世
的美好世界，詩人至此，得以享盡榮耀與恩寵，是影射詩人的心理需求。而
歷劫謫仙，則是詩人為了消解心中對自身遭遇的憂慮與悲慟，如同學者李豐
楙所說：「希企成仙的動機，可歸為一『憂』字，而『遊』則是如何獲致短暫
的『解我憂』之法，亦即神遊、想像之遊所形成的奇幻之遊。」〔註30〕

〔註29〕 洪繻，〈夢遊玉京〉，《寄鶴齋詩集》（南投縣：臺灣省文獻會，1993），頁146
～147。
〔註30〕 李豐楙，《憂與遊：六朝隋唐遊仙文化》（臺北市：台灣學生，1996），頁6。

　　但夢境終究是短暫、空幻的，夢醒後，仍須面對現實世界的殘酷，在無力改變的情況下，只得選擇隱避，以求其全。他作詩〈臺灣哀詞〉曰：「風塵已變寰中色，河漢難乘世外槎！我欲寄懷漁父路，往來撩亂武陵花。」〔註31〕明白表達了隱逸之志。另外他的〈招隱〉詩更清楚地說：

　　　　處世成大隱，神仙亦不如。煙霞入几席，日月生琴書。蠻觸與滄桑，
　　　　浮雲過太虛。山林固可悅，城市亦可居。相逢殊俗人，相視如猿狙。
　　　　雖處闤闠間，游心等邱墟。嘯詠近陶潛，草木傍茅廬。出視龍與蠖，
　　　　爲捲不爲舒。〔註32〕

他的隱逸是市井之隱，所謂「大隱隱朝市」，除了專注詩文著書外，還以教書授徒爲業。所有塵世的紛擾，就像浮雲一般掠過，生活當中僅有琴音書聲，伴隨著日月雲霞。他自比陶淵明嘯詠田園、安居草廬，游心於寬廣的天地之間，自在逍遙。

　　不過，洪繻的隱，只是「道不行」的暫時隱避，他心中仍抱持著對國家社會的關懷，他的〈避世歌〉提到「要知清淨本無用，退避亦愈滋蔓纏。」直接否定了隱避，詩曰：

　　　　憶我昔居蓬萊巔，江山花鳥不知年。桃源子孫忘晉魏，葉縣鳧鳥盡神仙。
　　　　危樓傑閣城十二，碧月青雲界三千。安期羨門崆峒子，時乘太乙駕青蓮。
　　　　日出扶桑或晞髮，嬉遊帝子千丈船。靈境久閟無人到，遙與塵世分雲淵。
　　　　一朝浩劫成渾沌，陡見滄海爲桑田。滄海揚塵日日淺，天魔山鬼爭勾連。
　　　　武夷君與羅浮子，相率去此求樂天。聞道江南多蠻螫，花紅如火柳如綿。
　　　　林下青牛閒偃臥，雲中白鶴高飛騫。又況梅市有仙尉，庶乎壺公寄一塵。
　　　　誰料乾坤無淨土，芒芒大地皆腥羶。長狄白狄入廊廟，侏儒之語赤髮鬈。
　　　　被髮左袵來伊川，河洛中州陸渾邊。名山穢跡何可躅，遼東華表空芊芊。
　　　　東狼西羵交垂涎，臥榻四旁鼾齁眠。放懷欲到西佛國，亦燃烽燧森戈鋋，
　　　　撤我藩籬求糜延。四大部洲荊與棘，洞府何處供蹁躚。要知清淨本無用，
　　　　退避亦愈滋蔓纏。雖外形骸亦安往，天門迥叫終茫然。願捨學仙求劍俠，
　　　　剪除此獠開窮邊，雷硠砲火電光煙。屠宰熊虎付醃醢，束縛蛟螭爲蜿蜒。
　　　　妖氣既盪寰宇清，吾民庶幾登几筵。嗚呼，仙人逍遙學蘊藉，舉世沉沉

〔註31〕洪繻，〈臺灣哀詞〉四首之二，《寄鶴齋選集》（臺灣文獻叢刊304），頁296。
〔註32〕洪繻，〈招隱〉六首之六，《寄鶴齋詩集》（南投縣：臺灣省文獻會，1993），
　　　　頁143。

如長夜。剩水殘山已削朘，豈有隙地堪棲借。騎箕駕尾何處遊，鹵莽神

君從天下。〔註33〕

詩中先以「桃花源」形容臺灣，如「靈境」一般，與「塵世」遙相隔絕。而
後遭遇乙未之變，大多數人西渡遠走「相率去此求樂天」，孰料淨土難求，一
味的逃避，心靈卻無法平靜，國仇家恨越是糾結難解。最後寧願爲國家投身
奮戰，亦不願學仙人逍遙遊世，這樣的心思，可代表當時臺灣士人的心境。

新竹文士王松（1866～1930），字友竹，號寄生，自署滄海遺民。乙未割
臺後，挈眷內渡，避居福建，隔年，時局稍定後返臺。將書齋更名爲「如此
江山樓」，以寄滄桑世變之感，以隱士終其生。王松自幼習儒攻詩，弱冠即入
詩社與鄉賢唱和，頗有文名。然而科舉屢試不中，後又遭逢乙未世變，對於
正值青壯，意在濟時用世的他，無疑是一個重大的打擊。乙未之後，他沉潛
鄉里、吟詩著書，不問世事。1924 年（甲子）中秋夜，已高齡六十的他，捲
簾獨坐，與月對飲，昏然睡去，做了一場夢。他追敘曰：

夢至一處園林，楊柳池塘，梧桐庭院，四面雲山，酷類〈蘭亭序〉
所云云。細審其地，恰非臺島，且四時花果咸備，怪石蹲踞，筍如
林立，凡有題詠，皆漢、唐間人物，無宋、元以後者。所遇猿鶴虎
豹，性甚馴狎，見人依依，如素所豢養。余心方詫異，倏見一垂髫
女郎婉如清揚，顧余驚呼曰：「主人歸矣。何其晏也？」予答以：「素
昧平生，何遽得主人呼我，能無誤乎？」女曰：「噫！若忘本來面目
耶？此間乃若所居，儂名韻梅，專爲若守此者。」予欲再詰之，忽
遽然覺，明月斜窗，魚更四躍矣。〔註34〕

夢境中，他來到一處類似〈蘭亭序〉中的園林，有楊柳池塘、梧桐庭院，雲
山環繞。〈蘭亭序〉爲晉王羲之父子與孫統、李充、孫綽、謝安、支遁、許詢
等群賢會稽山陰集會。「蘭亭」這樣的雅集，是東晉士人表達追求精神自由、
逍遙的一種風尚，他們聚會飲讌，談論佛道哲理，短暫地逃離塵囂及政事的
羈絆，享受自然風月、悠然閒適的生活趣味。然而細看園中事物，怪石蹲踞，
筍如林立、猿鶴虎豹，都非尋常人境，加上所見題詠，均漢、唐間古人，空
間時間上都已跳脫現下的時空背景。而後垂髫女子的出現，與之對話，都顯

〔註33〕 洪繻，〈避世歌〉，《寄鶴齋詩集》（南投縣：臺灣省文獻會，1993），頁 205～
206。

〔註34〕 王松，〈甲子中秋夜紀夢詩引〉，《友竹行窩遺稿》（臺北縣：龍文，1992），頁
138～139。

示著詩人的「本來面目」，來自於仙界的身份。夢境中「梧桐」則是樹中之王，相傳鳳凰非梧桐不棲；「梅」則有清逸淡雅之特質，宋代林逋隱居西湖孤山，植梅養鶴，終生不娶，人謂「梅妻鶴子」，「梅」就此與「隱逸」密不可分了。

　　王松的夢境，與他所處的現世是完全相反的，美麗無憂的理想生活，反應出他內心的渴望，潛意識的欲望與需求。虛幻的時空，同時也強調了他對現世人生的無奈與逃避心態，因厭惡迷離世界而選擇逃入幻境。對於夢境，他的解讀耐人尋味：

> 嗚呼！天何年而不秋？秋何地而無月？五十八年之中秋月，何在而非夢？吾安知向之所謂非夢者，乃吾入夢之始耶？吾又安知今之所謂夢者，非吾覺夢之日耶？余生平雅不溺因果輪迴之說，今更有是夢，余殆將死耶？夫使夢而果真，彼夢中之境地，乃余一世寤寐求之而不可得者，而又何死之足悲？何必斤斤焉以言死為忌諱。〔註35〕

如同「莊周夢蝶」，夢境與現境，到底何者真實？何者虛幻？詩人同樣有這樣的迷惑。詩人向來不迷信因果輪迴的，又為何處於夢境的迷幻中呢？所謂「日有所思、夜有所夢」，就夢的理論而言，詩人的夢實則是內心潛在的慾望需求的展現，詩人內心十分清楚，他採取模糊策略，把實境與夢境混在一起，並不是一個理性的哲學命題，而是一個感性的訴求，類似美夢不願清醒的情況。同時他也將孤獨蒼茫的現實感遇，置換成夢境中清逸淡泊的孤高形象，唯有如此，才能淡化、消解詩人在現實世界所遭遇的痛苦。

　　然而在他的〈甲子中秋夜紀夢〉詩中，卻不願沉溺於虛幻的夢境中：

> 插腳紅塵六十年，茫茫過眼盡雲煙。利名久醒閻浮夢，結習難忘翰墨緣。
> 壯不如人增閱歷，死無餘憾即神仙。籯金遺子慚余拙，賴有端溪古石田。
> 一枕游仙事渺茫，縱教無覺亦何妨。蓉城宰曼談姑妄，石室居滕說恐慌。
> 解脫粗完兒女累，輪迴願產聖賢鄉。君親未有涓埃報，難免人間論短長。
> 時難年荒世業淪，晨星零落剩吟身。炎涼頃刻殊無味，得失尋常信有因。
> 百鍊餘生成鐵漢，三緘到老守金人。頹唐倍覺悲風木，恨不黃泉見母親。
> 成佛登仙兩渺茫，留芳遺臭亦尋常。聖賢可學嗟虛度，闊達無求莫浪傷。
> 身外有身空色相，夢中作夢半荒唐。九泉滴酒何曾到，笑對梅花約舉觴。
> 〔註36〕

〔註35〕同上註，頁139。
〔註36〕王松，〈甲子中秋夜紀夢〉，《友竹行窩遺稿》（臺北縣：龍文，1992），頁139～140。

詩中他面對浪漫的夢境，採取一些理性的思考，諸如「翰墨緣」、「增閱歷」、「籯金遺子」、「談姑妄」、「說恐慌」、「兒女累」、「聖賢鄉」、「君親報」都是世俗的考量與羈絆，彷彿從仙境落入凡間，一切回到現實。相對於夢境的悠然自得，可說明詩人游移於夢幻與現實的掙扎情緒。「夢境」終究只是他短暫棲止的安心地，如同邱巽爰詩云：「愁來厄我疑天醉，夢覺將心與汝安。」〔註37〕求的只是心靈上的安慰。

　　簡單地說，王松的隱逸是迫於現實，他假借山水、詩酒而逃避，除了遺民的氣節外，還帶有濃厚的儒隱色彩，亦即「道不行則乘桴浮於海」。他的〈偶成〉詩，可概括他被動隱逸的心情：

> 如此江山伴索居，濟時心力盡刪除。避人計拙驚弓鳥，戀舊情深失水魚。
>
> 偷活吟身竄荊棘，謀身泅跡託漁樵。但慚無肉酬黃耳，幾度煩傳卻聘書。
>
> 〔註38〕

「避人計拙」、「戀舊情深」都說明了詩人世情未消，「偷活」、「謀身」更有勉強經營之意，身體與心靈未能一致，他另有詩：「倘非桑梓真堪戀，一葉扁舟去絕蹤。」〔註39〕可見詩人身雖能「隱」，心卻未「逸」。

第三節　蓬壺權借作青廬

　　詩人夢中的幻境，有時是更具體的神仙幻境。仙境源自於古代的神仙傳說，仙人所居住的空間，象徵著長生不老的永恆與超越，原本是神秘而遙不可及的。但隨著道教的流行，透過宗教修練和儀式，凡人教徒也可以進入一探，仙境成了人人渴望的美好世界。許多士人透過遊仙的描寫，「挾飛仙以遨遊，抱明月而長終。」夢想著可以遨遊天地、逍遙自在、與萬物共生息，成為超越生命的終極追求。

　　另一方面，士人面對現實的殘酷與挫折，特別像是改朝換代的世變，他們往往會選擇退避以求獨善，尋找一個理想的棲身之所，而透過遊仙，詩人可以神仙般地遨遊完美的仙境，張揚自我、笑傲世俗，充滿著超凡入聖的想像。這樣的美好的虛幻想像，多少能彌補現實上的失落。臺灣的乙未世變，

〔註37〕邱巽爰，〈又題友德詩冊〉，《如此江山樓詩存》（臺北縣：龍文，1992），頁15。

〔註38〕王松，〈偶成〉，《如此江山樓詩存》（臺北縣：龍文，1992），頁36。

〔註39〕王松，〈述懷〉，《如此江山樓詩存》（臺北縣：龍文，1992），頁44。

讓許多士人創作遊仙詩，想像逃入虛幻的仙境。如乙未遺民的代表丘逢甲。丘逢甲（1864～1912），字仙根，號蟄仙，又號蟄庵、仲閼，乙未內渡後自署倉海君、南武山人、海東遺民、痛哭生，有「東寧才子」之譽。雖然在馬關條約後，上書請願，並首倡抗日、共組「臺灣民主國」，然而未戰而逃，飽受後人非議。他曾作詩道：「湛身難訴遺民苦，殉義誰彰故部賢。…扁舟但益飄零感，過海何曾便是仙。」說明他無奈的決定。內渡後，他自署「海東遺民」〔註40〕，甚至在居所懸榜題為「念台」。由於西渡後，終其一生未曾回臺，對於臺灣的情勢他只能遠遠觀望，而無力改變。因此他愛臺、念臺的心情，往往要透過「夢」，才能訴說、伸展。類似「不知成異域，夜夜夢台灣。」〔註41〕「一紙平安天外信，三年夢寐海中山。」〔註42〕「相思隔滄海，極目嘆揚塵。」〔註43〕「飄零剩有鄉心在，夜半騎鯨夢渡臺。」〔註44〕「橫流滄海無安處，故國青山有夢思。」〔註45〕的詩句，不知凡幾，都說明了他心繫臺灣的情志不移。而夢境是補償現實的理想世界，藉著虛幻的夢境讓自己回到思念之地，達成未竟之功，是詩人消解憂思的良方之一。

夢中幻遊仙境，亦是詩人一解愁苦的良方，丘逢甲有〈遊仙詞〉寫道：

白雀聲中閶闔開，五雲夕擁九龍回。劉翁宮殿張翁占，一樣南朝築禪臺。
罷讀黃庭內景篇，道人日日學燒鉛。飛昇不必神仙骨，身有黃金便上天。
巫峽朝雲夢楚王，天台花片引劉郎。仙官不劾床帷事，任試房中素女方。
天錢易借苦難償，織女年年怨七襄。天上故應名士少，竟無婚費助牛郎。
九霄幢蓋肅千官，天上誰云禮法寬。莫使人間驕貴氣，已聞守廁謫劉安。
不誇清要領瀛洲，不仗文章擅玉樓。但得腰纏錢十萬，等閒騎鶴上揚州。
丹鼎功成夕上箋，遍攜雞犬共昇天。妖狐更擅通靈術，早擁幢幡領列仙。

〔註40〕　丘逢甲，〈嶺雲海日樓詩鈔提要〉，《嶺雲海日樓詩鈔》（臺灣文獻叢刊 70），頁 3695。
〔註41〕　丘逢甲，〈往事〉，《嶺雲海日樓詩鈔》（臺灣文獻叢刊 70），卷 2，頁 28。
〔註42〕　丘逢甲，〈得頌臣臺灣書卻寄〉，《嶺雲海日樓詩鈔》（臺灣文獻叢刊 70），卷 4，頁 60。
〔註43〕　丘逢甲，〈寄懷謝四頌丞臺灣〉四首之一，《嶺雲海日樓詩鈔》（臺灣文獻叢刊 70），卷 6，頁 118。
〔註44〕　丘逢甲，〈四月十六夜東山與臺客話月〉，《嶺雲海日樓詩鈔》（臺灣文獻叢刊 70），卷 8，頁 173。
〔註45〕　丘逢甲，〈陳伯潛學士以路事來粵相晤感賦〉二首之一，《嶺雲海日樓詩鈔》（臺灣文獻叢刊 70），卷 10，頁 191。

辟穀由來語未眞，素書還質寶頭春。日餐龍髓麒麟脯，天上原無戒殺人。
游戲瑤池遇婉羅，玉巵下嫁隔銀河。神仙也少宜男相，金母宮中弄瓦多。
東方生性太癡頑，天上偷桃數往還。弄罷風雷無箇事，又貪遊戲下人間。
未許人間望戴盆，諸天體統本來尊。空勞呵壁靈均問，虎豹沉沉守九閽。
雷鼓聲中掣電鞭，射狼弧矢列星懸。諸仙何事神通小，空讓群魔據洞天。

〔註46〕

這組詩共十二首，在遊仙的過程中，可以看出詩人並非完全站在悠遊享樂的角度，時而採取理性論斷的筆調，如「劉翁宮殿張翁占」、「仙官不劾床帷事，任試房中素女方。」、「竟無婚費助牛郎」、「天上誰云禮法寬」等句，都顯示詩人遊仙之際，仍不忘世間義理，表面是遊仙，心思全繫於世道，果眞如「戴盆望天」。本詩不同於傳統遊仙詩的逍遙離塵，反而多了些悲歌離恨的寄託，如同詩末所言「諸仙何事神通小，空讓群魔據洞天。」對詩人而言，仙境與人境是相通的，仙人應施爲人間，阻止群魔作亂。丘逢甲抗日失敗，倉皇內渡，詩中充份表現出對時局的悲恨與無奈，而他的逃禪、隱逸、修仙，則明顯是儒家「無道則隱」的退隱策略。

許南英（1855～1917）作〈擬小遊仙〉八首、〈重擬小遊仙〉四首，都是這類的主題。許南英，字子蘊，號蘊白、允白，自號窺園主人、留髮頭陀、龍馬書生、毘舍耶客、春江冷宦。清臺灣府人，光緒十六年（1890）進士。後返臺南，管理「聖廟樂局」事務，並參與墾土化番之職。光緒二十年（1894）應唐景崧聘，協修《臺灣通志》。乙未（1895）之役，任臺南「籌防局」統領，募集兵勇抗日，後知事不可爲，乃將家財盡數散給部下後離臺內渡。其後作〈擬小遊仙〉：

仙山何處是蓬萊，弱水三千去不回。十八年前遭小劫，紅羊劫盡復歸來。
群仙高會在蓬瀛，我亦仙班舊有名。神女宓妃相顧語，癡仙祇認許飛瓊。
滿山開遍碧桃花，來訪仙姬第幾家。忽遇劉晨牽阮肇，深宵絳洞飯胡麻。
一醉瓊漿白玉醪，瑤池阿母餉蟠桃。道心不爲思凡動，無用麻姑癢處搔。
御風夜夜駕雲軒，偶向桃花洞口停。忽被蕊珠仙子笑，玉京忽現少微星。
聽罷霓裳醉廣寒，青天碧海夜漫漫。嫦娥果有眞靈藥，乞與人間返少丹。

〔註47〕

〔註46〕丘逢甲，〈遊仙詞〉，《柏莊詩草》（北京：中國友誼，1989），頁105。
〔註47〕許南英，〈擬小遊仙〉一至六首，《窺園留草》（臺灣文獻叢刊147），卷1，頁126。

這組詩作於 1912 年，距乙未離臺已經 18 年，詩人仍念念不忘當年的國難世變，18 年後歷劫歸來，再度踏上臺灣土地。第二首是把他在臺與其他詩人的集會美化成群仙宴會，有神女宓妃，殷勤問候，仙人的寒暄調笑。第三首到了滿山桃花的秘境，巧遇東漢的劉晨與阮肇，原來是當年兩人迷失的天台山幻境。之後他騰雲駕霧，到了瑤池得到蟠桃、來到桃花源、上到廣寒宮，見到嫦娥等等。在游仙的過程中，與仙人輕鬆談笑，飲瓊漿玉醴、聽霓裳仙樂，悠閒自在。

他的另一組詩〈重擬小遊仙〉則是在夢中遊仙：

> 夢裡騎龍下玉京，洞霄宮外遇雙成。誤貪煙火人間味，臥病維摩醉不醒。
> 未老徐妃似舜華，含羞半面暈朝霞。天桃落盡春無主，來與仙人管落花。
> 琳房三十六秋屏，霧鬢雲鬟正妙齡。醉後憨癡兒女態，通靈佯說不通靈。
> 纖腰約素褪吳綾，秘語傳來得未曾。聞道能醫消渴病，愛河暗渡試新冰。

〔註 48〕

夢中他自比是佛教《維摩詰經》的主角維摩詰居士，神通機智，騎龍遊於仙都，因遇仙女而墜情網，誤貪人間煙火，以致終日醉酒臥病。「雙成」是傳說西王母的侍女，「徐妃」則是南朝梁元帝的妃子，詩中仙女花容月色、嬌羞姿態，令人迷醉。第三首詩還提到煉丹房，描寫房內鬢語廝磨、春色無邊，完全沉醉在歡愛之中。

兩組遊仙詩中，大量出現仙女，並有親蜜的對話與互動，完全是耽溺於女色的模樣。然而，詩人並未忘記從虛幻中醒來，遊仙終究是一場夢，〈擬小遊仙〉七、八首云：

> 隨人信口自雌黃，自在華胥夢一場。巫峽雨雲朝忽暮，何曾有夢到襄王。
> 忘情未到忘情天，究是凡夫不是仙。縱不著魔應自笑，此情種在廿年前。

〔註 49〕

夢中遊仙僅是一時的歡樂，他無一刻不關懷現實。他借用宋玉的〈神女賦〉，雖然夢中襄王與神女有段情，但終歸是夢幻一場，回到現實還是凡夫俗子。詩人表達想忘情絕俗，卻無法看破世情的無奈，逃於幻境只是暫時的避離，一晌貪歡，亦是心靈的寄寓，夢幻與真實的轉換，成了詩人自我調適的一種機制。

〔註 48〕 許南英，〈重擬小遊仙〉，《窺園留草》（臺灣文獻叢刊 147），卷 1，頁 168。
〔註 49〕 許南英，〈擬小遊仙〉七、八首，《窺園留草》（臺灣文獻叢刊 147），卷 1，頁 126。

　　鹿港詩人施梅樵（1870～1949）作〈小遊仙〉〔註50〕共有二十首，每四首一個題組，敘述完整的遊仙歷程：

> 銀河咫尺架長虹，始信藍橋有路通。曾向雲英求解渴，瓊漿貯滿玉壺中。
> 珠樓金闕幾重重，又上蓬萊第一峰。長吉青蓮齊抗手，幾回仔細問行蹤。
> 半幅晶簾窈窕窗，白雲洞裏靜無厖。飛瓊瀟灑工彈唱，不學尋常鐵笛腔。
> 小憐的是可人兒，月府攜來筆一枝。泥寫新詞深護惜，留題當作去思碑。
>
> 芝草瓊花入望中，銀河水自隔西東。曾從月殿詢消息，一段心情未許通。
> 久無塵俗繫心胸，陟遍雲衢有幾重。金母木公相問訊，攜來玉液各盈鐘。
> 射覆藏鈎未肯降，屐痕花下印雙雙。蓬瀛今日開歡宴，饌滿仙廚酒滿缸。
> 喧傳跨鶴客來遲，醉舞狂歌倒接䍦。辭退玉樓齊出洞，幾人握手問歸期。
>
> 一輛雲車駕好風，卻殊泛宅侍漁童。仙山三萬八千里，盡在行人指顧中。
> 天池掬水洗塵胸，駭浪驚波看躍龍。卻笑仙人偏弄巧，一時雨色散群峰。
> 紅玉樓臺白玉窗，鴨爐麂几列雙雙。仙家也解工書法，筆力分明鼎可扛。
> 海上仙山踏片時，支機石上也題詩。他年倘織迴文錦，墨汁須防染素絲。
>
> 風馬雲車頃刻中，一行偏許入蟾宮。嫦娥私把前情訴，偷藥原非出本衷。
> 休道蓬壺隔萬重，仙人姑射日相從。卻防薄倖同劉阮，天上人間不定蹤。
> 偶向天池泛畫艭，雲光霞彩繞蓬窗。卸帆時節飛鳧過，忽化王喬舄一雙。
> 交梨火棗贈臨歧，正是雙成惜別時。歸路休從山下過，恐貽柯爛待收棋。
>
> 去路生疏問葛洪，扗筇側望翠微宮。瓊樓珠闕遙相對，四面丹霞色似烘。
> 歷歷雲梯上幾重，霓裳曲罷不聞鐘。胡麻一飯誰供給，忽化當前點點蜂。
> 星河日夜水淙淙，泛櫂清流倒玉缸。到處逍遙忘是客，人間無此好家邦。
> 昔日麻姑鬢未絲，臨行故故緩歸期。蔡經記是曾相識，憑寄天廚酒數卮。

詩人從「銀河」架「長虹」，通往「蓬萊」，其間偶遇鬼才李賀、詩仙李白相問候，到仙界「開歡宴」、遊「仙山」、「天池」、入「蟾宮」，與嫦娥對話，直到惜別歸返，完整的遊仙過程。就連歸途都寫得迷離曲折，生疏問路、聽曲不聞鐘、不知誰給胡麻飯，最終忽然間出現銀河歸路，順利歸返人間。最後他下了個結論，將仙境與人間對舉，認知自己作客仙境，逍遙忘我，醒來後一切回歸現實。

〔註50〕施梅樵，〈小遊仙〉，《捲濤閣詩草》（臺北縣：龍文，2001），頁134～136。

　　遊仙的過程，雖然迷離卻顯得愉悅，符合一般對仙境的美好想像，而仙境的氛圍寧靜安詳、歌舞昇平，亦是人間追求的理想情境，詩人神遊到此，足以得到心靈的平靜與撫慰。然而，詩人始終了解這樣的仙境避隱如夢一般是短暫的，終究要清醒的，對此，詩人頗為釋懷。施梅樵另有詩曰：

> 蓬壺權借作青廬，小玉殷勤侍起居。試問霓裳同詠後，阮郎習染可曾除。
> 〔註51〕

身為習儒的詩人，畢竟不同於沉迷宗教的方士，他很清楚棲身仙境雖然美好，然而卻不真實，夢醒時分，現實從不曾改變。

　　自古以來，文人的遊仙想像，多出於對現實世界的不滿，藉以抒發苦悶之情，逃入美妙的仙境，可逃脫世俗的羈絆。在理智上，他們並不見得相信神鬼，從夢幻清醒後，通常會回到現實世界，發出人生的無常、昨是今非的感嘆。然而，不可否認地，隱避仙境讓鬱鬱不得意的文人得以拋卻困頓、悠然神往，縱使只有片刻的歡愉，亦足以快慰人心，雖不真實，卻極為重要。

第四節　黑色迷霧、極樂天堂

　　逃避最有效的途徑，可能是借助酒精或毒品，讓自己直接離開現實。時常在面對社會的動盪，迷茫的未來世界，吸毒不僅是逃避現實的手段，而且可以讓人暫時產生迷幻、忘記痛苦，同時感受到自我的存在。清領末期，臺灣社會處於動盪，家國淪喪異族的大痛，讓許多文人無法接受，最後需要借助鴉片來逃離現實。

　　「鴉片」是從草本植物「罌粟」提煉而成的藥物，可作為興奮劑、麻醉劑，歐洲人稱之「忘憂草」、「催眠藥」，後被濫用成為一種煙物毒品。「罌粟」最早發現於西亞，它用於治療疾病時，可以讓人忘記痛苦和恐懼，蘇美人稱之為「快樂植物」，認為是神的賞賜。在《聖經》與荷馬的《奧德賽》裡，鴉片被描述成為「忘憂藥」，上帝也使用它。從荷馬史詩中的敘述：「能消除所有的痛苦 和爭吵、卻不會帶來一絲罪惡。」

　　不過，大量使用「鴉片」的同時，易使人上癮而無法戒除，最後傷身致死。唐代時鴉片傳入中國，稱為「阿芙蓉」，用於醫療麻醉。直到 19 世紀，

〔註51〕施梅樵，〈夢遊仙〉二首之二，《捲濤閣詩草》（臺北縣：龍文，2001），頁144～145。

歐洲國家將鴉片大量傾銷中國，毒害社會甚深，更造成著名的「鴉片戰爭」。
臺灣則是在荷據時期傳入，因氣候溼熱、易受瘴癘，臺人慣食檳榔、鴉片，
據傳可以對抗瘴癘侵害。〔註52〕清領時期民間吸食普遍，無法禁絕。連橫曾
說：

> 查阿片之傳入臺灣，始於蘭人統治之時，距今已三百年。歸清以後，
> 移民漸至，曠野漸開，而榛莽未伐，瘴毒披猖，患者輒死，惟吸食
> 阿片者可以倖免，此則風土氣候之關係，而居住者不得不吸食阿片。
> 〔註53〕

清領時鴉片的流行，不僅止於醫學實用性。《臺灣通史》稱：「乾、嘉以來，
宇內無事，上自士夫，下至走卒，莫不以此為樂。」〔註54〕提到政治社會平
和，表示當時吸食鴉片已不再是醫療的考量，往往是貪圖一時的快感。吸食
鴉片時，會讓人精神迷茫、有夢幻現象，因而產生愉悅感，容易導致強烈的
心理及生理依賴性，成癮而難以戒除。

　　光緒年間王凱泰（1823～1875）任福建巡撫，他來臺灣視察時，即發現
臺灣士子多染食鴉片，因此令書院監院登錄勸戒，並按月查核。並作詩：「有
味青燈短榻橫，米囊流毒到書生。癡心欲立回頭岸，一一笙吹識姓名。」〔註
55〕可見當時社會吸食鴉片之嚴重。鴉片戰爭後，臺灣兵備道姚瑩曾一度嚴厲
查禁。日人統治時，為減低臺灣人的反抗心理，未全面禁絕，而改採登記許
可制，據稱當時臺灣最高有三十萬吸食人口。有部份士人因心理的壓抑，導
致縱情於鴉片，沉溺於煙霧吞吐、迷濛幻境之中。實則是一種心理逃避，他
們不肯接受承認社會現實，假借鴉片煙癮，逃脫於幻境當中。

　　鴉片於日常之濫用，與十八世紀末、十九世紀初歐洲浪漫主義的興起有
極大的關係。由於對當時歐洲社會的黑暗和動亂極度失望，浪漫主義思潮亟
欲建立新的理想社會秩序，這一切都需要人在心靈上暫時脫離現實的限制，
以充滿想像、激情誇張的方式，表達內心的理想和願望，因此作家需要鴉片
的刺激，鴉片成為浪漫想像的源泉與詩情的催化劑。這一時期的浪漫主義作

〔註52〕　《安平縣雜記‧風俗》（臺灣文獻叢刊52），頁9。載：「尚黑齒而嗜檳榔，除
　　　　　老病而吃阿片，此則習俗之慣也。」
〔註53〕　連橫，〈臺灣阿片特許問題〉，《臺灣日日新報》，第10731號，1930/3/2，4版。
〔註54〕　連橫，《臺灣通史》（臺灣文獻叢刊28），卷18，頁509。
〔註55〕　王凱泰，〈臺灣雜詠〉三十二首之十，《臺灣雜詠合刻》（臺灣文獻叢刊28），
　　　　　頁43。

家如歌德、柯爾律治、華茲華斯、司各特、雪萊、拜倫、德‧昆西等，他們相關作品的創作可能都多少與鴉片有關，有些作家還患上了鴉片癮。最著名的是英國文學家湯瑪士‧德昆西（Thomas De Quincey）在 1821 年出版了自傳體小說《一個英國吸鴉片者的告白》（Confession of an English Opium-Eater），他在作品中用大量篇幅描寫自己吸食鴉片後的奇妙感受，並寫下了著名的《鴉片頌》〔註56〕：

> 公平的強大的鴉片啊！對於窮人和富人你一視同仁，你為那些永遠醫治不好的創傷和「那誘使精神反叛」的苦悶帶來了減輕痛苦的香脂。

> 雄辯的鴉片啊！……你在黑暗的中心，運用頭腦幻想的心像建造了城市和廟宇……其富麗堂皇的程度超過了巴比倫（Babylon）和黑卡同卑羅斯（Hekatompylos）。

> 「從雜亂無章的睡夢中」把那久埋地下的美人和亡故的家庭成員的面孔，在洗淨了「墳墓的不光彩」之後，都召回到光天化日之下。

> 只有你才能把這一切禮物贈給人類，只有你才掌握著天堂的鑰匙。

法國作家克勞德‧法瑞如此描述鴉片煙館：「像一扇優雅至極的大門，引人脫離俗世煩囂，進入諸神幻境。」〔註57〕透過吸食鴉片，吞雲吐霧之間，彷彿進入另一個世界。

清領末期的臺灣同樣處於社會動盪，許多文人也借助鴉片來逃離現實，洪繻即是一例。他作〈齋中即景〉詩，敘述吞雲吐霧的情狀：

> 四圍風月一燈懸，帳裏芙蓉（俗謂鴉片曰芙蓉）小洞天。鄴架書堆群玉府，皇圖壁掛九州煙。東洋髹漆西洋繡，南海玻璃北海甎。又有巨文三萬軸，自家織綿勝湖川。〔註58〕

洪繻有吸鴉片煙的習慣，在房間帳裡吞雲吐霧，好似神仙天堂。書齋對士人而言，是心靈修養的場所，有如寶庫、仙府，詩人又在此吸煙，彷彿找到怡情養性的助興工具。隱避在迷霧天堂，飄飄欲仙的感覺，讓他能暫時忘卻世俗的煩憂。

〔註56〕（美）芭芭拉‧霍奇森（Barbara Hodgson）著，《鴉片：黑色迷霧中的極樂天堂》（臺北市：三言社，2005），頁 113。

〔註57〕同上註，頁 68。

〔註58〕洪繻，〈齋中即景〉，《寄鶴齋詩集》（南投縣：臺灣省文獻會，1993），頁 363。

　　吸食鴉片時，起初感覺慵懶、酥軟，進而迷茫、產生幻覺、飄飄欲仙，如同遊歷仙境般。洪繻〈吸煙戲詠〉詩有深刻的描寫：

> 九華仙子餐沆瀣，薜荔衣裳芙蓉帶。七寶盤匜百寶床，龍唅鯨吽天地隘。
> 葡萄宮中火不衰，罌粟堆裏香常在。獨銜金莖饑鳳吭，孤倚玉篠瘦蛟背。
> 瓊鐘瑤席甘露漿，黑雪玄霜紫雲靄。燈閃長鳴窸窣風，斗收佳氣氤氳界。
> 不夜城中得濫觴，常燃鼎上欣津逮。癖嗜已同九轉丹，創懲未要三年艾。
> 囊棄書劍求神仙，仙人謂我須淘汰。入塵已似鼠拖腸，離世何望蟬脫蛻！
> 流連飲啄真籧篨，散誕形骸總疣贅。教我且學不死方，煙霞之裏垢塵外。
> 入山采朮兼采芝，青精有飯黃精代。愧我尚戀煙火緣，未能絕物待沾勻。
> 蕙蘭膏後金粟膏，仙人攛米弄狡獪。引我漫居大沫天，置身遂入須彌芥。
> 有時臥遊上九霄，有時魂遊空五內。燥吻惟濡陸羽茶，饞情卻謝元修菜！
> 藉茲冀免俗氛侵，不治未是南山穢。羅什有道吞亂鍼，游戲神通何介蔕！
> 晞髮陽阿下大荒，久鄰山魈木石怪。御氣身與造化遊，陸地行仙纏莫壞！
> 甜鄉休道爛如泥，糟邱須知肉不敗。與人無悶世無懷，掃愁有帚詩有械。
> 揶揄或謂窮骨頭，顛倒拚作尸居態。邯鄲一枕夢黃粱，洞府三清伸白喙。
> 霧液雲胲流玉酥，鷽膠鳳髓含金薤。太乙然火三千年，一吸沖虛無大塊。
> 〔註59〕

這首詩是他清醒時所寫，用遊仙的概念戲詠吸鴉片的情境，頗能說明他沉迷鴉片的心情。詩中他自比道家神仙「九華仙子」，華服錦衣的妝扮，居處宮闕、身臥寶床，口銜煙管，吞雲吐霧，終日不斷。連吸煙者厭食削瘦，也比喻為仙人餐風飲露、清癯消瘦的模樣，而鴉片是「黑雪玄霜」，煙霧則像「紫雲霧」、「氤氳界」，都是吸煙時如夢似幻的想像。詩人自承沉迷其中，煙癮難戒，他透露想「求神仙」、「離世」，但是又不能流連飲啄、散誕形骸，無法斷絕俗世，只好貪戀煙火。他藉著鴉片「臥遊上九霄」、「魂遊空五內」，希望能遠離俗務的侵擾，於是「下大荒」、「御氣遊」、「陸地行仙」遊於洞府、三清仙境。最後總結地「太乙然火三千年，一吸沖虛無大塊。」所有人世間的紛擾，只要吸一口鴉片，一切都歸於平淡虛靜。

〔註59〕洪繻，〈吸煙戲詠〉，《寄鶴齋詩集》（南投縣：臺灣省文獻會，1993），頁301
　　　～302。

　　現實上，洪繻所面對的是當時日本政府對臺灣士人的攏絡政策〔註60〕，他採取「不妥協、不合作」的態度，堅不剪辮、拒穿洋服、拒說日語，不讓子女受日本教育，詩文皆以干支紀年，都是一種消極的抵抗。而處在殖民棄地的孤臣，面對世局的遽變而無力改變時，只好藉著鴉片煙的迷茫世界，尋求心靈上的寄託與慰藉。而士人選擇吸煙的短暫避離，充份表現留臺遺民的無奈與進退失據。關於這點，他曾作詩明白地表達：

> 自從世界變腥膻，燹火劫灰焚大千。惡氣炎煇不可掃，瘴煙毒霧鎮相連。
> 九霄無路餐金漿，半世空勞煉汞鉛。自歎此身已廢朽，遂將此事託逃禪。
> 古人有託隱於酒，我今何妨隱於煙。收拾青雲付灰爐，壯心縷縷管中
> 牽。⋯陸沈於世何所望，吸風飲露一寒蟬。援我自有「傳燈錄」，慎毋
> 嗔我為矯虔，我於此中獲洞天。〔註61〕

他寄情於鴉片煙，直稱「隱於煙」，把所有的青雲壯志，都埋藏於煙霧飄渺中。詩中可見詩人對世事的心灰意冷，轉而在黑色煙霧中尋找他心中的極樂天堂，雖然短暫而虛幻，但在心靈上頗具療癒效果。

　　另一個寄情煙霧的例子是王松，王松生性本難諧俗，無意仕宦，又遭逢鼎革之變，更使他寄情詩酒、迷戀鴉片，以隱士終其生。他有〈喜喫煙〉詩：

> 喫煙恰值禁煙期，身外浮雲醉不知。倘得心腸無是物，豈愁面目異當時。
> 藉他戒酒狂言寡，伴我看書引睡遲。若使昔年有罌粟，吳王未必愛西施。
> 〔註62〕

對他而言，鴉片煙的媚力更勝美人，吸煙時可以讓他遠離塵囂、心空意靜，就算身體因此而羸弱虛靡，亦無所悔。

　　如同美國詩人帕克・巴涅茲（Park Barnitz）的〈罌粟之歌〉：

> 噢！罌粟的蓓蕾，在金黃的天空中
> 搖曳著盛滿喜悅的沉重香爐，
> 給予我絕望的解藥。

〔註60〕　日本殖民臺灣之初，兼採高壓懷柔策略，1896年10月頒布《紳章條例》來強
　　　　　化「尊士」政策的推動。1898年後在臺灣各地舉辦饗老典和揚文會，藉此攏
　　　　　絡具有科舉功名的舊鄉紳階層。
〔註61〕　洪繻，〈戒煙長歌〉，《寄鶴齋詩集》（南投縣：臺灣省文獻會，1993），頁192
　　　　　～193。
〔註62〕　王松，〈喜喫煙〉，《如此江山樓詩存》（臺北縣：龍文，1992），頁48。

　　　　噢!深紅色的罌粟花,噢!金黃色的枯萎花朵,

　　　　噢!令人無憂沉醉的罌粟花,

　　　　讓我的白晝一如黑夜。

　　　　讓我躺臥在你的沉睡之鄉,

　　　　吞吐你濃郁的香氣,

　　　　我的靈魂將能長眠。

　　　　那麼我是否該躺在斗室。

　　　　當世上可憐的暴君一一逝去,

　　　　我悠然隱身你柔軟的庇蔭,

　　　　在那遼闊無雲的天空下。〔註63〕

「隱身」是所有吸煙者最初始的企圖,在煙霧迷漫的幻想世界中,釋放了所有的沉重與不快,現實模糊了、世界變美了。所有逃避現實者,都用不同的方式構築一個屬於自己的極樂天堂,同時也沉溺於這個私密的想像空間,悠然神往。楊照為此下了一個妥貼的註解:

　　　　從外在世界逃進一個神秘的內在世界;從令人疲憊的競爭世界,逃

　　　　進一個虛懸漂浮的休息世界;從一個朗朗乾坤、人擠人的熱鬧世界,

　　　　逃進一個輕聲細語、彷彿杳無人影的鬼魅世界。…一種罪的誘惑、

　　　　一種逃避的誘惑,更是一種在自己內在發現「異己」的誘惑。〔註64〕

小　結

　　人的一生會面臨各種生存困境的挑戰,導致身心的困頓疲乏,因此,需要不斷地調整心理狀態,以避免壓力失控,而夢自古就是一種本能,藉以追求欲望的彌補與心理平衡。詩中的夢,或許有真實或模擬的情況,然而,可理解的是詩人對現實世界的失落與無助,可以在夢幻的世界中獲得補償,甚至重新建立。據此,夢幻成為一個虛擬的「異質空間」,對詩人而言是一種「心靈補償」的空間概念。

〔註63〕引自芭芭拉‧霍奇森:《鴉片:黑色迷霧中的極樂天堂》(臺北市:三言社,2005),頁27。

〔註64〕楊照,〈罪惡及其隱喻──讀霍奇森的《鴉片》〉,《鴉片:黑色迷霧中的極樂天堂》(臺北市:三言社,2005),頁9。

　　「夢幻」所建構的空間，遠比現實況社會更美好，而這種「替代性」的空間設想，往往基於對現實社會與文化的批判與不滿，藉由「夢幻」空間，作爲一種積極有效的「文化論述」。如同學者張惠娟所稱「神話樂園」，那是一個逃避現實，全然虛構的理想世界，它是一幅靜態、美好的畫作，強調的是一種出世的精神。〔註65〕而失落現實的士人們，藉著詩歌吟詠述說這片美好的世界，並且沉醉其中，所表達的則多是逃避現實的情懷。

　　而仙境作爲詩人精神遨遊的場域，也是一種安慰和解放的作用。從個人情性的角度而言，遊於仙境意味著文人面對現實世界的侷限，意圖尋找突破，在無法達成的狀況下以虛幻的想像來代替。從文化發展的角度來看，是一種對應社會文化變遷的反思，有學者稱之爲「文化反思機制」。〔註66〕也有學者主張「仙境」不止是基本的欲望補償，而是更多的欲望追求。蔡瑜在《陶淵明的人境詩學》中說：

> 「仙鄉」可供暫時棲止，卻是遙不可及的夢幻，對於匱乏現世難以提供實質的能量。加以漢晉神仙思想的發展，也同時具有相當世俗化的面向，神仙之求或即是「人類幾種基本欲望之無限度的伸張」。
> 〔註67〕

人的欲望透過想像，得以無限地延伸。一般而言，虔誠的宗教信仰，更能展現這樣的積極性追求，也就是在人世之外，開啓了更廣袤幽深的神仙世界，提供文人退隱時悠遊其間。

〔註65〕張惠娟，〈樂園神話與烏托邦〉，《中外文學》，第 15 卷第 3 期，1986 年，頁78～100。
〔註66〕魏光莒，〈異質地域與空間文化〉，「環境異議：城鄉永續規劃與文化研究研討會」論文集，南華大學，2005 年 6 月 19 日。
〔註67〕蔡瑜，《陶淵明的人境詩學》（臺北市：聯經，2012），頁 267～268。

第十章　結　論

　　本論文旨在探討清領時期臺灣的文人的隱逸情志，當詩人帶著個人的感遇及文化背景，居處於廬舍、園林，或遊走在田園、山林、寺觀間，或甚至在作夢、幻想之境，虛實相間的空間中，產生了某種程度的感懷，發而爲詩、爲文。而詩人創作當下的情境，並非純粹的視聽感官，而是更複雜的情感與文化情境。舉例來說，乾隆六年（1741）來臺擔任巡臺御史的張湄，當他巡行來到田野，看到平疇沃壤、阡陌交錯，農人於往來田間、勤奮耕耘，但他的文學書寫可不只如此，詩曰：

> 彌望青蔥蘢，物我同栩栩。平畦漾穀紋，犁鍤應時舉。誰能甘惰農，
> 自貽樂歲苦。爲語蚩蚩氓，海濱履王土。黃髮與垂髫，願勿入城府。
> 熙怡若桃源，往來有漁父。三時胼胝煩，勤焉豈無所。況當膏雨餘，
> 篝車滿可許。煙林布穀鳴，陌上鞭水牯。米家畫圖閒，坐覽簑笠侶。

〔註1〕

一望無際的蒼翠蓊鬱，讓詩人感受人生的欣榮可喜；而農人的勤奮樂業，也聯想成淳樸無爭的上古先民，甚至不願進入社會體制，像桃花源一樣的獨立於世。在詩人眼中，這樣的田園自然，就像是米芾畫筆底下的圖畫一般，充滿仙隱的意趣。

　　張湄雖是宦臺文人，但他頗能融入臺地風土，頗有官聲。他常帶著閒適的心巡行各地，「野趣自清曠」、「息心塵外賞」〔註2〕，故而他眼中的臺灣田

〔註1〕張湄，〈東郊勸農〉，收入《重修福建臺灣府志》（臺灣文獻叢刊 74），頁 595
　　　～596。
〔註2〕張湄，〈勸農歸路經海會寺次韻〉二首之二，收入《重修福建臺灣府志》（臺灣
　　　文獻叢刊 74），頁 596。

園是一片和諧可親的樂土，農人也像恬淡無爭的隱士。因此，對於田園的感知，除了感官上的知覺外，個人情志和文化認知會直接灌注在文學寫作上。換言之，詩人總是帶著主觀的心看世界，所照映出的文學景象，便充滿著朦朧幽隱的意趣，這便是文學有趣的地方。

　　從心理學來看，人所生存的空間大約可分成「眞實世界」、「人際世界」、「精神世界」，「眞實世界」往往是客觀的存在，具備理性的認知，如山川海洋、房舍農田等。而對士人而言，「人際世界」是最爲複雜的，士人一生爲了功名利祿，讀書科考，爲了淑世理想，出仕爲官。然而，生命的過程中有太多無法控制的因素，複雜的人際社會，讓士人越來越卻步，因此，有人會深居廬舍，減少與人接觸；有時圍築園林，徜徉在人造自然中。就算是無法全身隱避起來，他們也會想盡辦法逃離城市人群，選擇一些簡單、純眞、無爭的「眞實世界」，如投身田園、遊走山林，與自然爲伍；或到佛寺道觀，沉靜參悟。這些「眞實世界」都不只是簡單的空間，而是具備眞實意義的「被有效妝扮的烏托邦」〔註3〕，負責妝扮的文學家以他心中的美好想像，透過詩文的敘寫，描繪構成這些理想完美的空間。而「精神世界」亦是「自我世界」，是一種自我意識、主觀的存在，是人的意識活動所形成的，特別是文人的感知和情意，具有豐富無限的精神世界。宗教信仰所帶來心靈的平靜、仙境的想像，都是典型的例子。

　　以下歸結本論文的研究，我們試著以上述的空間概念來說明士人的隱避心態。「眞實世界」中，士人所處的城市社會，通常是紛亂的來源，而「人際社會」中個人遭遇和社會的動亂，常是士人選擇逃避的因素。他們對世俗的灰心及對時局無奈，選擇離避人群，孤獨地生活，於是他們來到田園、山林，投入純靜無爭的大自然。再來是自我世界所發生的矛盾與掙扎，在廬舍生活間徘徊、尋找樂感的人生，在一方園林間嘗試著修養心性。然後是走入自然，從田園生活中尋求安適與生命定義，從山水林泉間體會自然與生命大道。另一種路徑則是借助宗教力量，尋找超越生命的力量。最不得已是在夢境中尋求慰藉，或借助鴉片、酒等外物麻醉自己，多半已是無法以行動回應的狀況下所做的選擇。

〔註 3〕參考蕭馳，〈問津桃源與棲居桃源──盛唐隱逸詩人的空間哲學〉，《中國文哲研究集刊》，第 43 期，頁 4。

一、人際世界的失落與逃離

　　文人隱逸情懷的生成，大多是對人際社會的不滿意，心懷失落，進而選擇逃離。從明鄭時期許多南明的遺臣、文士來臺，帶來隱逸文化，他們自比流亡海外，因爲忠君愛國、不事二主，在政治與文化的認同上，選擇隱避起來。他們把遠離中土、暫居臺灣，把離群獨居、沉潛隱遁，當作是對異族政權的抵抗，心中的亡國之痛，寄託在自然山水、園林生活中，藉此建立心中的樂園，同時消解對現實的失落感。代表人物是臺灣文獻初祖沈光文。

　　清領以後自大陸來臺宦遊者，多數的官員無奈地離鄉背井，有種貶謫流亡之感。他們在人生失意之餘，將逃避的心情投射在自然山水間，因此，臺灣在他們的書寫中，有種遠離塵囂的世外感，如孫元衡詩云：「推擠不去已三年，千首詩拋海一邊。初到似逋還似謫，即今疑幻卻疑仙。」〔註4〕似逋似謫、疑幻疑仙，其實是一種亦官亦隱的矛盾心情。其他如朱仕玠、朱景英等均屬之。

　　臺灣本土文人的部份，因爲臺灣特有的政治、經濟、社會、文化情況，讓許多本土文人怯於離鄉背井、追求功名，或者厭惡官場文化，選擇回到臺灣。他們以科舉士紳的身份，或教書作詩、或經營家業，他們淡泊世情，遊走於田園、山林，隱逸終生。經濟富裕的，則興築園林、詩酒讌集，過著清高雅致的名士生活，「不慕名利」是他們共同的人生態度。代表人物有章甫、陳維英、林占梅、鄭用錫等。

　　另一方面，社會的動亂常也是文人隱逸遁世的主要因素，早期台灣社會常有分類械鬥、大小民變，到後來的乙未割臺，都對文人造成心理的驚恐和創傷，往往借助山林自然，避居保身、消極隱遁。如康熙六十年（1721）的朱一貴事件，有鳳山卓夢采、卓肇昌父子隱避鼓山；同治元年（1862）的戴潮春事件，彰化舉人陳肇興因拒絕戴潮春的拉攏，逃遁山中。到了光緒二十一年（1895）的乙未割臺，臺灣的文士掀起了一波隱避的高潮，數千文士內渡避難，包括丘逢甲、許南英、施士洁、林爾嘉等人。就連當時選擇留臺的洪繻、王松、林朝崧、許夢青、施梅樵等人，都以隱遁表達抗拒，他們在面對國族及文化的劇變，抵抗無效的情況下，選擇消極離避、流落異地成爲遺民。

〔註 4〕孫元衡，〈留滯海外倏踰三載追維所歷不無喟焉〉之三，《赤崁集》（臺灣文獻叢刊 10），卷 4，頁 74。

不管是秉性淡泊、潛居教隱，或是時局所逼，隱避全身，深受儒化的臺灣文人在面對逆境時，頗知進退之道，如《論語》所言：「邦有道則仕，無道則隱。」審時而動，懂得退處隱避、修身養志，以待有道之時，稱之爲「儒隱」。他們在挫折、危亂之中，先求「隱避」，詩文之作是爲寄託情懷，從而找到心靈的安頓，是一種合於時勢的自處之道。例如新竹文人林占梅，雖然隱身園林、山水之間，但其詩文中仍不時有社會關懷及對時局的感嘆，好友鄭用錫曾如此形容：

> 託迹潛園宇宙寬，故鄉歲月樂盤桓。使君疑是陶宏景，既愛山林更愛官。
> 〔註 5〕

包含鄭用錫也是一樣，大部份清領時期的臺灣士人，選擇遁跡隱避是一種對應時局的自處之道，實則心中仍具有經綸世務、關心時局之心。

二、自我世界的樂感追求

樂感的追求是隱逸文化的精神象徵，古代隱士獨居山野，將自己封閉在狹窄、鄙陋的廬舍空間裡，以一種苦行的生活，宣誓自己堅毅不移的心志，「孤苦」的處境，常是一般人難以忍受，然而對士人來說，精神的逍遙自在才是眞正追求的生命境界。這樣的精神化趨勢，到了魏晉之後，成了隱逸文化的基調，以此開展出閒適、優雅、自然、文藝的高雅文化，也爲隱逸文化創造了豐盛多元的內涵。

隱士退居山林之間的廬舍，通常是簡單樸素的，因爲奢華富麗的房舍將與山林自然格格不入，原始風貌、小而簡單的空間會帶給人溫暖，並有私密感。閒居的空間中，居室僅是其一，屋外的庭園、小徑，乃至於視線可及的山林景致，都是定義下的隱逸空間，在此隱士可以吟詩、飲酒、彈琴、奕棋、觀雲、賞花等，甚至是與自然的對話，都足以彌補現實居處的孤獨寂寞，成爲優雅高尚的生活標誌。如果說，「居室」代表的是隱者樸拙的內心世界，那「自然」則可視爲隱逸者心靈超脫、自由遨遊的天地。恬退者可在居室之內寄託身心、靜養保眞；而積極體道者則常以居家爲中心，透過動態的「觀」與「遊」，靜觀外物，遊於自然，感發而爲詩歌創作，都是對閒居生活的體會和理想的追尋。

〔註 5〕鄭用錫，〈戲贈鶴珊〉，《北郭園詩鈔》（臺灣文獻叢刊 41），卷 5，頁 189。

　　第三章「山居廬舍──詩意的棲居」中，列舉了章甫、陳輝、陳維英及李逢時等人，居住在簡陋的廬舍，卻沒有孤獨寂寞之感，反而透過與自然的互動感應，體會到和諧之樂。同時與志同道合之士往來，詩酒唱和，享受悠然自在的逍遙。他們超越現實的困境，努力建構自我內在的精神世界，逐漸走向樂感的人生。卓肇昌、陳肇興、丘逢甲、施士洁、許南英、洪繻、林朝崧等文人，則是爲了躲避戰亂的侵害、拒絕政治的認同，透過幽居獨處、沉潛靜思，嘗試著爲生命價值尋找另一出口，達到自我消解療癒。隱退是爲了明哲保身外，也被視作是苦其心志、獨養其身的修煉過程。

　　不論是讀書養身、吟詩述志，都發生在小小的廬居中。對於避亂保身的隱士來說，廬居是天地間的歸宿、安身立命之所，他們習慣退守其中，將所有的內在情感收斂起來。這個祥和幽靜的私密空間，成爲他們居息俯仰的世界，就算是周圍的自然美景，也只是透過窗戶遙望。廬居成了涵納世界的中心，隱士棲身於此，得到一種安穩的幸福感，彷彿回到母體般。

　　第四章「文人園林──人間安樂窩」，以文人居處的園林切入，這些融入了山林景色的園林建築，從園林的命名、建築布局、植物選擇到山石水池的堆砌安排，無非是文人精心安排的安樂窩。除了提升生活的精神享樂外，深層的寓意是在建構一個與塵世不同的空間，隔著圍牆，內外呈現不同的世界，「心靈」和「外務」、「自我」和「社會」、「自然」和「名教」、「雅」和「俗」、「樂」和「憂」、「閒」和「忙」、「靜」和「噪」、「養生」和「毒害」等等一系列對舉的概念。士人不必遠離都市、跋山涉水，強調「雖與人境接，閉門成隱居。」只要走入自家園林，便能沉浸在恬淡清幽的自然氛圍，身心得到安慰和寄託。

　　臺灣從明鄭時期鄭經的「潛苑」、陳永華的「陳氏園」、李茂春的「夢蝶園」；到清領時期「李氏園」、「曾氏園」、林占梅的「潛園」、鄭用錫的「北郭園」，園林位於山野或城市，那慣常以圍牆隔絕外界，是有意識地將自我生命孤立，獨絕於世俗之外。文人在園林的生活，大多時間是處於孤獨的狀態，至少精神層面上是如此。他們在園中閒坐、高臥、漫遊、夜泛，這些活動看似孤寂，但觀覽賞玩之間，實則內心充滿靈動及豐富想像，有時是生活機趣和生命哲思，這些靈動和想像往往都是文藝創作的養份。詩人在園林中孤單的身影，置放在自然萬象中，同時也凸顯一種遺世獨立、曠放自然的風流。

　　第五章「官署園林——吏隱滄洲趣」，清領時期臺灣爲數不少的官署園林，說明了「吏隱」的時代趨勢。士人在公餘退食之際，心靈寄託的殷切需求，亦即官員需要的「吏隱」空間，也是心靈層面的樂園。官署前有公堂、後設園林，在同一圍牆之內存在兩種截然不同的空間，一邊是嚴肅、勞苦、現實、俗世、無奈的仕宦場所，一是輕鬆、逸樂、浪漫、超越、欣喜的隱逸生活。某種程度上，是調和仕宦生活所產生的鬱結，有個暫時逃避的空間，因此仕隱二元空間的存在，也把文人內心期盼的隱逸理想，眞切地反映在現實生活中。

　　清領時期臺灣有道署「寓望園」、府署「鴻指園」、海防署「浮觚草堂」，還有臺灣縣、鳳山縣、諸羅縣、彰化縣、南投縣、宜蘭縣署，及其他官署園林，空間布設與官員在其間的生活情態，有獨特的意涵、哲思，如亭臺的設置，提供士人登臨望海、聽潮，觀看之後的想像，彷彿可以超越時間與空間的限制，回到過去、想像未來，可以發散愁懷、澄清俗慮，有時表現出遊仙或隱逸等主題。這種爲了脫離塵世而登臨山水的活動，背後隱含著中國人心靈上的超越狀態，顯現出對美好世界和理想生命的追尋。

三、自然世界的歸返與想像

　　《世說新語》曾記載畫家顧愷之一次遊歷江南會稽後，形容山川之美道：「千巖競秀，萬壑爭流，草木蒙籠其上，若雲興霞蔚。」〔註6〕這是一個畫家眼中的山水，有一種競相比美、生氣蓬勃的樣子。山川的風貌，如果「青山綠水」般以直觀的形貌和景象描寫，在美學的概念中定義爲「第一自然」，一種純粹的「純靜之姿」。而顧愷之的形容，則是透過觀照、想像和書寫，融入了個人的精神情感，具有審美價值的「風姿神韻」，稱之爲「第二自然」。〔註7〕田園、山水，是士人抒發隱逸之思的典型空間，他們從居處的居室、茅廬走出去，進入到開適、開闊、自然的空間，從而獲得大自由與大自在。

　　第六章「田園牧歌——想像桃花源」，田園是介於都市和山野的中間地帶，它沒有都市的喧囂繁鬧，也不像山野的偏僻危險，一方面可以稍離人群。詩人透過接觸田園空間來承載個人的情志，外在景物納入個人感官世界後，

〔註6〕劉義慶，《世說新語·言語》，《世說新語校箋》（臺北市：文史哲，1989），頁81。

〔註7〕朱光潛，《西方美學史》（臺北市：頂淵，2001），頁426。

經由情感的投注，融合物我，在詩歌作品中重新詮釋和定義，賦予「田園」空間新的文化生命。「田園」空間是一個充滿生活情趣，具有淳樸自然、悠閒從容的特質，讓人體現了「自然」的美好，並且可以歸返自然的生存空間，完全符合士人對理想世界的嚮往。

　　清領時期臺灣的田園書寫是從遊宦士人的「他者想像」開始，他們透過寓目觀覽、行走，進入田園世界的美好意象，回應士人內在閒情隱逸的情志。詩人吟詠田園農村的生活，通常很少真正的從事農耕或長時間居住農村，他們往往是遠距離的望著田園、農耕的情景，在心中生成了悠閒無爭的想像，彷彿找到理想的生活情境，一種可以寄託身心的桃花源。而淡泊仕進的臺灣文人如鄭用錫、許南英、鄭家珍等，則樂於返鄉歸耕，過著田居安樂的生活。大體而言，清領時期臺灣田園的書寫，在社會治亂的影響下，文人眼中的田園呈現出不同的風貌和想像，承平時期，豐富多彩的美感和清新歡樂的情趣，表現出牧歌氣氛。詩歌多張揚歸返自然的本性，同時照映出詩人心中的「桃花源」世界。亂世時，歸返田園成為士人被動選擇生活方式，在這裡他們得到休養和安慰，成了生命最終的歸屬。

　　第七章「山水林泉——逍遙物外情」，山林自古以來是文人抗拒現實世界的生命歸屬，大自然的平靜、和諧、與世無爭，吸引著文人不斷的游走其間。遊於山水除了一般人喜歡的「遊目」的娛樂活動外，文人所追求的，是更進一步的養生、嘯傲、隱逸等，大多是「遊心」的享樂。對比現實殘酷的城市社會，山水不但可以娛人耳目、療癒傷痛，並且透過文學想像，昇華為逍遙自在的仙境樂土。

　　臺灣在地理上與中土的「隔離」，加上異於中土的特殊文化感受，在文士的心中早已成為心靈暫棲的「世外桃源」，許多宦遊臺灣的士人在不得已的情況下，選擇以「吏隱」的心情，悠閒地行旅於山水之間。表面上詩人寫的是山水之樂，但所引發的淡泊之心，實則是潛藏在詩人內在的隱逸因子被觸動、誘發。而臺灣本地的文人，先天上具有悠閒逸氣、自然淡泊的幽情，當他們面對山水景物時，展現的是曠放淡泊的文化氣息。因此，在山水詩作的創作過程中，產生超越山水形象的抽象美感，藉著佛理禪意、桃源仙境的浪漫想像，逃離世俗，甚至構建出心中理想的虛幻世界，將外在景物與內在心靈融合為一，達到「物我合一」的逍遙境界。

士人隱遁山林的傳統，到後世成為一種短暫性的心理活動，山水詩中的「迷」很能解釋這種現象。詩人通過迷茫的感官發酵，引發理想世界的美麗想像，如同〈桃花源記〉中漁人迷入幻境般。在「避離」現實、「游移」於自然之中，詩人利用暫時性的「迷茫」，讓自己投身於幻想的世界，一個理想、夢幻般的仙境，可以讓人逍遙安樂的隱逸空間。

四、精神世界的騰升與墮落

精神世界或可稱作「異質空間」，通常是人們對應於「現實空間」的侷限，所創造出來的理想空間，但實際上是虛幻不實的。士人在現實世界遭遇困難與挫折，往往會退而從內心做反省沉思，有時借助宗教力量，找到慰藉。有時也會在孤獨絕望、無助的情況下，透過夢境、幻境來抒發、排解痛苦。尤有甚者，藉由醉酒、吸食鴉片，遊於迷幻之境，徘徊於想像式的虛幻世界，得到自由逍遙、縱情放任、隨心所欲。

第八章「佛寺道觀——清靜絕塵俗」，宗教向來是人類精神的倚靠，對士人來說，寺院道觀空間是可以遠離塵囂、清心寡欲，達到隱避修煉的具象空間，同時也是開拓延伸生命自由的抽象空間。雖然現實的條件中，宗教性的「方外」、「仙境」都是創造出來的虛幻想像，但從心靈角度而言，士人所選擇、書寫的時空，都是在表現他們追求生命的自由本質、心靈的逍遙自在，具有積極且正面的意義。

清領時期臺灣的士人有兩種典型的生命困境，一是因仕宦遊歷各地，多半有著離鄉愁苦和仕途浮沉的無奈；另一個是乙未割臺的歷史宿命，當時士人背負著沉痛的家國之恨，甚至流落海外的淒苦遭遇。這些面臨生命困境的文人，不甘淪落又無力挽回頹勢，無處宣洩的情況，只好從所在的現實空間出走，退入「夢境」與「仙境」，一個虛無飄渺的空間，並且沉溺其中，彷彿一切現實的缺憾和挫折都拋卻腦後、煙消雲散。

士人從塵俗世界進入佛院空間，再透過想像幻遊仙界，是一種精神的昇華作用。這種精神的轉化，實際上是受宗教的影響，如佛教強調修行之後，靈魂可達西方極樂世界；禪宗則透過禪悟，可以拋卻欲念，達到無礙的神通；道教則追求物我和諧，最終能飛升成仙。詩人在仕途、人生遭遇坎坷，選擇進入深山僻靜的佛道寺院中，陶冶並修煉身心，從而進入到自由和諧的仙境。這樣的過程，短則數小時，最長亦不超過三天，與夢境相類似，士人在此得

以盡情地徜徉在美麗仙境，無須顧慮外界現實，可說是士人精神棲居、自由理想寄託的最佳場所。

第九章「異質空間——夢境與幻境」，「夢境」與「幻境」是與現實世界相對的異質空間，就實證主義而言，全然是人們透過想像建構而成的虛幻世界。然而，從文人的角度來看，「夢境」並非單純的虛擬世界，而是做夢者內心的投射，「夢境」可以超脫現實的束縛和侷限，完成現實所無法達成的期待。特別是對於窅然遠逝者，透過「夢境」的召喚，得以一解愁苦，「詩意的空間」於焉展開。「幻境」則有如白日夢，詩人憑藉著想像和對神仙的企慕，悠遊於虛無飄渺、如夢如幻的仙境，實則隱含著對現實的不滿，對理想世界的期待。

清領時期在臺灣的士人有兩種典型的生命困境，一是因仕宦遊歷各地，多半有著離鄉愁苦和仕途浮沉的無奈；另一種是乙未割臺的歷史宿命，當時士人背負著沉痛的家國之恨，甚至流落海外的淒苦遭遇。這些面臨生命困境的文人，不甘淪落又無力挽回頹勢，無處宣洩的情況，只好從所在的現實空間出走，退入「夢境」與「仙境」，甚至借助醉酒、吸煙，進入一個虛無飄渺的空間，並且沉溺其中，彷彿一切現實的缺憾和挫折都拋卻腦後、煙消雲散。

五、幽微卻深長的隱逸文化

根據中國古代的傳統，文人的居處、遷徙、旅行、壯遊等活動，雖然只是處在一個空間的狀態，或是從一個空間到另一個空間的移動，但是期間交雜著文人的情感與經驗，使得這一切都充滿著生命情調和文化意涵。「空間」原本只是一個物質活動的靜態背景，一旦經過詩人的主觀情感與經驗的重新詮釋，將展現全然不同的空間意義。因此，在文學作品中，人與空間透過文學筆法的描繪，產生了「互相定義」的關聯。「空間」成了自我表述的舞臺，而「情志」也同時成就了空間的意象。而當個人的文學描寫、情意感知得到人們的認同，便逐漸形成共通的「空間」意象，成為一種集體的文化意識。

文人對空間的感知，除了直觀的感受外，心中的情感與經驗是主要的創作靈感來源。此外，社會文化中往往提供了一些共通的認知與思維，促使個人觸發「生命共感」的情感共鳴。宋代魏慶之在《詩人玉屑》中舉了一個例子：

孫少述〈栽竹〉詩曰「更起粉牆高百尺，莫令牆外俗人看。」晏臨
淄曰:「何用粉牆高百尺，任教牆外俗人看。」處士之節，宰相之量，
各言其志。〔註8〕

「竹」在中國的社會文化中，是虛懷若谷、秀逸常青，為氣節之象徵，故士
人愛竹。孫侔是隱士，栽竹為牆是為隔絕俗塵，但晏殊則胸懷天下，故心境
開闊、不避雅俗。同樣的情景，因人的情志不同而有所差異。因此可知，士
人對外物及空間的感知，存在著個別的差異，稱之為「獨感」，然而社會文化
的共同經歷和體認，往往形成共同的感知，有時可以橫互時間，烙印在特定
的空間，使詩人產生生命的共感。因此，論述臺灣士人的隱逸文化時，無可
避免要追溯中國的文化傳統，這一脈的傳承關係是清晰可辨的。

本研究所呈現諸多的隱逸書寫，是詩人在空間的接觸經驗中，個人的情
志的觸發，不管是真實空間的廬居、園林、寺觀，自然空間的田園、山林，
或是虛無的夢幻，都明顯地寄寓詩人的隱逸情懷。這呼應了論文第一章緒論
所提的「隱逸行為的多元化」，隱逸所涉及的活動空間開展。從私人的居處，
延伸至田園、山林等自然空間，而後，更進一步地在喧囂的城市中另闢園林、
佛寺道觀，並逐漸升華到精神層次的仙境和夢幻世界。而從文學、文化的發
展角度看，確實也大大拓展了隱逸文學的書寫題材，以及隱逸文化的風貌。
因此，隱逸文化不但未曾消失，它確實以各種不同的樣貌，存在於士人之間，
幽微卻深長地發展著。

必須說明的是，隱逸文化的建構過程，如同所有的文化一樣，許多我們
以為的事實，有時只是「符號」象徵，並沒有一個本然真實存在的層次作為
依靠，而靠著不斷重複來延續，在不斷重複的過程中完成、強化它的意義，
達到所謂的「宣成性」（Performativity）。論文中不斷提到的「桃花源」意象，
便是典型的例子。在詩人處於園林，遊歷於山村、田野、寺觀，書寫中便經
常出現「桃花源」，一個心目中可以避世隱居的理想之地。這樣的情結，同時
也反映士人對隱逸生活的羨慕，而這樣的文化積澱，將反覆地書寫在對應的
空間中。因此，空間所承載的隱逸文化的意義，不會因為時間而有所消退，
反而因為文人書寫而不斷地積累，造就豐富的文化意涵。

最後，必須強調的是本研究並非想論斷何人是否為「隱逸詩人」，或定義
哪一首詩是不是「隱逸詩」，而是在詩人作詩的當下，可能的創作意識，當然

〔註 8〕魏慶之，《詩人玉屑》（北京：中華書局，2007），卷 12，頁 756。

無法以偏概全地作上述認定。再者，臺灣的山水田野、城市園林、道觀佛寺，
這些詩人流連吟詠的空間，某種程度都烙印上中國的文化因子，因此詩人的
主觀聯想就不是憑空而來的，也不再是個人情志，而是一種集體的文化意識。

參考文獻

（依作者姓名筆畫排序）

一、史料文獻

1. Leonard Blussé（包樂史）等編、康培德譯，《邂逅福爾摩沙：臺灣原住民社會紀實：荷蘭檔案摘要（2)》，臺北市：行政院原民會、順益臺灣原住民博物館，2010 年。

2. 王必昌，《重修臺灣縣志》，臺北市：臺灣銀行經濟研究室，1961 年，臺灣文獻叢刊第 113 種。

3. 王先謙，《後漢書集解》，臺北市：藝文印書館，1972 年。

4. 王瑛曾，《重修臺鳳山縣志》，臺北市：臺灣經濟研究室，1962 年，臺灣文獻叢刊第 146 種。

5. 朱景英，《海東札記》，臺北市：臺灣銀行經濟研究室，1958 年，臺灣文獻叢刊第 19 種。

6. 江日昇，《臺灣外記》，臺北市：臺灣銀行經濟研究室，1960 年，臺灣文獻叢刊第 60 種。

7. 余文儀，《續修臺灣府志》，臺北市：臺灣銀行經濟研究室，1962 年，臺灣文獻叢刊第 121 種。

8. 吳子光，《臺灣紀事》，臺北市：臺灣銀行經濟研究室，1959 年，臺灣文獻叢刊第 36 種。

9. 沈茂蔭，《苗栗縣志》，臺北市：臺灣銀行經濟研究室，1962 年，臺灣文獻叢刊第 159 種。

10. 周元文，《重修臺灣府志》，臺北市：臺灣銀行經濟研究室，1960 年，臺灣文獻叢刊第 66 種。

11. 周鍾瑄，《諸羅縣志》，臺北市：臺灣銀行經濟研究室，1962 年，臺灣文獻叢刊第 141 種。

12. 周璽，《彰化縣志》，臺北市：臺灣銀行經濟研究室，1962 年，臺灣文獻叢刊第 156 種。

13. 季麒光，《臺灣雜記》，收入《臺灣輿地彙鈔》，臺北市：臺灣銀行經濟研究室，1965 年，臺灣文獻叢刊第 216 種。

14. 房玄齡等，《晉書》，北京市：中華書局，1974 年。

15. 林豪，《澎湖廳志》，臺北市：臺灣銀行經濟研究室，1963 年，臺灣文獻叢刊第 164 種。

16. 林謙光，《臺灣紀略》，臺北市：臺灣銀行經濟研究室，1961 年，臺灣文獻叢刊第 104 種。

17. 柯培元，《噶瑪蘭志略》，臺北市：臺灣銀行經濟研究室，1961 年，臺灣文獻叢刊第 92 種。

18. 范咸，《重修臺灣府志》，臺北市：臺灣銀行經濟研究室，1961 年，臺灣文獻叢刊第 105 種。

19. 倪贊元，《雲林縣采訪冊》，臺北市：臺灣銀行經濟研究室，1959 年，臺灣文獻叢刊第 37 種。

20. 徐懷祖，《臺灣隨筆》，《臺灣輿地彙鈔》（二），臺北市：臺灣銀行經濟研究室，1965 年，臺灣文獻叢刊第 216 種。

21. 高拱乾，《臺灣府志》，臺北市：臺灣銀行經濟研究室，1960 年，臺灣文獻叢刊第 65 種。

22. 屠繼善，《恒春縣志》，臺北市：臺灣銀行經濟研究室，1960 年，臺灣文獻叢刊第 75 種。

23. 連橫，《臺灣通史》，臺北市：臺灣銀行經濟研究室，1962 年，臺灣文獻叢刊第 128 種。

24. 陳文達，《臺灣縣志》，臺北市：臺灣銀行經濟研究室，1961 年，臺灣文獻叢刊第 103 種。

25. 陳文達，《鳳山縣志》，臺北市：臺灣銀行經濟研究室，1961 年，臺灣文獻叢刊第 124 種。

26. 陳培桂，《淡水廳志》，臺北市：臺灣銀行經濟研究室，1963 年，臺灣文獻叢刊第 172 種。

27. 陳淑均，《噶瑪蘭廳志》，臺北市：臺灣銀行經濟研究室，1963 年，臺灣文獻叢刊第 160 種。

28. 陳朝龍，《新竹縣采訪冊》，臺北市：臺灣銀行經濟研究室，1962 年，臺灣文獻叢刊第 145 種。

29. 陳壽祺，《福建通志臺灣府》，臺北市：臺灣銀行經濟研究室，1960 年，臺灣文獻叢刊第 84 種。

30. 黃典權，《臺灣南部碑文集成》，臺北市：臺灣銀行經濟研究室，1966 年，臺灣文獻叢刊第 218 種。

31. 黃叔璥，《臺海使槎錄》，臺北市：臺灣銀行經濟研究室，1957 年，臺灣文獻叢刊第 4 種。

32. 翟灝，《臺陽筆記》，臺北市：臺灣銀行經濟研究室，1958 年，臺灣文獻叢刊第 20 種。

33. 臺灣省文獻委員會，《臺灣省通誌》，臺北市：眾文書局，1980 年。

34. 劉良璧，《重修福建臺灣府志》，臺北市：臺灣銀行經濟研究室，1961 年，臺灣文獻叢刊第 74 種。

35. 劉枝萬，《臺灣中部碑文集成》，臺北市：臺灣銀行經濟研究室，1994 年，臺灣文獻叢刊第 151 種。

36. 蔣鏞，《澎湖續編》，臺北市：臺灣銀行經濟研究室，1961 年，臺灣文獻叢刊第 115 種。

37. 鄧傳安，《蠡測彙鈔》，臺北市：臺灣銀行經濟研究室，1958 年，臺灣文獻叢刊第 9 種。

38. 鄭鵬雲、曾逢辰，《新竹縣志初稿》，臺北市：臺灣銀行經濟研究室，1959 年，臺灣文獻叢刊第 61 種。

39. 盧德嘉，《鳳山縣采訪冊》，臺北市：臺灣銀行經濟研究室，1960 年，臺灣文獻叢刊第 73 種。

40. 謝金鑾、鄭兼才，《續修臺灣縣志》，臺北市：臺灣銀行經濟研究室，1962 年，臺灣文獻叢刊第 140 種。

二、詩文集

1. 《先秦漢魏南北朝詩》，臺北市：木鐸出版社，1982 年。

2. 《全宋文》，上海市：上海辭書，2006 年。

3. 《全唐詩》，臺北市：明倫書局，1971 年。

4. 《魏晉南北朝文》，臺北市：莊嚴書局，1983 年。

5. 六十七，《使署閒情》，臺北市：臺灣銀行經濟研究室，1961 年，臺灣文獻叢刊第 122 種。

6. 王叔岷，《陶淵明詩箋證稿》，北京市：中華書局，2007 年。

7. 王松，《友竹行窩遺稿》，臺北縣：龍文，1992 年。

8. 王松，《友竹詩集》，臺北縣：龍文出版社，1992 年。

9. 王松，《如此江山樓詩存》，臺北市：臺灣銀行經濟研究室，1959 年，臺灣文獻叢刊第 50 種。

10. 王松，《滄海遺民賸稿》，臺北市：臺灣銀行經濟研究室，1959 年，臺灣文獻叢刊第 50 種。

11. 王松，《臺陽詩話》，臺北市：臺灣銀行經濟研究室，1959 年，臺灣文獻叢刊第 34 種。

12. 王凱泰等，《臺灣雜詠合刻》，臺北市：臺灣銀行經濟研究室，1958 年，臺灣文獻叢刊第 28 種。

13. 王惠鈴選注，《丘逢甲集》，臺南市：臺灣文學館，2012 年。

14. 丘逢甲，《嶺雲海日樓詩鈔》，臺北市：臺灣銀行經濟研究室，1960 年，臺灣文獻叢刊第 70 種。

15. 北京大學古文獻研究所編，《全宋詩》，北京市：北大出版社，1992 年。

16. 北京大學編，《陶淵明資料彙編》，北京市：中華書局，2005 年。

17. 白居易，《白居易全集》，上海市：上海古籍出版社，1999 年

18. 向麗頻選注，《施士洁集》，臺南市：臺灣文學館，2013 年。

19. 朱仕玠，《小琉球漫誌》，臺北市：臺灣銀行經濟研究室，1957 年，臺灣文獻叢刊第 3 種。

20. 余育婷選注，《施瓊芳集》，臺南市：臺灣文學館，2013 年。

21. 余育婷選注，《鄭用錫集》，臺南市：臺灣文學館，2012 年。

22. 吳子光，《一肚皮集》，臺北縣：龍文出版社，2001 年。

23. 吳景箕，《吳景箕全集》，臺北縣：龍文出社，2006 年。

24. 吳德功，《瑞桃齋詩稿》，南投縣：臺灣省文獻會，1992 年。

25. 李白，《李太白集》，臺北市：世界書局，1962 年。

26. 李望洋，《西行吟草》，臺北縣：龍文出版社，1992 年。

27. 李逢時，《泰階詩稿》，臺北縣：龍文出版社，1992 年。

28. 季麒光，《蓉洲文稿》，收入《臺灣輿地彙鈔》，臺北市：臺灣銀行經濟研究室，1965 年，臺灣文獻叢刊第 216 種。

29. 林占梅，《潛園琴餘草》，新竹市：竹市文化，1994 年。

30. 林占梅，《潛園琴餘草簡編》，臺北市：臺灣銀行經濟研究室，1964 年，臺灣文獻叢刊第 202 種。

31. 林朝崧，《無悶草堂詩存》，臺北市：臺灣銀行經濟研究室，1960 年，臺灣文獻叢刊第 72 種。

32. 林豪，《誦清堂詩集》，臺北縣：龍文出版社，2006 年。

33. 姜濤編撰，《魏晉南北朝文》，臺北市：莊嚴書局，1983 年。

34. 施士洁，《後蘇龕合集》，臺北市：臺灣銀行經濟研究室，1964 年，臺灣文獻叢刊第 215 種。

35. 施士洁,《後蘇龕詩鈔》,臺北縣:龍文出版社,1992 年。

36. 施梅樵,《捲濤閣詩草》,臺北縣:龍文出版社,2001 年。

37. 施瓊芳,《石蘭山館遺稿》,臺北縣:龍文出版社,1992 年。

38. 施懿琳等編,《全臺詩》13 至 21 冊,臺南市:國立臺灣文學館,2011 年。

39. 施懿琳等編,《全臺詩》1 至 5 冊,臺南市:國家臺灣文學館,2004 年。

40. 施懿琳等編,《全臺詩》6 至 12 冊,臺南市:國立臺灣文學館,2008 年。

41. 洪繻,《寄鶴齋詩集》,南投縣:臺灣省文獻會,1993 年。

42. 郁永河,《裨海紀遊》,臺北市:臺灣銀行經濟研究室,1959 年,臺灣文獻叢刊第 44 種。

43. 唐贊袞,《臺陽集》,臺北市:臺灣銀行經濟研究室,1972 年,臺灣文獻叢刊第 309 種。

44. 孫元衡,《赤崁集》,臺北市:臺灣銀行經濟研究室,1958 年,臺灣文獻叢刊第 10 種。

45. 徐孚遠,《釣璜堂存稿》,新北市:龍文出版社,2012 年。

46. 徐慧鈺選注,《林占梅集》,臺南市:臺灣文學館,2012 年。

47. 徐麗霞選注,《陳維英集》,臺南市:臺灣文學館,2013 年。

48. 章甫,《半崧集簡編》,臺北市:臺灣銀行經濟研究室,1964 年,臺灣文獻叢刊第 201 種。

49. 許南英,《窺園留草》,臺北市:臺灣銀行經濟研究室,1962 年,臺灣文獻叢刊第 147 種。

50. 許惠玟選注,《陳輝、章甫集》,臺南市:臺灣文學館,2011 年。

51. 許夢青,《鳴劍齋遺草》,高雄市:大友書局,1960 年。

52. 連橫,《雅堂文集》,臺北市:臺灣銀行經濟研究室,1964 年,臺灣文獻叢刊第 208 種。

53. 連橫,《臺灣詩乘》,臺北市:臺灣銀行經濟研究室,1960 年,臺灣文獻叢刊第 64 種。

54. 連橫,《劍花室詩集》,臺北市:臺灣銀行經濟研究室,1961 年,臺灣文獻叢刊第 94 種。

55. 郭秋顯選注,《徐孚遠、王忠孝集》,臺南市:臺灣文學館,2012 年。

56. 陳家煌選注,《孫元衡集》,臺南市:臺灣文學館,2011 年。

57. 陳維英,《太古巢聯集》,臺北縣,龍文出版社,2006 年。

58. 陳肇興,《陶村詩稿》,臺北市:臺灣銀行經濟研究室,1962 年,臺灣文獻叢刊第 144 種。

59. 程玉凰、陳光瑩選注,《洪棄生集》,臺南市:臺灣文學館,2012 年。

60. 逯欽立輯校,《先秦漢魏晉南北朝詩》,北京市:中華書局,2013 年。

61. 廖振富選注,《林癡仙集》,臺南市:臺灣文學館,2011 年。

62. 翟灝,《臺陽筆記》,臺北市:臺灣銀行經濟研究室,1958 年,臺灣文獻叢刊第 20 種。

63. 劉家謀,《海音詩》,臺北市:臺灣銀行經濟研究室,1958 年,臺灣文獻叢刊第 28 種。

64. 劉家謀,《觀海集》,南投縣:臺灣省文獻會,1996 年。

65. 鄭用錫,《北郭園詩鈔》,臺北市:臺灣銀行經濟研究室,1959 年,臺灣文獻叢刊第 41 種。

66. 鄭如蘭,《偏遠堂吟草》,臺北縣:龍文出版社,1992 年。

67. 鄭家珍,《雪蕉山館詩集》,臺北縣:龍文出版社,1992 年。

68. 鄭經,《東壁樓集》,明永曆泉州刻本。

69. 蕭統,《昭明文選》,臺北市:台灣古籍,2001 年。

70. 賴麗娟選注,《劉家謀集》,臺南市:臺灣文學館,2012 年。

71. 錢謙益注,《杜詩錢注》,臺北市:世界書局,1998 年。

72. 謝崇耀選注,《王松集》,臺南市:臺灣文學館,2013 年。

73. 謝崇耀選注,《許南英集》,臺南市:臺灣文學館,2013 年。

74. 謝頌臣,《小東山詩存》,臺北市:謝文昌印行,1974 年。

75. 韓愈,《韓昌黎全集》,臺北市:新興書局,1967 年。

76. 藍鼎元,《東征集》,臺北市:臺灣銀行經濟研究室,1958 年,臺灣文獻叢刊第 12 種。

77. 蘇軾,《蘇東坡全集》,臺北市:世界書局,1964 年。

78. 蘇軾,《蘇軾詩集》,臺北市:莊嚴書局,1964 年。

79. 顧敏耀選注,《陳肇興集》,臺南市:臺灣文學館,2011 年。

80. 龔顯宗,《沈光文全集及其研究資料增編》,臺南市:臺南市文化局,2012 年。

81. 龔顯宗選注,《沈光文集》,臺南市:臺灣文學館,2012 年。

82. 龔顯宗選注,《鄭經集》,臺南市:臺灣文學館,2013 年。

三、研究專書

1. Barbara Hodgson（芭芭拉‧霍奇森）著,《鴉片:黑色迷霧中的極樂天堂》,臺北市:三言社,2005 年。

2. Gaston Bachelard（加斯東‧巴舍拉）,《空間詩學》(The Poetics of Space),臺北市:張老師文化,2003 年。

3. Italo Calvino 著，王志弘譯：《看不見的城市》，臺北市：時報文化出版社，1993 年。

4. John Berger 著，吳莉君譯，《觀看的方式》，臺北市：麥田出版社，2005 年。

5. Joseph Campbell 著、朱侃如譯，《千面英雄》，臺北縣：立緒文化，1997 年。

6. Mike Crang 著，王志弘、余佳玲、方淑惠譯，《文化地理學》，臺北市：巨流出版社，2003 年。

7. R. Keesing 著，張恭啓、于嘉雲譯，《文化人類學》，臺北市：巨流出版社，1989 年。

8. Tim Cresswell 著，王志弘、徐苔玲等譯，《地方 Place》，臺北市：群學出版社，2006 年。

9. Tuan, Yi-Fu（段義孚）著，周尚意、張春梅譯：《逃避主義》，臺北縣：立緒文化，2006 年。

10. Tuan, Yi-Fu（段義孚）著，潘桂成譯：《經驗透視中的空間和地方》，臺北市：國立編譯館，1998 年。

11. 中國文史資料編輯委員會編，《中國美學史資料選編》，臺北市：輔新書局，1984 年。

12. 王仁祥，《先秦兩漢的隱逸》，臺北市：臺大出版社，1995 年。

13. 王文進，《仕隱與中國文學─六朝篇》，臺北市：臺灣書店，1999 年。

14. 王立，《心靈的圖景──文學意象的主題史研究》，上海市：學林出版社，1992 年。

15. 王國瓔，《中國山水詩研究》，臺北市：聯經出版社，1992 年。

16. 王德保，《仕與隱》，北京市：華文書店，1997 年。

17. 王毅，《中國園林文化史》，上海市：上海人民出版社，2004 年。

18. 白振奎，《從宮闕到竹林──魏晉士族經濟生活與文學》，鄭州：河南人民出版社，2012 年。

19. 余美玲，《日治時期台灣遺民詩的多重視野》，臺北市：文津出版社，2008 年。

20. 余英時，《中國知識階層史論──古代篇》，臺北市：聯經出版社，1997 年。

21. 宋澤萊，《台灣文學三百年》，新北市：印刻文學，2011 年。

22. 李生龍，《隱士與中國古代文學》，湖南教育，2003 年。

23. 李知灝，《從蠻陌到現代：清領時期文學作品中的地景書寫》，臺南市：臺灣文學館，2013 年。

24. 李修建，《風尚——魏晉名士的生活美學》，北京市：人民出版社，2010年。

25. 李豐楙，《仙境與游歷——神仙世界的想像》，北京市：中華書局，2010年。

26. 李豐楙，《憂與遊：六朝隋唐遊仙詩論集》，臺北市：臺灣學生，1996年。

27. 李豐楙、劉苑如編，《空間、地域與文化：中國文化空間的書寫與闡釋》，臺北市：中央研究院中國文哲研究所，2002年。

28. 汪涌豪、余灝敏，《中國游仙文化》，上海市：復旦大學出版社，2005年。

29. 周春堤，《地理現象與地理思想》，臺北市：台灣學生書局，1984年。

30. 周維權，《中國古典園林史》，北京：清華大學出版社，1990年。

31. 孟亞男，《中國園林史》，臺北市：文津出版社，1993年。

32. 林文龍，《林占梅傳》，南投縣：臺灣省文獻會，1998年。

33. 林淑慧，《黃叔璥及其《臺海使槎錄》研究》，臺北市：萬卷樓，2004年。

34. 林群英，《幻象與境界》，臺北市：文津出版社，2000年。

35. 林翠鳳，《陳肇興及其《陶村詩稿》之研究》，臺中市：弘祥出版社，1999年。

36. 金學智，《中國園林美學》，北京市，中國建築工業，2005年。

37. 侯迺慧，《宋代園林及其生活文化》，臺北市：三民書局，2010年。

38. 侯迺慧，《唐詩主題與心靈療養》，臺北市：三民書局，2005年。

39. 侯迺慧，《詩情與幽境：唐代文人的園林生活》，臺北市：東大圖書公司，1991年。

40. 施懿琳，《從沈光文到賴和——臺灣古典文學的發展與特色》，高雄市：春暉出版社，2000年。

41. 施懿琳、廖美玉編，《臺灣古典文學大事年表（明清篇）》，臺北市：里仁書局，2008年。

42. 柯慶明、蕭馳編，《中國抒情傳統的再發現：一個現代學術思潮的論文選集》，臺北市：臺灣大學出版中心，2009年。

43. 夏鑄九、王志弘編譯，《空間的文化形式與社會理論讀本》，臺北市：明文書局，1994年。

44. 孫適民、陳代湘：《中國隱逸文化》，湖南出版社，1996年。

45. 高友工，《中國美典與文學研究》，臺北市：臺灣大學出版中心，2004年。

46. 張立偉，《歸去來兮－隱逸的文化透視》，三聯書店，1995年。

47. 張仲謀，《兼濟與獨善：古代士大夫處世心理剖析》，北京市：東方出版社，1998年。

48. 張蓓蓓，《東漢士風及其轉變》，臺北市：國立臺灣大學文學院，1985 年。

49. 曹淑娟，《流變中的書寫——祁彪佳與寓山園林論述》，臺北市：里仁書局，2006 年 3 月。

50. 許尤娜，《魏晉隱逸思想及其美學涵義》，臺北市：文津出版社，2001 年。

51. 許東海，《另一種鄉愁—山水田園詩賦與士人心靈圖景》，臺北市：新文豐出版社，2004 年。

52. 許俊雅編，《講座 FORMOSA：台灣古典文學評論合集》，臺北市：萬卷樓，2004 年。

53. 陳昌明，《緣情文學觀》，臺北市：臺灣書店，1999 年。

54. 黃美娥，《古典臺灣：文學史、詩社、作家論》，臺北市：國立編譯館，2007 年。

55. 黃美娥，《重層現代現性鏡像：日治時代臺灣傳統文人的文化視域與文學想像》，臺北市：麥田出版社，2004 年。

56. 楊清之，《唐前隱逸文學研究》，北京市：中央民族大學出版社，2011 年。

57. 葉石濤，《臺灣文學史綱》，高雄市：文學界雜誌社，1993 年。

58. 廖一瑾，《臺灣詩史》，臺北市：文史哲出版社，1999 年。

59. 廖振富，《臺灣古典文學的時代刻痕：從晚清到二二八》，臺北市：國立編譯館，2007 年。

60. 趙樹功，《閒意悠長——中國文人閒情審美觀念演生史稿》，石家莊：河北人民出版社，2005 年。

61. 劉登翰等，《臺灣文學史》，福建：海峽文藝出版社，1999 年。

62. 劉麗卿，《清代臺灣八景與八景詩》，臺北市：文津出版社，2002 年。

63. 歐麗娟，《唐詩的樂園意識》，臺北市：里仁書局，2000 年。

64. 潘朝陽，《心靈‧空間‧環境—人文主義的地理思想》，臺北市：五南出版社，2005 年。

65. 蔡瑜，《陶淵明的人境詩學》，臺北市：聯經出版社，2012 年。

66. 蔣星煜，《中國隱士與中國文化》，上海市：上海人民出版社，2009 年。

67. 鄭文惠，《文學與圖像的文化美學——想像共同體的樂園論述》，臺北市：里仁書局，2005 年。

68. 鄭毓瑜，《六朝情境美學》，臺北市：里仁書局，1997 年。

69. 鄭毓瑜，《文本風景：自我與空間的相互定義》，臺北市：麥田出版社，2005 年。

70. 蕭馳，《中國思想與抒情傳統：玄智與詩興》，臺北市：聯經出版，2011 年 8 月。

71. 蕭馳，《中國思想與抒情傳統：佛法與詩境》，臺北市：聯經出版，2012年7月。

72. 蕭馳，《中國思想與抒情傳統：聖道與詩心》，臺北市：聯經出版，2012年8月。

73. 謝崇耀，《清代臺灣宦遊文學研究》，臺北市：蘭臺出版社，2002年。

74. 韓兆琦，《中國古代隱士》，臺北市：臺灣商務印書館，1998年12月。

75. 龔顯宗，《臺灣文學研究》，臺北市：五南圖書，1998年。

76. 龔顯宗，《臺灣文學家列傳》，臺北市：五南圖書，2000年。

四、其他書籍

1. 孔穎達，《周易正義》，臺北市：藝文印書館，1970年。

2. 毛亨、鄭玄等，《毛詩正義》，臺北市：新文豐出版，2001年。

3. 王先謙，《後漢書集解》，臺北市：藝文印書館，1956年。

4. 王先謙，《荀子集釋》，臺北市：師大出版社，2012年。

5. 列禦寇，《列子》，臺北市：文津出版社，1990年。

6. 朱光潛，《西方美學史》，臺北市：頂淵文化，2001年。

7. 朱熹，《四書章句集注》，上海市：上海古籍，2001年。

8. 江燦騰，《新視野下的臺灣近現代佛教史》，北京市：中國社會科學出版社，2006年。

9. 江燦騰，《臺灣佛教史》，臺北市，五南文化，2009年。

10. 老聃，《老子道德經》，臺北市：藝文印書館，1970年。

11. 余英時，《中國知識階層史論——古代篇》，臺北市：聯經出版社，1997年。

12. 吳士鑑、劉承幹注，《晉書斠注》，臺北市：藝文印書館，1956年。

13. 李格非，《洛陽名園記》，臺北市：藝文印書館，1966年。

14. 沈榜，《宛署雜記》，北京市：中國書店，1992年。

15. 俞劍華，《中國古代畫論類編》，北京市：人民美術，2000年。

16. 計成著，陳植注釋，《園冶注釋》，臺北市：明文出版社，1982年。

17. 徐震堮，《世說新語校箋》，臺北市：文史哲出版社，1989年。

18. 袁枚，《袁枚全集》，江蘇：江蘇古籍出版社，1993年。

19. 馬丁‧海德格爾（Martin Heidegger）著，丹明子編，《海德格爾談詩意地棲居》，北京市：中國工人出版社，2011年。

20. 張華，《博物志》，北京市：中華書局，1985年。

21. 張履祥，《楊園先生全集》，臺南縣：莊嚴文化，1995年。

22. 張潮，《幽夢影》，臺北市，三民書局，2010 年。

23. 張樵注，《古文苑》，西安市：陝西人民出版社，2007 年。

24. 郭慶藩，《莊子集釋》，臺北市：華正書局，2004 年。

25. 劉勰著，王更生注，《文心雕龍讀本》，臺北市：文史哲出版社，1985 年。

26. 戴聖、鄭玄等，《禮記正義》，臺北市：新文豐出版，2001 年。

27. 顏之推，《顏氏家訓集解》，臺北市：明文出版社，1982 年。

28. 顏崑陽，《莊子藝術精神析論》，臺北市：華正書局，1985 年。

五、期刊論文

1. 尤姿雅，〈文學世界中的空間創設〉，《中國文哲研究通訊》，第 10 卷第 3 期，頁 154。

2. 尤姿雅，〈虛擬實境中的生命諦視——談魏晉文學裡的臨界空間經驗〉，收入《空間、地域與文化——中國文化空間的書寫與闡釋》（臺北市：中研院文哲所，2002），頁 351。

3. 尹章義，〈台灣→福建→京師——科舉社群對於台灣發展以及台灣與大陸關係之影響〉，收入《台灣開發史研究》，臺北，聯經出版社，1989 年。

4. 王啓鵬，〈「忘」與「游」：蘇軾心隱的精神家園〉，《樂山師範學院學報》，第 22 卷第 1 期，2007 年 1 月，頁 10～17。

5. 王鴻泰，〈美感空間的經營——明、清間的城市園林與文人文化〉，收入《東亞近代思想與社會》（臺北：月旦出版社，1999.11），頁 127～186。

6. 王顏、龐瑜，〈論唐代詩歌中的卜居主題及其文化意蘊〉，《寧夏大學學報（人文社會科學版）》，第 34 卷第 4 期，2012 年 7 月，頁 62～70。

7. 申惠豐，〈帝國的審美與觀視：論台灣八景言說的建構及其美學意識型態〉，《台灣文學研究》，第 2 期，2012 年 6 月，頁 79～132。

8. 何蕾，〈從逃祿歸耕到儒道同調——「詩意地棲居」語境下晉唐隱士心態演變〉，《阜陽師范學院學報（社會科學版）》，第 2 期，2012 年，頁 66～71。

9. 佘依爽，〈虛假的本質：從蘇州園林看中國傳統園林的隱逸觀與自然觀〉，《城市環境設計》，2007 年第 3 期，2006 年 7 月，頁 106～108。

10. 吳毓琪、施懿琳，〈康熙年間「台灣八景詩」首創之作的空間感探討〉，《國文學報》，第 5 期，2006 年，頁 35～55。

11. 吳璧雍，〈人與社會——文人生命的二重奏：仕與隱〉，收錄於《中國文化新論・抒情的境界》，臺北市：聯經出版社，1987 年 2 月。

12. 李紅霞，〈唐代士人的社會心態與隱逸的嬗變〉，《北京大學學報（哲學社會科學版）》，第 41 卷第 3 期，2004 年 5 月，頁 114～120。

13. 李紅霞，〈論唐代園林與文人隱逸心態的轉變〉，《中州學刊》，第 3 期（總 141 期），2004 年 5 月，頁 120～122。

14. 李華揚、張大磊，〈歸去來分辭所反映的兩晉時期的耕讀文化〉，《詩苑品鑑》，第 415 期，2012 年，頁 100～101。

15. 杜維運，〈清乾嘉時代流行於知識分子間的隱退思想〉，《國立政治大學歷史學報》，第 7 期，1990 年 1 月，頁 63～71。

16. 杜學霞，〈朝隱、吏隱、中隱〉，《河南社會科學》，2007 年第 1 期，頁 130～133。

17. 沈宗霖，〈從退隱到心隱：試論東漢迄兩晉之際隱逸思想變遷〉，《東華中國文學研究》，2003 年 6 月，頁 177～200。

18. 辛玉彤，〈魏晉時期士人隱逸心態與山水自然觀的形成〉，《文學教育》，2012 年 6 月，頁 22～24。

19. 周尚義，〈閑人、閑居、與閑味——白居易閑適詩語詞的文化解讀〉，《湖南文理學院學報（社會科學版）》，第 31 卷第 5 期，2006 年 9 月，頁 33～36。

20. 林美清，〈清代臺灣賦中的放逐意識〉，《長庚人文學報》，第 4 卷第 1 期，2011 年，頁 119～151。

21. 林登順，〈從儒家「時」的概念論魏晉士人之隱逸風格〉，《南師語教學報》第二期，第 1～16 頁，2004 年 7 月。

22. 侯迺慧：〈身分、功能與園林審美意趣——白居易的私園與公園書寫〉，《人文集刊》，第 6 期，頁 1～37。

23. 侯迺慧：〈唐代郡齋詩所呈現的文士從政心態與困境轉化〉，《國立政治大學學報》，第 74 期，1997 年 4 月，頁 1～38。

24. 姜玉琴，〈盛唐田園山水詩中的悖論及其隱逸傳統辨析〉，《江西社會科學》，第 6 期，2011 年，頁 84～90。

25. 柯慶明：〈從「亭」、「臺」、「樓」、「閣」說起——論一種另類的遊觀美學與生命省察〉，《臺大中文學報》，第 11 期，1999 年 5 月，頁 127～184。

26. 夏敏，〈山水之樂與仕宦之憂——隱逸詩折射出的文人心態〉，《九江學院學報（社會科學版）》，第 161 期，2011 年，頁 18～20。

27. 徐波，〈從仕與隱看歷史上知識份子的價值實現與阻斷〉，《歷史月刊》，第 99 期，1996 年 4 月，頁 37～42。

28. 徐紅艷，〈陶淵明藝術化生存方式與田園詩歌模式的建構〉，《飛天》，2010 年，第 10 期，頁 20～21。

29. 徐慧鈺，〈潛園雅集及其文化義涵——清中葉臺灣文士生活之一例〉，《兩岸發展史研究》，第 4 期，2007 年 12 月，頁 1～33。

30. 徐麗霞，〈陳維英之別業：太古巢與棲野巢〉，《中國語文》，第 92 卷第 2 期，2004 年 2 月，頁 103～114。

31. 郜積意，〈漢代隱逸與經學〉，《漢學研究》，第 20 卷第 1 期，2002 年 6 月，頁 27～53。

32. 高智，〈東晉佛隱詩創作述略〉，《成都理工大學學報（社會科學版）》，第 21 卷第 5 期，2013 年 9 月，頁 74～80。

33. 康培德，〈清代「後山」地理空間的論述與想像〉，《臺大文史哲學報》，第 61 期，2004 年 11 月，頁 299～318。

34. 張惠娟，〈樂園神話與烏托邦──兼論中國烏托邦文學的認定問題〉，《中外文學》，第 15 卷第 3 期，1986 年 8 月，頁 78～100。

35. 張鵬，〈從「生活空間」到「文學空間」──空間理論：作爲文學批評方法〉，《塩城師範學院學報（人文社會科學版）》，第 28 卷第 2 期，2008 年 4 月，頁 11～16。

36. 曹淑娟，〈江南境物與壺中天地──白居易履道園的收藏美學〉，《臺大中文學報》，第 35 期，2011 年 12 月，頁 23。

37. 章義和，〈試論漢魏六朝的隱逸之風〉，《中國文化月刊》170 期，1993 年 12 月

38. 許尤娜，〈隱者、逸民、隱逸概念內涵之釐清──以東漢之前爲限〉，《哲學與文化》，第 25 卷第 11 期，1998 年 11 月

39. 郭春林，〈漢魏六朝「耕隱」作品的文學史意義──以《文選》中「耕隱」作品爲例〉，《北方論叢》，第 233 期，2012 年 03 月，頁 12～15。

40. 陳佳妏，〈滾滾波濤聲不息，斐然有緒煥文章──論清代台灣八景詩中的自然景觀書寫〉，《台灣生態文化研討會會議論文》，網址：http://ws.twl.ncku.edu.tw/hak-chia/t/tan-kabun/pak-keng-si.htm。

41. 陳其南，〈清代臺灣社會的結構變遷〉，《中央研究院民族學研究所集刊》，第 49 期，1980 年，頁 115～147。

42. 陳福濱，〈先秦兩漢儒家思想內在轉化之研究〉，《哲學與文化》，第 21 卷 9 期，1994 年 9 月，頁 813～822。

43. 陳龍廷，〈相似性、差異性與再現的複製：清代書寫臺灣原住民形象之論述〉，《博物館學季刊》，第 17 卷第 3 期，2003 年 7 月，頁 91～111。

44. 程磊，〈「家園體驗」與陶謝田園山水詩的文化差異〉，《重慶科技學院學報（社會科學版）》，第 22 期，2011 年，頁 102～104。

45. 黃冠閔，〈神與物遊──論《文心雕龍》中的想像中介問題〉，《漢學研究》，第 23 卷第 1 期，2005 年 6 月，頁 165～192。

46. 黃美娥，〈北臺文學之冠──清代竹塹地區的文人及其文學活動〉，《臺灣史研究》，第 5 卷第 1 期，1999 年 11 月，頁 91～139。

47. 黃美娥，〈臺灣古典文學史概說（一六五一～一九四五）〉，《臺北獻直字》，第 151 期，2005 年 3 月，頁 215～269。

48. 黃偉倫，〈六朝隱逸文化的新轉向──一個「隱逸自覺論」的提出〉，《成大中文學報》，第 19 期，2007 年 12 月，頁 1～26。

49. 黃敬家，〈禪觀與詩境──禪修體驗對唐代詩人創作方法的啟發〉，《新竹教育大學人文社會學報》，第 2 卷第 1 期，頁 153～178。

50. 黃慶雄，〈論先秦儒家的「隱避思想」──兼談龔自珍〈尊隱〉〉，《孔孟學報》，第 89 期，2011 年 9 月，頁 237～253。

51. 楊宗瑩，〈孔子的仕與隱〉，《孔孟月刊》，第 31 卷 8 期，1993 年 4 月，頁 8～14。

52. 楊惠南，〈明鄭時期台灣「名士佛教」的特質分析〉，《臺灣文獻》，第 53 卷第 3 期，2002 年 9 月，頁 1～38。

53. 楊霞，〈試從仲長統的「樂志」詩文看漢末士人的理想棲居〉，《長春大學學報》，第 21 卷第 5 期，2011 年 5 月，頁 64～66。

54. 葛曉音，〈中晚唐的郡齋詩和「滄洲吏」〉，《北京大學學報（哲學社會科學版）》，第 50 卷第 1 期，2013 年 1 月，頁 88～103。

55. 廖炳慧，〈領受與創新──〈桃花源并記〉與《失樂園》的譜系問題〉，收入陳國球編：《中國文學史的省思》，臺北市：書林出版，1994 年。

56. 廖美玉，〈「歸田」意識的形成與虛擬書寫的至樂取向〉，《成大中文學報》，第 11 期，2003 年 11 月，頁 37～78。

57. 漆娟，〈漢魏六朝隱逸詩時空敘寫模式探究〉，《名作欣賞》，第 35 期，2010 年 12 月，頁 15～17。

58. 趙亞平，〈林林總總「白日夢」──中國古代「記夢」詩內容綜述〉，《瀋陽大學學報》，第 21 卷第 6 期，2009 年 12 月，頁 34～37。

59. 趙映林，〈中國古代的隱士與隱逸文化〉，《歷史月刊》，第 99 期，1996 年 4 月

60. 趙鑫，〈自由的烏托邦──漫議狂歡與隱逸的時空選擇〉，《淮北煤炭師範學院學報》，第 24 卷第 6 期，2003 年 12 月，頁 84～86。

61. 趙鑫，〈自由的烏托邦──漫議狂歡與隱逸的時空選擇〉，《淮北煤炭師範學院學報》，第 24 卷第 6 期，2003 年 12 月，頁 84～86。

62. 劉明束，〈東漢士人之出仕觀念分析〉，《輔大中研所集刊》，第 6 期，1996 年 6 月

63. 劉厚琴，〈儒學與後漢士人的歸隱之風〉，《齊魯學刊》，第 3 期，1995 年，頁 88～92。

64. 劉紀曜，〈仕與隱──傳統中國文化政治的兩極〉，收入《理想與現實：中國文化新論・思想篇一》，臺北：聯經出版社，1993 年 4 月。

65. 劉衛林，〈中唐詩學造境說與詩之變──兼論佛教思想之影響〉，《普門學報》，第 16 期，2003 年 7 月，頁 1～12。

66. 蔡美端，〈清代本土文人陳輝南臺灣行旅詩及其自我追尋〉，《崑山科技大學人文暨社會科學學報》，第 4 期，2012 年 10 月，頁 159～188。

67. 蔡瑜：〈陶淵明的吾廬意識與園田世界〉，《中國文哲研究集刊》，第 38 期，2011 年 3 月，頁 1～41。

68. 蔣寅，〈古典詩歌中的「吏隱」〉，《蘇州大學學報（哲學社會科學版）》，2004 年第 2 期，頁 51～58。

69. 蔣義斌，〈《論語》隱處思想對現代社會的反思〉，《宗教哲學》，第 6 卷 2 期，2000 年 6 月。

70. 蕭馳，〈問津「桃源」與棲居「桃源」──盛唐隱逸詩人的空間詩學〉，《中國文哲研究集刊》，第 42 期，2013 年 3 月，頁 1～50。

71. 蕭馳，〈陶淵明藉田園開創的詩歌美典〉，收入《玄智與詩興》（中國思想與抒情傳統第一卷），臺北市：聯經出版事業公司，2011 年，頁 292～311。

72. 賴錫三，〈〈桃花源記并詩〉的神話、心理學詮釋──陶淵明的道家式樂園新探〉，《中國文哲研究期刊》，第 32 期，2008 年 3 月，頁 1～40。

73. 謝大寧，〈儒隱與道隱〉，《中正大學學報人文分冊》，1992 年，頁 140。

74. 魏光莒，〈異質地域與空間文化〉，「環境異議：城鄉永續規劃與文化研究研討會」論文集，南華大學，2005 年 6 月 19 日。

75. 蘇怡如，〈杜甫成都草堂詩之隱逸書寫探析〉，《國文學報》，第 53 期，2013 年 6 月，頁 119～148。

76. 顧敏耀，〈臺灣文學與佛教關係史稿──從口傳文學、古典文學到現代文學〉，《全國佛學論文聯合發表會論文集（第 20 屆）》，2009 年 9 月，頁 24～49。

六、學位論文

1. 王岫林，《由「適性安命」到「達生肆情」──西東晉士人應世思想之轉折》，國立成功大學中國文學研究所碩士論文，1999 年。

2. 向麗頻，《施士洁及其文學研究》，東海大學中國文學研究所博士論文，2007 年。

3. 余育婷，《想像的系譜：清代臺灣古典詩歌知識論的建構》，國立政治大學中國文學研究所博士論文，2011 年。

4. 吳東晟，《洪棄生《寄鶴齋詩話》研究》，國立成功大學臺灣文學研究所碩士論文，2004 年。

5. 吳玲瑛，《孫元衡及其《赤嵌集》研究》，國立政治大學中國文學研究所碩士論文，2002 年。

6. 吳毓琪，《康熙時期臺灣宦遊詩之研究》，國立成功大學中國文學研究所博士論文，2006 年。

7. 周滿枝，《清代臺灣流寓詩人及其詩之研究》，國立政治大學中國文學研究所碩士論文，1980 年。

8. 林育信，《先秦隱逸論及審美意識之形成》，國立清華大學中國文學研究所碩士論文，2000 年。

9. 施懿琳，《清代臺灣詩所反映的漢人社會》，國立臺灣師範大學國文所博士論文，1991 年。

10. 范文鳳，《鄭用錫暨其《北郭園全集》研究》，國立中央大學中國文學系所碩士論文，2007 年。

11. 徐慧鈺，《林占梅園林生活之研究》，國立政治大學中國文學研究所博士論文，2002 年。

12. 張月女，《章甫生平及其《半崧集》詩歌研究》，逢甲大學中國文學研究所碩士論文，2007 年。

13. 許玉青，《清代臺灣古典詩之地理書寫研究》，國立中央大學中國文學研究所碩士論文，2005 年。

14. 許惠玟，《道咸同時期（1821～1874）臺灣本土文人詩作研究》，國立中山大學中國文學系博士論文，2007 年。

15. 許雯琪，《洪棄生「寄鶴齋詩話」研究》，逢甲大學中國文學研究所碩士論文，2003 年。

16. 郭侑欣，《憂鬱的亞熱帶：郁永河《裨海紀遊》中的臺灣圖像及其衍異》，靜宜大學中國文學研究所碩士論文，2001 年。

17. 陳佳凌，《鄭經《東壁樓集》研究》，國立中山大學中國文學系碩士論文，2008 年。

18. 陳淑美，《施士洁及其《後蘇龕合集》研究》，國立政治大學中國文學系所碩士論文，2007 年。

19. 曾惠裏，《臺灣傳統園林的歷史發展及空間特性》，中原大學建築學系碩士論文，2001 年。

20. 黃淑華，《劉家謀宦臺詩歌研究》，東吳大學中國文學系所碩士論文，2000 年。

21. 黃騰德，《鄭經詩歌研究——以《東壁樓集》為探討重點》，國立臺灣師範大學國文研究所碩士論文，2010 年。

22. 楊明珠，《許南英及其詩詞研究》，文化大學中國文學研究所碩士論文，1999 年。

23. 楊添發，《陳維英及其文學研究》，銘傳大學應用中國文學系碩士論文，2006 年。

24. 廖肇亨,〈明末清初遺民逃禪之風研究〉,國立臺灣大學中國文學研究所碩士論文,1994 年。

25. 蔡淵絜,《清代臺灣的社會領導階層(1684～1895)》,國立臺灣師範大學歷史研究所碩士論文,1980 年。

26. 鄭文僑,《魏晉園林之士文化意義》,國立成功大學中國文學研究所碩士論文,2004 年。

27. 薛建蓉,《清代臺灣仕紳角色扮演及在地意識研究—以竹塹文人鄭用錫與林占梅為探討對象》,國立成功大學臺灣文學研究所碩士論文,2005 年。

28. 魏敏慧,《東漢隱逸風氣探析》,國立政治大學中國文學研究所碩士論文,1990 年。

29. 顧敏耀,《陳肇興及其《陶村詩稿》研究》,國立中央大學中國文學研究所碩士論文,2004 年。

30. 顧敏耀,《臺灣古典文學系譜的多元考掘與脈絡重構》,國立中央大學中國文學研究所博士論文,2010 年。

七、網站

1. 中央研究院漢籍資料庫,網址:http://www.sinica.edu.tw/~tdbproj/handy1/

2. 智慧型全臺詩知識庫,網址:http://xdcm.nmtl.gov.tw/twp/index.asp

附錄：本論文徵引詩文列表

※依作者姓名筆畫順序排列

序號	作者	詩題	詩句	章次/頁碼
1	六十七	〈夢蝶園〉	竟成禪室新迦葉，無復名園舊主人。 漫說當年迷蝶夢，而今誰是獨醒身。	9-260
2	王之科	〈法華寺〉	愛此泉林好，來遊李氏園。沿溪花覆地， 遠逕竹成垣。蝶夢空今古，經聲幾寂喧。 酒闌酣索句，絕勝入桃源。	8-246 8-247 9-261
3	王忠孝	〈東行〉	歷盡波濤剩一舟，生涯計拙也無求。 由來素食驚貧骨，擬把漁竿當西疇。	8-234
4	王松	〈山居遣興〉	不求名利寸心安，且把詩篇割愛刪。 案有奇書消白晝，門無俗客只青山。 身為清節衣冠後，自愛風流水石間。 半世生涯渾是醉，一憑魚鳥笑癡頑。	3-60
5	王松	〈偶成〉	如此江山伴索居，濟時心力盡刪除。 避人計拙驚弓鳥，戀舊情深失水魚。 偷活吟身竄荊棘，謀身洇跡託漁樵。 但慚無肉酬黃耳，幾度煩傳卻聘書。	3-73 9-272
6	王松	〈述懷〉	我本田間一老農，怕提舊事話康雍。 何鄉可葬煙霞骨，有酒難澆塊壘胸。 憂患轉疑因識字，笑啼不敢若為容。 倘非桑梓真堪戀，一葉扁舟去絕蹤。	3-73 9-272
7	王松	〈家居漫興〉	性本難諧俗，何須氣不平。悲歡如夢境， 詩酒破愁城。課子書重熟，持家法尚生。 山妻容養拙，甘為折葵烹。	3-81
8	王松	〈感書〉	悵悵澤畔日吟哦，六十年光一剎那。 我愧梁鴻猶賃廡，人傳邵子有行窩。 安貧差喜恩仇少，養拙還欣閱歷多。 身後尚留遺憾事，君親未報總蹉跎。	3-81

9	王松	〈歲暮書懷〉	門戶中衰覺命慳，逆來順受亦安然。 琴因養性非關趣，詩爲娛情不在傳。 斑管轉工修野史，錦囊并貯看山錢。 可憐無限纏綿意，歲月蹉跎又一年。	3-81
10	王松	〈適興〉	人閒境靜道心生，日掩柴門廢送迎。 竹影上牆如墨畫，泉聲到枕當琴鳴。 誰知汎愛爲身累，始信無求得夢清。 觸目不須輕感慨，耕桑也是答昇平。	6-194
11	王松	〈甲子中秋夜紀夢詩引〉	夢至一處園林，楊柳池塘，梧桐庭院，四面雲山，酷類〈蘭亭序〉所云云。細審其地，恰非臺島，且四時花果咸備，怪石蹲踞，筍如林立，凡有題詠，皆漢、唐間人物，無宋、元以後者。所遇猿鶴虎豹，性甚馴狎，見人依依，如素所豢養。余心方詫異，倏見一垂髫女郎婉如清揚，顧余驚呼曰：「主人歸矣。何其晏也？」予答以：「素昧平生，何遽得主人呼我，能無誤乎？」女曰：「噫！若忘本來面目耶？此間乃若所居，儂名韻梅，專爲若守此者。」予欲再詰之，忽遽然覺，明月斜窗，魚更四躍矣。嗚呼！天何年而不秋？秋何地而無月？五十八年之中秋月，何在而非夢？吾安知向之所謂非夢者，乃吾入夢之始耶？吾又安知今之所謂夢者，非吾覺夢之日耶？余生平雅不溺因果輪迴之說，今更有是夢，余殆將死耶？夫使夢而果眞，彼夢中之境地，乃余一世寤寐求之而不可得者，而又何死之足悲？何必斤斤焉以言死爲忌諱。	9-270
12	王松	〈甲子中秋夜紀夢〉	插腳紅塵六十年，茫茫過眼盡雲煙。 利名久醒閱浮夢，結習難忘翰墨緣。 壯不如人增閱歷，死無餘憾即神仙。 簫金遺子慚余拙，賴有端溪古石田。 一枕游仙事渺茫，縱教無覺亦何妨。 蓉城宰曼談姑妄，石室居滕說恐慌。 解脫粗完兒女累，輪迴願產聖賢鄉。 君親未有涓埃報，難免人間論短長。 時難年荒世業淪，晨星零落剩吟身。 炎涼頃刻殊無味，得失尋常信有因。 百鍊餘生成鐵漢，三緘到老守金人。 頹唐倍覺悲風木，恨不黃泉見母親。	9-271

			成佛登仙兩渺茫，留芳遺臭亦尋常。 聖賢可學嗟虛度，聞達無求莫浪傷。 身外有身空色相，夢中作夢半荒唐。 九泉滴酒何曾到，笑對梅花約舉觴。	
13	王松	〈喜喫煙〉	喫煙恰值禁煙期，身外浮雲醉不知。 倘得心腸無是物，豈愁面目異當時。 藉他戒酒狂言寡，伴我看書引睡遲。 若使昔年有鶯粟，吳王未必愛西施。	9-281
14	王凱泰	〈臺灣雜詠〉三十二 首之十	有味青燈短榻橫，米囊流毒到書生。 癡心欲立回頭岸，一一芋吹識姓名。	9-278
15	王善宗	〈澄臺觀海〉	巍峨臺榭築邊城，碧海波流水有聲。 濟濟登臨供嘯傲，滄浪喜見一澄清。	5-154 5-166
16	丘逢甲	〈乙未秋日歸印山 故居，因遊仙人橋 作〉二首之一	海上歸來意愴然，石梁重自認秦鞭。 一庵斜日墮紅葉，萬嶂秋空開碧蓮。 家近洞天宜入道，人經浩劫欲逃禪。 松楸古墓粉榆社，早結仙家未了緣。	2-49
17	丘逢甲	〈尋鎮山樓故址，因 登城四眺，越日遂 游城北諸山〉十二 首之十	浮生富貴等微塵，欲覓山林寄此身。 但是故鄉歸便好，不妨衣白作山人。	2-49
18	丘逢甲	〈秋懷五疊前韻〉之 七	莫言詞客例能哀，潦倒秋心唱越臺。 碧玉奇裝飈短髮，黃金淫祀蕩飛灰。 九牛欲起梟雄夢，二虎終需控禦才。 那有仙山樓閣在，劇憐左股割蓬萊。	2-54
19	丘逢甲	〈有感書贈義軍舊 書記〉四首之二	宰相有權能割地，孤臣無力可回天。 啼鵑喚起東都夢，沉鬱風雲已五年。	2-54
20	丘逢甲	〈離臺詩〉六首之一	宰相有權能割地，孤臣無力可回天。 扁舟去做鴟夷子，回首河山竟黯然。	3-69
21	丘逢甲	〈山居詩〉五首之二	我本山水人，深知山水意。卜居山水間， 山水發靈秘。維水不厭清，毋為濁流累。 維山不厭深，毋為俗士至。夢中古桃源， 思之輒心醉。奇遭此佳境，一往快夙志。 撫琴入泉韻，布席落嵐翠。靜言養生理， 中歲慰憔悴。平生墮世網，每憶魂猶悸。 固宜古賢人，棲遲樂衡泌。	3-70 3-81
22	丘逢甲	〈答臺中友人〉三首 之二	抱石申屠劇可憐，一庵待死伴枯禪。 湛身難訴遺民苦，殉義誰彰故部賢。 碧血縱埋非漢土，赤心不死尚唐年。 扁舟但益飄零感，過海何曾便是仙。	9-273

23	丘逢甲	〈往事〉	往事何堪說，征衫血淚斑。龍歸天外雨，鰲沒海中山。銀燭塵詩罷，牙旂校獵還。不知成異域，夜夜夢臺灣。	9-273
24	丘逢甲	〈得頌臣臺灣書卻寄〉	故人消息隔鄉關，花發春城客思閒。一紙平安天外信，三年夢寐海中山。波濤道險魚難寄，城郭人非鶴未還。去日兒童今漸長，燈前都解問臺灣。	9-273
25	丘逢甲	〈寄懷謝四頌丞臺灣〉四首之一	獨聽荒雞夜，天涯憶故人。煙霞仍痼疾，雷雨負經綸。夢寐孤燈影，文章斷髮身。相思隔滄海，極目歎揚塵。	9-273
26	丘逢甲	〈四月十六夜東山與臺客話月〉	萬事應教付酒杯，眼看雲合又雲開。中天月色雨餘好，大海潮聲風送來。人物祇今思故國，江山從古屬雄才。飄零剩有鄉心在，夜半騎鯨夢渡臺。	9-273
27	丘逢甲	〈陳伯潛學士以路事來粵，相晤感賦〉二首之一	三十年來萬事非，天涯淪落識公遲。橫流滄海無安處，故國青山有夢思。鑄鐵屢聞成錯字，造車此是出門時。他鄉同縱登高目，斜日黃龍上大旗。	9-273
28	丘逢甲	〈遊仙詞〉十二首	白雀聲中閶闔開，五雲夕擁九龍回。劉翁宮殿張翁占，一樣南朝築禪臺。 罷讀黃庭內景篇，道人日日學燒鉛。飛昇不必神仙骨，身有黃金便上天。 巫峽朝雲夢楚王，天台花片引劉郎。仙官不劾床帷事，任試房中素女方。 天錢易借苦難償，織女年年怨七襄。天上故應名士少，竟無婚費助牛郎。 九霄幢蓋肅千官，天上誰云禮法寬。莫使人間驕貴氣，已聞守廁謫劉安。 不誇清要領瀛洲，不仗文章擅玉樓。但得腰纏錢十萬，等閒騎鶴上揚州。 丹鼎功成夕上箋，遍攜雞犬共昇天。妖狐更擅通靈術，早擁幢幡領列仙。 辟穀由來語未眞，素書還質竇頭春。日餐龍髓麒麟脯，天上原無戒殺人。 游戲瑤池遇婉羅，玉卮下嫁隔銀河。神仙也少宜男相，金母宮中弄瓦多。 東方生性太癡頑，天上偷桃數往還。弄罷風雷無箇事，又貪遊戲下人間。 未許人間望戴盆，諸天體統本來尊。	9-274

		空勞呵壁靈均問，虎豹沉沉守九閣。 雷鼓聲中掣電鞭，射狼弧矢列星懸。 諸仙何事神通小，空讓群魔據洞天。	
29	朱仕玠	〈榕城曉發〉	有母嘆篤老，未敢身遠投。且虞靈骨捐，遽與蛟蜃儔。再三辭不獲，乞假旋舊邱。四載闊奉侍，筋力欣尚遒。顧念春秋積，難令百歲留。況將蹈不測，微軀悟自謀。存沒兩無定，肝腸紛細抽。鬢影垂項雪，未審繼見不。別淚強抑制，恐貽白髮憂。	2-40
30	朱仕玠	〈澄臺觀海〉	海上棲遲早秋，登臺騁望思悠悠。 常虞雷雨從空下，始信乾坤鎮日浮。 淼漫由來為赤嵌，蒼茫何處問舟邱。 乘槎便欲從茲去，憑占星文入斗牛。	2-40 5-154
31	朱景英	〈十一夜〉	涼風入虛牖，初漏月痕敧。幽意少人會，息機惟自知。遠懷許元度，願學榮啓期。何處尋真樂，清宵愜所思。	3-76
32	朱景英	〈三月廿日邀同任伯卿施被堂遊曾氏園林歸飲署齋即事〉十首之二	細路逶迤入，城南訪辟疆。竹疎三徑闢，樹暗一扉藏。款客虛廚具，譚詩賸草堂。不妨留少選，幽意引春陽。	4-96 4-97 4-115
33	朱景英	〈三月廿日邀同任伯卿施被堂遊曾氏園林歸飲署齋即事〉十首之四	花木邱遲媚，蓬蒿仲蔚開。尚須疏曲沼，更擬榜層臺。綠護苔痕上，青延樹色來。坐深忘日暝，清話絕氛埃。	4-97
34	朱景英	〈三月廿日邀同任伯卿施被堂遊曾氏園林歸飲署齋即事〉十首之五	片石撐何有，孤亭縛亦宜。揭來倦投腳，小住醉搘頤。笋勿當蹊坼，花煩趁雨移。囑他勤汎掃，底為後遊期。	4-97
35	朱景英	〈官齋新構落成題壁〉四章之一	海東宦況伴鷗閒，官舍如舟泊一灣。 燈火紙窗風雨後，波濤沙岸夏秋間。 幼安榻許隨身設，仲蔚蒿將任意刪。 等是林宗曾宿處，興餘灑掃未容慳。	5-140
36	朱景英	〈官齋新構落成題壁〉四章之二	數弓隙地久荒蕪，添箇軒堂入畫圖。 位置意從疏淡得，周遭境與靜虛俱。 烏衣識路新巢定，翠篠窺牆舊徑紆。 齋景亦延涼月佇，俗塵能到此間無。	5-149 5-156
37	朱景英	〈二月廿日邀同任伯卿施被堂遊曾氏園林歸飲署齋即事〉，十首之一	春事行將暮，遊情尚未闌。名園殊曲折，佳客共盤桓。趣以滄洲得，懷從酒礎寬。偶然移步屧，竟日博清歡。	5-165

38	朱景英	〈元夜讌集楝花書屋〉	盍簪朋酒四筵陳，皎月華鐙一夕春。隔幔簫聲吹不絕，捲簾花氣坐相親。恰逢蔣詡開新徑，況有何戡是舊人。如此風光如此境，為歡那復計官貧。	5-165
39	朱景英	〈伯卿官齋新成奉題四章〉之四	師門海外篤情親，蹤跡苔岑合亦真。司馬設官緣武事，將軍賜號本文人。我耽研北清閒甚，君向花南結構新。博得濠梁相視笑，惠莊至竟遠風塵。	5-166
40	朱景英	〈六月六日即事〉	竹素叢殘海外裝，官閒偏為曝書忙。風牀葉葉舒還卷，消受長天古墨香。	5-161
41	朱景英	〈東瀛署齋八詠·蕉窗話雨〉	覆地濃陰風力怯，隔窗淅瀝驚心，坐來舊雨一燈深，無端譚娓娓，相對意惜惜。愁滴聽從殘葉下，浣花苦值秋霖，巴山往事費沉吟，寒聲催剪燭，絮語咽題襟。	5-162
42	朱景英	〈東瀛署齋八詠·竹榻聞濤〉	大海迴風波浪闊，海門竟夜喧豗，魚龍蹴踏白銀堆，挾聲舂急雨，作勢殷輕雷。欲臥難眠人起立，匡床夢亦疑猜，鈞天合沓洞庭來，壯心驚舞劍，飛渡戲浮栝。	5-162
43	朱景英	〈東瀛署齋八詠·紙閣揮毫〉	散卓幾回成棄擲，底論欹手薑芽，興來屏障遍塗鴉，自嗤貪結習，只覺媿書家。片名鴻都標格在，臨摹體勢槎枒，軒窗如盥境無譁，隼波隨跌宕，繭紙任橫斜。	5-162
44	朱景英	〈東瀛署齋八詠·莎庭索句〉	小院落花風細細，芊綿纖草香吹，放衙散步此間宜，蒼茫還獨立，徙倚為尋詩。性癖少陵佳句得，登頭吟望低垂，閒中意味有誰知？會心殊未遠，叉手已多時。	5-163
45	朱景英	〈東瀛署齋八詠·小園馴鹿〉	綠遍南園風日美，夾輪靈種嬉遊，來從芊野一雙收，交眠仍濯濯，對語忽呦呦。足束放年時無住著，覆蕉夢裡何求，長林豐草自為謀，物情偏靜穆，人意與綢繆。	5-163
46	朱景英	〈東瀛署齋八詠·別館來鷗〉	海上翁無機事者，忘機沙鳥相親，命儔嘯侶海之濱，風前足束有態，煙際點如銀。浩蕩逐將晴浪至，舍南舍北生春，依他水石碧粼粼，憑軒紗帽對，著筆粉痕勾。	5-163
47	朱景英	〈東瀛署齋八詠·篁逕納涼〉	正苦煩襟無滌處，倚墻幾個篔簹，晚風依約吲琅琅，渭川留縮本，淇澳闢新莊。軟到葛衣輕襲袂，那知白汗翻漿，移時竚月淨琴張，當頭延翠影，落指動清商。	5-163

48	朱景英	〈東瀛署齋八詠・榕陰度曲〉	宮調暗拈紅豆記，又從綠樹偷聽，當場接葉一圍青，柘枝何綽約，鶯語太丁寧。絲竹中年哀樂寫，忍看華髮星星，黃雞白日唱休停，檀痕安點點，珠串瀉泠泠。	5-163
49	朱景英	〈十一月十九日同余退如大進韓璞園琮王亮齋右弼集飲任伯卿官齋〉十首之一	流光能博幾何歡，衿契相從慰歲寒。底事滄洲不成趣，聞來須放酒杅寬。	5-163
50	朱景英	〈示子婿高時夏〉	長為萬里客，日夜向滄洲。高浪垂翻屋，沅湘萬里流。朝來沒沙尾，漸擬放扁舟。雖對連山好，桃源無處求。	5-163
51	佚名	〈古橘岡詩序〉	邑治有岡山，未入版圖時，邑中人六月樵於山，忽望古橘挺然岡頂。向橘行里許，則有巨室一座。由石門入，庭花開落，階草繁榮，野鳥自呼，庿廊寂寂。壁間留題詩語及水墨畫蹟，鑣存各半。登堂一無所見，惟隻犬從內出，見人搖尾，絕不驚吠。隨犬曲折，緣徑恣觀，環室皆徑圍橘樹也，雖盛暑猶垂實如椀大，摘啗之，辦有而香；取一、二置諸懷。俄而斜陽照入，樹樹含紅；山風襲人，有淒涼氣。輒荷樵尋歸路，遍處誌之。至家以語其人，出橘相示，謀與妻子共隱焉。再往，遂失其室，並不見有橘。	2-36 7-208
52	吳玉麟	〈九日登打鼓山〉	野服飄飄芒履輕，登臨聊此擬蓬瀛。重陽節似春光好，三載官如秋氣清。海霧長年迷谷口，山風盡日捲濤聲。水仙一操真高絕，無復移情客姓成。	2-41 2-53
53	吳性誠	〈入山歌〉六首之三	七十二社部落分，茹毛飲血麋鹿群。中有曠隩名埔社，水繞山圍佳勝聞。周迴斜闊幾百里，豐草長林平如砥。雕題黑齒結茅居，歌哭聚族皆依此。牧牛打鹿釣溪魚，不識不知太古初。別有天地非人世，萬頃膏腴可荷鋤。	7-207
54	吳景箕	〈樵者〉	家傍雲山綠水邊，半生行跡淡於煙。朝持樵斧穿林去，暮共漁翁繞澗還。豔福何曾羨劉阮，清閒也得似神仙。胸中別有煙霞癖，不向榆青計選錢。	6-183

55	吳德功	〈遊虎山巖後〉	青山千疊轉，空谷邃而深。香草隱荒徑，異花藏茂林。行雲無定處，流水有餘音。游倦幾忘返，斜陽海外沉。	7-228
56	吳德功	〈春日遊虎巖〉	峯勢負嵎雄，風威嘯林曲。勝景名虎巖，古刹隱山麓。清影搖千竿，左右列修竹。時聆幽韻流，彷彿居巘谷。好鳥樂窺人，名花豔奪目。巖畔闢田疇，甘泉清漱玉。屐蹝謝東山，禪參蘇玉局。勝日挈伴遊，聊以當風浴。此中好消閒，何妨食無肉。石磴笑披襟，一洗塵氛俗。	8-246
57	吳德功	〈村居〉	習靜心多妙，無求意自閒。閉門聊獨坐，俗慮一時刪。	3-77
58	呂成家	〈太武樵歌〉	迴環太武迴嵯峨，樵採行行唱浩歌。韻繞高峰流曠野，聲喧絕壑度平坡。檐頭日暮孤雲伴，林外煙晴一鳥過。最好澎山饒逸興，重開仙曲奏如何。	6-183
59	呂成家	〈案山漁火〉	群峰環繞案山橫，點點漁燈一望平。沙際誰爲垂釣者，江干獨有羨魚情。	6-184
60	宋永清	〈息機亭小記〉	予治鳳三年，民安其拙，作亭於夢蝶之園，名「息機」也。地可盈畝，而亭不數椽，護以烟蘿、環以竹木，青蔥陰翳，森森萬木中，幾不知有塵忙躑躅也者。或而憑欄俯仰，直瞰巨流，大小岡山如奔目睫；澄懷滌慮，冷然如憑虛御風焉。對此栩栩初回，機心頓息；公餘一枕，其殆訪我於羲皇之上乎。用爲記。	4-94 4-130
61	宋永清	〈新建鳳山縣署記〉	爰捐薄俸，命梓人亟襄其事。於頭門、於儀門、於大堂、於川堂，內而衙署、外而六房，皆爲次第經理，稍存規制，未敢增華。纍石栽花、移亭就樹，非求安逸。蓋海邦寧謐，政有餘閒，或與二三多士論文賦詩，陶其氣質、發其文章，則衙署之設，固係聽政平情之所，而亦爲士民發祥之地乎。	5-150
62	宋永清	〈渡淡水溪〉	淡水悠悠天盡頭，東連傀儡偏荒丘。雲迷樹隱猿猴嘯，鬼舞山深虎豹愁。野寺疏鐘煙瘴路，黃沙白露沁寥秋。	7-226
63	宋永清	〈大澤機〉	淡水由北去，車迷大澤機。煙屯蘿徑窄，翠滴澗雲飛。洞口仙家景，溪邊野客扉。風塵何事老，落落竟忘歸。	7-226

64	宋永清	〈倒咯嘓夜雨〉	寂寂荒村薄海濱，孤燈獨影一征人。 風飄番社三更雨，夢斷京華十丈塵。 半嶺霧籠星月暗，一痕煙鎖畫圖新。 秋來每憶家園裏，小艇漁簑自采蓴。	9-264
65	宋際春	〈偹齋雜詠〉	媚人安免畏人多，奈此當塗磬折何。 鐘鼎笑他真有命，海天容我獨高歌。 閒官豈合牛奔軛，冷署唯宜雀真羅。 歎老嗟卑非俊物，千秋事遠肯蹉跎。	5-161
66	李振芳	〈遊海會寺〉	獨愛清幽此地來，不辭芒履踏蒼苔。 煙迷竹徑鐘聲遠，雲斂溪山梵宇開。 勝蹟何須金布砌，上方寧異玉生臺。 談空閒士遲歸思，無數閒禽綠水隈。	8-249
67	李望洋	〈二十二日晚宿廟溝四山雪深尺許數日盡在雪地行走有朗朗玉山上之景不勝欣賞偶咏〉	旅次渾忘日，征夫不記年。萬山排玉笋，一路畫銀箋。樹樹珊瑚架，家家玳瑁天。客身不自主，栩栩欲登仙。	7-227 9-265
68	李望洋	〈二十二日鐘祥縣曉行即景〉	濛濛樹色帖雲邊，掛席乘風錦纜牽。 一枕潛江空楚夢，披裘頻欲問西天。	9-264
69	李望洋	〈十月十八夜憶家中二子〉	謬膺民牧擁專城，案牘勞勞夢五更。 背榻殘燈光不遠，掛窗斜月影微明。 容身之外皆餘地，得意其中便自鳴。 曷若投簪歸竹里，兒童伴我讀書聲。	9-265
70	李逢時	〈己未之春作〉	嗟予生不辰，白屋守貧賤。舌耕得蠅利，錙銖何足羨。褊性愛幽居，立錐地未便。籬落架薔薇，小庭當芳甸。此處堪棲遲，鷦鷯一枝戀。	2-43
71	李逢時	〈贈洪蠻堂司馬熙恬即次原韻〉二首之一	幾點秋山落日斜，此間餐慣是煙霞。 詩來瀛海逢仙侶，春換桃源數落花。	2-43
72	李逢時	〈訪隱者居〉	隱者居何處，重巖日欲曛。杉松多古色，蘭茝自清芬。客路通紅葉，人家住白雲。山深風氣別，高臥謝塵氛。	3-65
73	李逢時	〈暮春與同人遊棲雲別墅〉二首之一	問余何與俗塵疏，只為尋幽興未除。 修竹自村半弓地，小山斜枕數間廬。 鳥穿紅葉聲邊過，雲占青山缺處居。 真個涉園多趣事，不妨棲比狎樵漁。	3-65
74	李逢時	〈漫興〉三首之三	讀盡尼山破爛書，窮年矻矻小蝸居。 衡茅不改吾心樂，伴塢梅花帶月鋤。	3-65

75	李逢時	〈贈袖海王縣佐〉三首之二	後衙構茅舍，風味逼林泉。帶鶴官如水，來兔令是仙。吟窩隨處樂，宦隱此時然。欲定蒼生計，東山未有權。	3-65 5-153
76	李逢時	〈上巳日王海防小泉王縣丞袖海邀同人修禊於神農壇之葉亭適余別出不與斯會〉四首之三	不騎欸段不騎驘，踏遍城南行樂窩。山爲捲簾留坐久，鳥因添樹聚聲多。青衫白袷春時服，鐵板銅琶醉後歌。我輩高狂適樂國，可憐中土正橫戈。	3-66
77	李逢時	〈子觀宗一兄之令甘肅詩以贈別〉十二首之四	終隱林泉樂幾何，名山到處是吟窩。天涯莫恨無知己，豪傑從來西北多。	3-66
78	李逢時	〈贈王縣丞袖海〉	王喬何以快飛昇，一令無心況一丞。隻舄收回天上去，雙兔懶向早朝乘。官閒過訪餐霞客，署冷相憐退院僧。畢竟通津同借逕，龍門百尺好掀騰。	5-153 5-162
79	李逢時	〈次韻李縣丞鏡湖留別〉四首之三	運際艱難合解紛，破人愁塊酒盈樽。閒來捫腹知何物，撚到吟髭斷幾根。署冷有詩猶熱血，路遙無客不離魂。孤帆遠影掛雲去，夜渡澎湖煙雨昏。	5-162
80	李逢時	〈與用霖何山長恒甫周巡檢景崧葉茂才儀桐蕭少君用前韻留別李鏡湖〉四首之二	與世推移未了緣，一官署冷枕書眠。干戈滿地欲何往，琴劍隨身空自憐。錐處囊中全是穎，花開筆底有餘妍。長門賦罷無人買，搔首悲歌懊惱篇。	5-162
81	李逢時	〈贈李巡檢東周〉	官舍蒼涼似野廬，弓刀小吏賦閒居。門原近市心如水，署有空園手自蔬。閣閣蝦蟆當鼓吹，飛飛蝴蝶上階除。憐君攲枕紙窗下，雨灑芭蕉綠葉舒。	5-162
82	李逢時	〈有懷某道人〉	多少英豪概，爭揮祖逖鞭。行空思驥足，直上羨鳶肩。自笑珠投暗，還期璞抱完。願從巖下叟，結屋老林泉。	8-241
83	李逢時	〈升天行〉	朗朗廣寒月，蒼蒼太白星。中有綠髮翁，披雲臥空冥。不笑亦不語，世人無知名。遺我金光草，服之四體輕。去影忽不見，回風送天聲。舉首遠望之，飛飛渡太清。將隨赤松子，對博坐蓬瀛。	8-253
84	李逢時	〈放歌行〉	鴻鵠辭藩燕，遠從太虛游。一舉千萬里，弋者何所求。世人心不曠，牢籠時自投。當其身富貴，顧盼何優遊。青門種瓜人，舊日東陵侯。何如莊周蝶，是蝶不是周。萬物與俱化，禍福門無由。	8-254

85	沈光文	〈詠籬竹〉	分植根株便發枝，炎方空作雪霜思。 看他儘有參天勢，只爲孤貞尚寄籬。	2-36 4-123 8-234
86	沈光文	〈山居〉八首之二	生平未了志，每每託逃禪。不遂清時適， 聊耽野趣偏。遠鐘留夜月，寒雨靜江天。 拯渙方乘木，才弘利涉川。	2-37 8-234
87	沈光文	〈感懷〉八首之七	南來積歲月，又看荔將花。志欲希前輩， 時方重北衙。隱心隨倦羽，寒夢遶歸槎。 忽覺疑仙去，新嘗蒙頂茶。	2-37 9-259
88	沈光文	〈和曾體仁賞菊分得人字〉	孤芳獨出絕纖塵，冷向閒中老此身。 賞並高明懂不極，時當晚季做爲眞。 新題遍詠偏催我，半醉高歌欲效人。 子夜月明淒絕處，滿叢寒露不知春。	4-118
89	沈光文	〈菊受風殘又復無雨潤纍纍發花雖不足觀亦可聊我慰也〉	天風吹不盡，憔悴復舒英。似有催詩意， 還多望酒情。會當枯亦發，是乃因而亨。 愛惜饒眞賞，休將境遇評。	4-118
90	沈光文	〈仲春日友人招飲不赴〉	並無一事慰相知，占住桃源亦頗宜。 詩債屢稽明月夜，酒緣偏誤好花時。 頻收靜致留春雨，忽發新思寄柳枝。 卻訝漁人焉得到，遂令鷄犬也生疑。	7-207
91	沈光文	〈感懷〉八首之三	不改棲遲趣，偏因詩酒降。晨風搖遠樹， 夜月照寒釭。地靜長留古，心幽豈逐尨？ 興來懷友處，結韻老梅椿。	7-211
92	沈光文	〈發新港途中即事〉	隱心甘作苦，逐逐卻難禁。計拙憂成老， 身閒喜獨吟。塵囂渾欲脫，山水試相尋。 滿路芙蓉發，秋光已覺深。	7-211
93	沈光文	〈普陀幻住庵〉	磬聲飄出半林聞，中有茅菴隱白雲： 幾樹秋聲虛檻度，數竿清影碧窗分。 閒僧煮茗能留客，野鳥吟松獨遠群： 此日已將塵世隔，逃禪漫學誦經文。	8-233
94	沈光文	〈感懷〉八首之一	戰攻人世界，隱我入山間。且作耽詩癖， 誰云運覽閒。松杉生遠影，風雨隔前灣。 天路遙看近，歸雲共鶴還。	8-234
95	沈光文	〈州守新構僧舍於南溪，人多往遊，余未及也〉	沿溪傍水便開山，我亦聞之擬往還。 一日無僧渾不可，十年作客幾能閒？ 書成短偈堪留寺，說到眞虛欲點頑。 正有許多爲政處，僅將心思付禪關。	8-238

96	卓夢采	〈避寇鼓山〉五首之二	遁跡鼓山裏，艱危歷險巇。徑深巖作牖，洞曲石為楣。鑽穴眠蛇蝎，愁宵伴鹿麋。干戈入夢息，醒醉寸心知。掬水常攜月，聞聲最惡鴟。採薇非我志，聊以樂清飢。	2-47
97	卓夢采	〈避寇鼓山〉五首之三	誅茆巢栖處，逍遙物外天。蔦蘿常絆枕，狙猱欲偷筵。烽火關山隔，咆哮夢寐連。無心看野鳥，洗耳聽幽泉。煮石堅仍在，敲詩記罕全。夜深巖氣靜，長抱白雲眠。	3-68
98	卓夢采	〈避寇鼓山〉五首之四	世途多棘刺，吾欲向誰親。高臥為長策，孤栖是逸民。洞虛花寫影，樹靜月窺人。趺坐如禪相，饔虛未我貧。食魚羞看鋏，漉酒好將巾。始覺書生拙，空懷百戰身。	2-48 3-68
99	卓夢華	〈淡水溪雨泛〉	霏霏溪水渡，舟子呼相於。碎滴桃腮膩，痕添柳眼舒。浮橋知有岸，舞樹欲留裾。鼓棹萍分手，開窗鳥覷余。客將詩度雨，田有叟孤鋤。花塢蒼茫裏，白雲處士廬。	7-218
100	卓夢華	〈望琉球〉	四野茫茫望欲迷，一峰矗矗與雲齊。斗牛三尺龍光照，桃橘千年鶴爪栖。白雨來時滄水闊，青山盡處夕陽低。卻嫌蓬島無涯畔，幾度虹橋跨作梯。	7-225
101	卓肇昌	〈仙人對奕〉	天公遺下石棋盤，洞裏神仙日月寬。十九路誰分黑界，幾千年自帶雲寒。劇憐人世紛爭道，只換山中妙戲彈。乾電聲聞同玉響，不知還許採樵看。	2-48 7-209
102	卓肇昌	〈書院即景六詠・牆竹〉	閒來寄傲倚窗南，牆外蕭蕭竹映藍。雨滴猶聞悲帝子，風飄何用怨江潭。杯傾蟻綠枝先醉，閱到蠹文影代縅。好與坡公心賞處，況當菁翠是春三。	4-123
103	卓肇昌	〈鼓山八詠・斜灣樵唱〉	忽聽樵子唱，躑躅下前山。幾曲斜峰亂，一肩落日還。輕風聞遠浦，清響度花灣。嬌嬌鶯頻和，泠泠石點頑。行歌聊自適，笑士不如閒。試問家何處，白雲屋半間。	6-182 7-217
104	卓肇昌	〈仙人山〉	桃花洞裏神仙闥，絕嶠浮空望欲微。樂奏笙簧青嶂翠，杯傾瓊液紫霞飛。聳身松杪星河近，控馭山頭鹿猱歸。洞口主人煩指點，若為茶竈若為磯。	7-209
105	卓肇昌	〈鳳山八景・丹渡晴帆〉	沈寥丹港渡聲齊，極浦蒼茫望欲迷。一葦凌空寒浸月，片帆斜映浪平隄。白雲深處桃源路，綠樹叢中花縣西。島上漁人歸去晚，參差殘影落峰低。	7-210 7-227

106	卓肇昌	〈龜山八景·晴巒觀海〉	絕頂晴峰陟，遙瞻碧海迎。川光山上湧，巨浸望中生。渾似凌天漢，依稀接玉京。坐雲看變化，觀水悟清明。沙鳥孤飛盡，歸舟一抹橫。緲縹無盡處，從此達蓬瀛。	7-217
107	卓肇昌	〈暮春遊元興巖〉	招提南郭外，乘興爰相於。嵐氣青逾迥，川光碧漾瀦。化城圍竹裏，香剎繞春餘。優缽曇心淨，塢雲梅影疏。酒香詩弄膽，歸暮月窺予。攜手問津處，一竿人釣魚。	8-246 8-248
108	季麒光	〈寓望園記〉	園不依山則不古，園不依水則不靈，園不依喬枝古木則不紆迴而盤曲。蓋以人勝者未有能成趣者也，若就方區員幅以寫其胸中之邱壑，其妙在於借景而不在於造景。東寧荒海之島，不入職方，有山則頑皣於蔓草，有木則鹵浸於洪濤，求天作地成之景，皆無所得。是蓋造物者之有所缺焉，以俟乎名賢之補救乎？憲副周公，治臺一載，政治之暇，就署後築小室，中置圖史，旁構一亭，顏曰「寓望」，取左史「疆有寓望」之言，則燕閒寂處已不忘周防捍禦之意也。復結草作亭，顏曰「環翠」，以蕉陰竹韻，依繞左右。當風來奏響，月落呈姿，雲容天籟與霓裳羽衣相賡和，真不啻渭川千畝、綠天萬樹矣。又一亭，顏曰「乾坤一草亭」。杜少陵僑居巴蜀，慨然有身世蓬礚之思，公曠情逸致，俯仰宇宙，取諸懷抱於寄其所託，高霞相映，白雲可侶，信足樂也。	5-143 5-158
109	林占梅	〈潛園適興六十韻〉	不作封侯想，潛蹤已十年；屢因圖畫興，輒起眺遊緣。群峭嶔崎度，重巒崒嵂邅。商羊聊拄杖，款段忍加鞭；出既胸襟曠，歸尤景物全。靈區瞻谷口，勝處接城邊；頗得淵明趣，非同仲子賢。築園容寄傲，著屐任周旋；適意欣孤往，娛情倦忘還。崖高堪望遠，地靜覺居偏；評石方僧孺，移花法道荃。斑紅階蘚潤，茸碧屋蘿牽；水闊波跳鯉，林深樹曳蟬。撫松憑偃蹇，趁鶴步翩躚。淡淡堤搖柳，泠泠沼瀉泉；春融芬岸芷，露浥襲汀蓮。舞蝶翻歌扇，浮鷗傍釣船。橋多修澗繞，路杳隔牆連。芡實雞頭剝，葵藤鴨腳纏；門低榕並亞，籬密槿添編。引蔓葡萄架，薰芳茉莉田；	2-46 4-110 4-126

			果垂羅漢熟，花綻佛桑妍。泛鷁迴塘曲，盤蛇造洞巔；苔滋層磴滑，嚴瀑一流懸。題壁鴻留爪，窺渠鷺立拳；荷喧池過雨，竹暝徑籠煙。撒網危磯上，投壺小院前；蔬澆抽甲壯，菊種課丁虔。穴土挖成室，誅茅構數椽。清宵蟲語碎，晴晝鳥聲穿；格磔啼秦吉，軥輈叫杜鵑。百株栽絳雪，萬卷錄丹鉛；風定雲橫岫，星稀月在天。樓臺皆倒影，亭榭盡臨淵；避暑賓攤簟，嬉春女落鈿。奚奴隨倜儻，侍史列嬋娟；阮籍遊而嘯，嵇康懶與眠。茶甘烹雀舌，香靄爇龍涎；古劍求三尺，名琴操七絃。詩觀辭駱什，帖檢換鵝箋；妙筆揮毫素，寄書問太元。錦韜裝玳瑁，繡襬記娜嬛；鐘鼎周陶鑄，圭璋漢泖鐫。愛根何日了，吟債幾時填？思苦陳無已，脾幽孟浩然。論文憑隻眼，索句聳雙肩。枕上逍遙傳，床頭內外篇。師坡常說鬼，學晉每逃禪。交摯相傾蓋，謳和共扣舷。南皮從葉後（松潭廣文），北面事曾先（簡雲先生）。射覆詞壇立，猜枚酒令宣；笙簫分雅部，醞釀醉華筵。釀厭中山困，車乘下澤便。衷懷希魏野，氣概仰張顛。性拙薄戎算，平生輕嶠錢；言狂人竊笑，癖怪我難悛。默默囂塵減，悠悠俗慮捐；有心追隱逸，無志慕騰騫。況免饑寒逼，猶兼疾痛纏；曾聞唐白傅，閒散即神仙。	
110	林占梅	〈寫懷〉	不談吐納不參禪，間福能消便是仙。兩字平安欣報竹，六根清淨愛栽蓮。書窗月朗客吟嘯，琴榻風涼恣醉眠。構得潛園堪寄跡，十年樂趣在林泉。	2-46
111	林占梅	〈曲水岩訪李山人不遇〉	曲水濚洄入，孤村窄莘樓。綠蘿牽老屋，碧蘚淨幽溪。山斷浮雲續，林高落日低。主人何處去，獨鶴步橋西。	2-46 3-66
112	林占梅	〈過北勢內湖再訪林山人題壁〉	峰迴流水轉，徑曲小村偏。松竹門庭外，山池几席前。高吟蟬和韻，罷釣鷺同眠。賞遍幽棲處，吟懷此渺然。	2-46 3-66
113	林占梅	〈題林山人草堂〉	蒼松翠柏盡成蹊，籬落週遭護碧棲；水底波搖潭鯉戲，山坳晝永竹雞啼。小樓坐眺時扶檻，曲徑行吟每杖藜。我愛溪前平野外，層巒如畫白雲低。	2-46

114	林占梅	〈再題林山人齋壁〉	石過鳴流樹壓崖，岡田級級似梯階。 波紋淨印秋光好，山氣晴和日夕佳。 十里煙霞遮古渡，一庭松菊繞幽齋。 詩筒畫本添新料，得趣時時自遣排。	2-46
115	林占梅	〈遊漱石山人幽園題壁即贈〉	鎮日幽齋事嘯吟，池前漱石映清陰。 蒼松偃蓋渾難畫，白鶴登堂爲聽琴。 重疊圖書張鄴架，玲瓏秘閣肖雲林。 羨君獨得岩棲趣，地僻塵音未易尋。	2-46
116	林占梅	〈偕戴山人宿棲雲岩〉	泠然聽罷戴逵琴，翹首寥空互嘯吟。 一榻松風秋瑟瑟，半簾竹月夜沉沉。 丹崖境靜清塵夢，碧澗泉幽證道心。 相約明朝游眺去，安排筇屐上層岑	2-47 8-246
117	林占梅	〈小住楊山人棲隱處題壁〉六首	長松無數護吟樓，一派濤聲枕上幽。 讀罷黃庭經一卷，橫琴再鼓碧天秋。 雨後空山夜氣清，如銀月色遠峰明。 翛然久坐雲根上，雲裡幽泉自在鳴。 藤床竹檻晚涼多，無數嵐光四壁羅。 坐愛午晴新夢覺，穿窗時有白雲過。 成蹊瘦竹間寒梅，巖畔幽軒晚尚開。 別有鐘聲清似水，竟隨歸鶴入林來。 抱膝長吟興不違，山居盡日掩荊扉。 焚香默作楞嚴課，幾縷爐煙繞翠微。 盤根老樹倚雲煙，斗室濃陰欲暮天。 一道寒流穿石出，品茶喜有自來泉。	2-46 3-66
118	林占梅	〈過山間隱士家〉	竹籬環曲徑，茅屋傍林隈。葉積無人掃， 花開引客來。煙霞招隱侶，風雨老奇才。 領略幽棲趣，烹茶喜共陪。	3-67
119	林占梅	〈靜處〉	靜處每翛然，軒窗喜近淵。縈懷無一事， 遣興有千篇。茗熟風過檻，琴調月在天。 看花兼領鶴，跰踱小池前。	3-77
120	林占梅	〈幽趣〉	愛月心虔睡故遲，悠悠幽趣靜中知。 琴聲度水清於磬，蘭氣穿窗細若絲。 汲井攜瓢時品茗，挑燈作草夜臨池。 隱囊塵尾逍遙旦，讀易參禪事事宜。	3-78
121	林占梅	〈園居漫興〉之三	閒齋幽寂甚，靜處會心生。晝讀雲林譜， 茶評陸羽經。開樽花影豔，垂釣柳陰清。 自喜忘機械，逍遙遠世情。	3-78 4-116
122	林占梅	〈閒居雜興〉之四	得放情時且放情，胸中瀟灑俗情清。 高亭四向花爲壁，曲徑三叉柳結營。	3-79

			潑剌魚驚人影落，鉤輈鳥閒竹聲鳴。 天機無限誰能覺，靜極方教妙理生。	
123	林占梅	〈園居〉之二	小飲清談逸興頻，漫將投轄學陳遵。 交遊久處情因淡，閱歷深時性自醇。 每向靜中探道味，常於醉裡見天真。 綠陰野屋幽開地，幾載潛居養此身。	3-79 3-80
124	林占梅	〈閒居〉	深觀事理歷時艱，養拙年來獨閉關； 閱世真如棋局變，辭官始覺布衣閒。 酒懷冷落愁中減，詩草零星病後刪； 賴有小園堪涉趣，何須笠屐遠看山。	3-79
125	林占梅	〈秋感〉之八	世道能關學始該，莫徒藻思慕鄒枚。 工吟不過雕蟲句，游藝休誇繡虎才。 四壁琴書三畝竹，一庭泉石百林梅。 從茲養拙潛居穩，勿啓柴門惹俗埃。	3-79
126	林占梅	〈感懷〉	催人歲序嘆奔馳，回首平生倍可悲。 得志須當親在日，成名勿待老來時。 琴書以外無他好，詩畫而今且自怡。 謝客杜門聊養拙，此心惟有彼蒼知。	3-79
127	林占梅	〈偶吟〉	竹窗搖碧自深幽，無限吟懷唱復謳。 舊作重刪因抱歉，前情回溯每添愁。 琴能養性彈難厭，花有生機種且稠。 不是茲園容養拙，鬢霜早已上吾頭。	3-79
128	林占梅	〈月夜漫興〉	賴有幽居養拙軀，琴書花茗作良圖。 閒中對局偶成敵，靜裡敲詩聊自娛。 一澗石泉清可鑑，滿園月露朗於珠。 蒼涼四顧吟情起，復鼓沙棠泛碧湖。	3-79
129	林占梅	〈西池曉起〉之二	數畝城西地，閒居養性真。窺池魚喋影， 入圃蝶隨人。草色含煙嫩，花香帶露勻。 四時春最好，無物不添新。	3-80
130	林占梅	〈感懷〉之三	素負干雲氣，於今不似初。處身思雁木， 養性懶琴書。名愧登朝籍，園偏類野居。 經年稀暇日，太息廢三餘。	3-80
131	林占梅	〈寄興〉	撲去紛紛十丈塵，園池雖小足棲身。 都將風月供詩料，況有琴書養性真。 拜石何妨袍笏具，賞花更喜管絃陳。 北窗一枕容高臥，便是羲皇以上人。	3-80
132	林占梅	〈寫興〉	擬把園林樂此生，年年卜築費經營。 繞廬竹木供吟嘯，列案琴書養性情。 石有皴痕堪入畫，花多異品不知名。 六橋三徑多佳景，許曳芒鞋自在行。	3-80

133	林占梅	〈漫興〉	水迴松菊淨，籬繞竹梅深。躍沼魚驚釣，窺窗鶴聽琴。居幽能養性，志廣易成吟。對客評新茗，鉤簾見遠岑。	3-80
134	林占梅	〈寫興〉	十畝琅玕碧沼灣，芳園晝靜足平安。週環曲檻因臨水，常築高樓爲看山。作伴琴書堪養性，怡情花木助開顏。最欣闢徑當三益，日得羊求共往還。	3-80
135	林占梅	〈浣霞池泛月〉	小池生涼風，輕舟泛落日。虛艎坐數人，適趣不嫌狹。傍舷設茶灶，當戶安吟榻。趺坐□蓬窗，橫琴時在膝。翛然超塵表，意氣洵恬逸。一童爲焚香，一童爲鼓楫。混漾放中流，凌波如一葉。少焉碧天暮，露零蘭芷襲。微雲淡太虛，東山皓月出。清光印波心，沉魄如可拾。不覺詩興生，出向船唇立。對景發長吟，高歌自酬答。何必貴金張，貴極畏讒嫉。何必富陶朱，富極生憂慄。不貴不富間，無得亦無失。即此樂徜徉，知足誰我及。一張蛇腹琴，一把雞毛筆。養性彈一章，遣懷吟一什。山水少文家，天地劉伶室。岸幘與短裾，以此見眞率。	3-80
136	林占梅	〈偶成〉	捲簾靜坐喜新晴，庭院清幽絕市聲。竹影交窗清夢覺，茶煙繞榻薄吟成。門無車馬疏酬應，案有琴書養性情。自笑此身慵懶慣，只宜林下結只宜林下結鷗盟。	3-80
137	林占梅	〈閒趣〉	若問平生業與功，吟箋擘罷又絲桐。琴因古調知音少，詩到無題得句工。養性隨時能入靜，會心何物不潛通。道人領略清閒趣，半在幽窗午夢中。	3-80
138	林占梅	〈園齋習靜〉之二	圖史樽罍共一龕，離騷讀罷醉尤酣。平生意氣風嘶馬，此日胸懷繭縛蠶。枕上聞雞曾起舞，座間捫蝨偶狂談。祇今養晦爲良策，豈學嵇康七不堪。	3-80
139	林占梅	〈西園見山池有感作示友人〉	何如園圃養吾身，息機漢陰無窘促。亭外有山排闥青，欄前有水盈池綠。池痕添夜雨，山光映朝旭。春來上山遊，暑至臨池浴。知足即此可行樂，紐宵何必慕鴻鵠。	3-80
140	林占梅	〈撫琴〉之三	夜靜碧天淨，萬籟響沉沉。捲簾佇明月，焚香調素琴。泠泠七弦趣，山水始同心。	3-82

		聲希而味淡，俗耳無知音。顧我獨樂此，摩挲情更深。一彈滌塵慮，再鼓發清吟。朝遊共一興，夜眠共一衾。晨夕永不離，生死盟誠忱。興至作「三弄」，趺石坐松林。遠招雲間鶴，飄然落前岑。攜琴騎鶴去，天風盪虛襟。汗漫九垓上，高蹤誰能尋。	
141	林占梅	〈園中梅花盛開作詩賞之〉	富貴繁華功甫記，橫斜樹影老逋詩。擬向孤山栽百樹，空林母使鶴來遲。	4-101
142	林占梅	〈述懷〉	讀易參禪趣默通，琴詩梅鶴是家風。莫嗤冷況孤山客，長在清閒兩字中。	4-102
143	林占梅	〈築園池歌學白傳體〉	為人須得中，偏好皆為病。所好在博戲，傾家兼敗行。所好在盃觥，過醉能亂性。所好在床幃，縱慾如陷阱。未若好園池，隨時資遣興。層巒列畫屏，漾水矖明鏡。花木成蔥蘢，松篁互掩映。晨光夕照時，鳥語添清聽。或趁柳風涼，或煮荷露淨。或撫月下琴，或擊林間磬。或時履巉岩，撥雲歷危嶝……如此足一生，無爭亦無競。如此到百年，不衰亦不盛。此好見天真，何勞窮究竟。	4-102
144	林占梅	〈夏齋遣興〉二首之二	繁華何必羨公卿，四壁圖書勝百城。得趣常思尋蝶夢，偷閒最愛結鷗盟。塵襟盡滌心原淡，世味深嘗氣已平。獨自焚香消永晝，南薰風裡一琴橫。	4-102
145	林占梅	〈園池閒興〉	芳園數畝水縈迴，近水盤桓信樂哉。洗硯波光當檻漾，捲簾山色入堂來。詩書取次娛情讀，雖設蓬門關鎮日，雖設蓬門關鎮日，恐教屐齒印蒼苔。	4-110
146	林占梅	〈雨後即景〉二首之二	鐘聲忽向靜中聞，獨坐虛堂日未曛。漾檻波光初受雨，當窗山色半藏雲。香風吹暖花間逗，晴靄浮青竹際分。最是晚涼時節好，一樽獨酌博微醺。	4-110
147	林占梅	〈園居漫興〉	幽僻絕塵囂，園居半寂寥。好花皆錦鏽，巧鳥即笙簫。繞樹開三徑，迴塘架十橋。羊裘時過往，勝侶不須招。	4-110
148	林占梅	〈詠池八韻〉	園亭無限趣，最樂是漣漪。影入樓臺倒，光搖斗宿移。風刀裁綺縠，月印徹琉璃。荷落紅花浣，菱生翠帶垂。夢添春草句，宴愛夜珠詩。鼓鬧聽蛙聚，絲垂覺鷺窺。	4-110

			放船新雨後，罷釣夕陽時。最好風萍約，天開鏡一涯。	
149	林占梅	〈園池夜泛〉	園池秋色好，靜夜景彌幽。攜客登舟去，烹茶泛月遊。波清雲影浸，風定露華浮。久坐思酬詠，聯吟慕白劉。靜處神多暇，扶欄復短吟。	4-111
150	林占梅	〈西池即事〉二首之一	萍動曉風清，波澄初日照。臨流忽羨魚，持竿坐垂釣。簑笠學漁翁，形骸宛然肖。得魚手持歸，入門姬妾笑。	4-111
151	林占梅	〈季夏碧棲堂即事〉	讀罷南華日尚長，餘情一曲奏瀟湘。簷垂桐露琴書潤，窗襲荷風筆硯香。映水殘霞呈暮霽，過牆修竹抹斜陽。呼童移榻雕欄畔，看月清宵愛薄涼。	4-112
152	林占梅	〈涵鏡軒夜吟〉	近水軒窗淨，空明一鏡涵。池光星歷歷，花氣露醺醺。琴曲彈秋思，茶經供夜談。茗餘風雨夜，客去舌猶甘。	4-113
153	林占梅	〈綠榕樓雨中暮望〉	獨上危樓望，蒼茫暮色迷。雨驅流水急，雲壓遠山低。崖穩舟爭泊，林昏鳥亂啼。漁翁簑笠冷，猶坐板橋西。	4-113
154	林占梅	〈新構小亭〉	林深穿徑遠，地僻構亭幽。碎竹篩疏雨，迴渠拗急流。哺雛看宿燕，喚婦聽鳴鳩。不作簪纓慕，身閒趣易留。	4-114
155	林占梅	〈北亭感懷〉	晚色蒼茫日影西，小亭獨坐思增淒。燭因烈燄偏多淚，酒為深愁不到臍。世事獺肝新換舊，人心象膽幻難齊。閒中默記前行事，參錯何堪復一提。	4-114
156	林占梅	〈嘯臺晚眺〉	晚眺危臺上，憑欄茗自烹。嘯因排悶起，吟為感懷成。遠水涵虛白，微雲抹太清。蔥蘢天際樹，遙接暮煙平。	4-114
157	林占梅	〈園池偶興〉之二	最欣池一帶，曲院趁縈紆。柳鬧鶯呼友，梁喧燕哺雛。哦詩行彳亍，垂釣坐跏趺。幽趣隨心賞，悠悠此自娛。	4-116
158	林占梅	〈園中夜坐〉	獨自開簾出，徘徊小院西。池星魚誤唼，林月鳥同棲。萬籟此俱寂，孤吟若忽低。更闌猶不寐，入耳訝鳴雞。園圃經搖落，雲山漸莽蒼。胸中多壘塊，消向黑甜鄉。	4-117
159	林占梅	〈賞梅〉	園林臨水絕纖埃，處士家風合種梅。影愛橫斜休亂折，春嫌漏洩不全開。一枝竹外穿籬出，幾樹池前倚石栽。尤喜橫琴明月下，清哦坐待鶴歸來。	4-119

160	林占梅	〈購花難行〉	從此群芳解語迎，一水毋須長脈脈。抱鶴攜琴任徜徉，烹茶覓句供游息。坦腹蓬窗鼓枻時，夾岸飛英落吟席。	4-119
161	林占梅	〈園中梅花盛開作詩賞之〉	清賞微吟刻不離，廣平一賦古今知。種非土產難求矣，句本天成偶得之。富貴繁華功甫記，橫斜樹影老逋詩。擬向孤山栽百樹，空林毋使鶴來遲。	4-120
162	林占梅	〈梅塢行樂吟〉	四圍修竹如環堵，道人喜作潛園主。花石林泉怡我情，排闥群峰青可睹。清閟亭外水迴縈，繞屋梅花數十樹。樹樹橫斜徑欲迷，宛轉通幽入廊廡。數笋嶙峋石丈人，蘚苔斑剝如龍虎。迴欄坐憑絕纖塵，花外泉鳴若春雨。石鼎香浮琴靜張，片片飛花落無數。逸韻悠悠三疊成，白鶴一雙旋起舞。道人顧之倍僩然，法曲洞天重按譜。復汲寒泉煮露芽，枝頭碗面香吞吐。此時俗慮盡驅除，步向花間揮玉麈。奚奴攤下青氍毹，安排文具依花塢。自然意到筆亦隨，風格無論今與古。近來作詩多長句，微笑拈花師李杜。何必庾嶺與羅浮，重洋遠涉空勞苦。當時約齊玉照堂，富貴驕人奚足取。若論所稱廿六宜，逋仙較勝張功甫。人生有此自可樂，花時璀璨同瑤圃。吟罷中天月正佳，霜鐘斷續和逸浦。	4-120
163	林占梅	〈讀家和靖公書孤山隱居壁次韻題青草湖孤山別業〉	山水未深猿鳥少，幽清人境便為居。雖睽天竺三千里，此亦孤山可結廬。	4-121
164	林占梅	〈南園即景〉	總為耽吟萬事休，況當佳日許清游。園花似錦春爭繡，野鳥如簧曉更幽。竹外有山皆蘊藉，柳邊得水倍風流。一池凝碧斜陽候，自把魚竿上釣舟。	4-122
165	林占梅	〈園中消夏〉	虛堂寂靜俗塵蠲，心遠應知地自偏。最愛園東初雨後，柳陰深處聽吟蟬。	4-122
166	林占梅	〈西園秋柳〉	蝴蝶西園對對飛，輕羅小扇久停揮。纖腰弱柳渾疏懶，故倩西風脫舞衣。	4-122
167	林占梅	〈園居〉	閒居方苦雨，開牖喜晴光。霽日明花塢，和風蕩柳塘。水清魚自樂，果熟鳥先嘗。地隔塵囂遠，居然似小莊。	4-122

168	林占梅	〈園中即景〉	亭臺隱映柳陰迷，嫋嫋東風起復低。 度過板橋盤石坐，落花如雨亂鶯啼。	4-122
169	林占梅	〈初秋西園即景〉	天時乍爽同三月，山色初晴儼仲春。 弱柳拖風披麈尾，微雲蘸水緝魚鱗。 瀠洄曲沼鮮經雨，迤邐長隄淨不塵。 乘興獨來還獨往，莓苔留得屐痕頻。	4-122
170	林占梅	〈詠春柳之二〉	風流當日舊知名，細葉如眉畫不成。 走馬章臺傳府尹，繞門栗里號先生。 常臨池水情尤淡，得傍桃花色倍明。 會到春深金縷變，交交隄畔聽機聲。	4-122
171	林占梅	〈竹間偶成〉	竹深不見日，珍禽時一鳴。偃息虛亭上， 清風兩腋生。境闃晝沉沉，綠陰清似水。 揮手弄冰絃，悠悠泉韻起。	4-124
172	林占梅	〈遣興〉	身閒詩思靜，妙境許搜尋。踏月宜花徑， 烹茶愛竹陰。行吟常伴鶴，坐嘯不離琴。 更喜招佳客，清談愜素心。	4-126
173	林占梅	〈園樓偶興〉	竹外斜陽映碧流，午前雨過綠陰稠。 花飛著網蛛驚攫，樹影侵潭鳥誤投。 萬物靜觀多妙趣，半生守拙懶深謀。 曲欄倚遍天將晚，自放湘簾下小樓。	4-128
174	林占梅	〈會心處不在遠，晉簡文語也。余入西圃，有觸而作〉二首之一	春草借雨力，一雨生最易。數日不窺園， 蔓延無隙地。茸茸遍階除，當足難引避。 小童荷鋤來，亟亟命芟棄。姑息勿如前， 叢生任其熾。勢盛欲拔之，瞀石骨受累。 窗前留不除，茂叔取生意。雖存博愛心， 終有滋蔓忌。況夾蒺藜生，何可疏防備。 不忍剪伐嚴，將遂縱橫志。轉瞬春雷鳴， 如指已成臂。庭變荊棘林，非種還為崇。 栽梅難發華，放鶴難展翅。斬刈嘆已遲， 著體皆芒刺。始知婦人仁，不可與成事。 姑息禍之媒，優柔害之使。寄語弟姪行， 書紳切牢記。如疑未必然，是我曾親試。	4-128
175	林占梅	〈會心處不在遠，晉簡文語也。余入西圃，有觸而作〉二首之二	種松幾樹低，種竹成林廣。松高歲數寸， 一紀未盈丈；何時成老龍，朝夕勞夢想。 卻言綠篔簹，百竿抽芽上。夜靜解籜時， 籟籟聽幽響。昨日纔比肩，今朝已過顙； 凌雲志氣高，遙遙如立仗。隔別三日間， 刮目堪企仰。迴顧幾株松，雲霄與土壤。 同受雨露滋，其故難明朗。忽然得元奧， 理如指諸掌。若問意如何？虛心故易長； 凡我為學人，此理真堪倣。	4-128

176	林占梅	〈閒興〉四首之三	嘯傲閒身已十年，百花深處擁書眠。 琴心漸會中庸道，詩學難參上乘禪。 白眼銜杯茶當酒，青絲繞屋柳如煙。 藜床抱膝渾無事，重檢蒙莊「內外篇」。	4-128
177	林占梅	〈平林莊過孫愨民 處士園作贈〉	寂寂柴門短短籬，群山環繞水漣漪； 花因露潤香生座，竹到春深翠入池。 靜院談心閒品茗，虛窗抱膝暢評詩； 脩然頓覺塵襟淨，棲隱真惟此地宜。	4-132
178	林占梅	〈寄興〉	人間牛馬笑勞勞，管領園林亦足豪。 琴畔素心來雅客，樽前白眼讓吾曹。 書能絕俗方臨米，詩到中年始愛陶。 最好登臺吟嘯罷，碧天如水月輪高。	6-188
179	林占梅	〈田莊晚望〉四首	稻糧豐贍鷺雞肥，木槿編籬竹作扉。 茅屋幾家深樹下，飯牛聲裡正斜暉。 蟬蜾光收雨乍晴，郊原處處遍春耕。 遙看新綠連阡陌，小大時隨餉婦行。 芳草春深沒馬蹄，炊煙林裡聽鳴雞。 纏綿最是隨田水，流過東塍又過西。 閣閣蛙聲鬧野田，交風苗葉弄清妍。 晚歸幾個攜鋤叟，閒話桑麻古渡前。	6-188
180	林占梅	〈田家曉興〉	三竿日影祝雞雛，幾處炊煙出曉廚。 花亞秧針疑刺繡，露凝柳線若穿珠。 山泉脈厚高田足，野草叢深小徑紆。 十里陌頭閒緩步，前林又聽喚提壺。	6-189
181	林占梅	〈宿芝蘭莊〉	怪樹懸崖禿，飛泉挂壁長。牆低山瞰屋， 簾淺月登床。竹籟寂清夢，蘭風飄晚香。 幽居何必廣，即此是仙鄉。	6-189
182	林占梅	〈遊芝蘭莊竹林石 室諸勝〉	夜泛劍潭水，晚過芝蘭岡； 郊原多景色，巖壑任翱翔。 村連竹樹人應雅，地產芝蘭水亦香。 舍舟攜友同登陸，一帶幽居枕山麓。 土沃禾梁犬豕肥，水深溪渚魚蝦蓄。 和風麥隴畫鳴鳩，細雨煙郊春叱犢。 黃童白叟各怡然，相見依依民雍睦。 上有松峰樵徑奇，絕頂千尋逼九嶷； 嶺松蟠結樹蔥鬱，山石犖确逕嶔崎。 平生不自勤磨煉，躋勝無資力已疲。 雙腳踏謝屐，兩手拄張藜； 攀緣登林木，緩步踏雲梯。 盤空竟達高峰上，拂開煙樹到招提。	6-189

			危立層巔同縱目，田園掌大牛疑羝； 仰面上觀浮雲近，俯身不視飛鳥低。 我居城郭如帷幔，那得名山長在玩。 登此始知大地寬，不覺望洋自嗟嘆。 徘徊立久靜無聞，萬木陰森絕斧斤； 高聲長嘯答巖谷，四山落葉落紛紛。 下有竹林藏石室，夾徑穿山盡此君； 臨階几榻生清冷，挂壁藤羅吐翠芬。 當年七子恣行樂，卻無石室高論文。 披圖每羨前人福，對此盤桓意倍欣。 回途幾度行又止，歸到村居口已□。 鋪床拂石樂箕踞，下箸十千求兼味； 歡然一飽向黑甜，來朝復擬尋幽去。	
183	林占梅	〈樹杞林村即景〉	數椽老屋枕岩巔，塵海居然有洞天。 鳥趁白雲秋度水，人隨黃犢曉耕煙。 四圍山影奇排樹，十里溪聲急瀉泉。 莫羨桃源風景好，此間卜築亦如仙。	7-220
184	林占梅	〈登青潭岩頂壁題〉	共羨禪扃好，清幽似隔凡。鐘聲催落日， 雲影指歸帆。暮色空林合，秋光遠渚銜。 登高長嘯罷，餘韻繞松杉。	8-241
185	林占梅	〈夜宿棲雲巖〉	剨劳山門外，穿林一徑分；蟲聲春暖鬧， 竹露夜深聞。水際沉孤月，松巔帶片雲。 禪堂清課早，香氣遍氤氳。	8-246
186	林占梅	〈偕友登棲雲巖留宿〉	共宿遠公社，碧蘿欣可攀；鳥歸仍認樹， 日落尚銜山。蠟屐跡逾遠，蒲團情自閒。 我非陶元亮，煮茗且怡顏。	8-246 8-248
187	林青蓮	〈登龜山望海潮〉	層巒獨上荔寒煙，四望蒼茫潮氣連。 欲淨塵胸千頃外，直空醉眼萬波前。 湧來三汲銀河捲，駕去六鰲碧落懸。 漫記禹門爭奮鬣，且教滄海動龍眠。	7-218
188	林朝崧	〈避地泉州作〉	百口飄零乍定居，刺桐花下理琴書。 故人萬里無消息，日日臨江釣鯉魚。	2-50
189	林朝崧	〈得梁子嘉書賦長句奉答〉	家本蓬萊海中住，日出咸池見鄉樹。 劫灰飛到仙山來，身騎白黿且西渡。	2-54
190	林朝崧	〈次韻答槐庭寄懷之作〉其一	樹相望三載餘，幅巾就我竹林居。 山中供客無兼味，別後傳情有尺書。 掃地花空微雨夕，啼春鶯老綠陰初。 一樽何日還同把，惆悵松軒月影虛。	3-73
191	林朝崧	〈寄居〉三首之一	寄居阮家林，貧賤誰記憶。多病身常閒， 樂道心自得。綠樹圍村舍，白水明溝洫。	3-74

			陰晴山異態，遠近草殊色。鳥笑春催耕，蟲吟秋促織。願學於陵隱，夫妻俱食力。	
192	林朝崧	〈次韻和仲衡過田居之作〉	竹樹連雲暮色蒼，草堂樽酒話悲傷。一家楚越書傳雁，十載干戈劫換羊。故物道南求犢鼻，行裝驢背卸詩囊。遠游何似歸耕好，身種胡麻婦種桑。	6-194
193	林朝崧	〈酬李君友石步厚庵韻書懷見贈〉	竹里雙扉盡日關，行吟帶索向田間。才非世用宜藏拙，道在躬耕敢愛閒。鴻雁北飛啼正苦，江河東下挽難還。憑君莫說南朝事，腸斷哀時庾子山。	6-195
194	林夢麟	〈淡溪秋月〉	玉兔娟娟碧水悠，波光萬頃映沙州。聲歸長寂溪原淡，氣有餘清月帶秋。泛棹渾忘身在世，行吟只覺魄吞喉。塵心對此全銷卻，半點繁華更不留。	7-219
195	林維丞	〈潛園紀勝十二韻〉	此間小住即成仙，景物撩人別樣妍。使酒連番開笑口，尋詩竟日聳吟肩。靜編籬落栽紅槿，斜倚闌干釣綠煙（釣月橋）。涵鏡軒迷楊柳岸，鬧春樓醉杏花天。愛廬雅癖懷陶令（陶愛草廬），拜石閒情慕米顛（香石山房）。棲鳳碧梧堂爽朗（碧棲堂），盤螺幽境路迴旋（小螺墩）。臺凌書舫通香榭（嘯望臺、鄰花書舫、掬月弄香之榭），閣接蘭汀繫畫船（爽吟閣、蘭汀橋、吟月舫）。菡萏池環三徑曲（浣霞池），芭蕉牆護一亭圓（宿景圓亭）。窗中梅影庭中月（二十六宜梅花書屋），檻外嵐光閒外泉（留香閘）。留客竹鳴新雨後（留客處），迎風萍約彩虹前（雙虹橋）。源添水活饒清趣（清許橋），垣借篁圍結淨緣。差喜逍遙林下樂（逍遙館、林下橋）。潛園勝迹許流傳。	4-101 4-116
196	林維朝	〈閒居〉二首之二	謝卻紛紛世俗塵，逍遙林下養閒身。每邀皓月頻來往，聊許青山遞主賓。琴操宮音歌古調，詩吟子夜遣清神。北窗高臥煙霞客，贏得頭銜署散人。	3-81
197	林豪	〈陳迂谷同年所居怡園之西因山構屋題曰太古巢前俯八卦潭上有雞鳴石諸勝余一再過訪同年出詩索和次韻奉酬〉二首之一	高臥羲皇不記年，巢居小築碧潭邊。眼中清淺看蓬島，世外煙霞想葛天。境似高人忘熱惱，身從平地作神仙。古懷共領巢由趣，容膝盤桓屋數椽。	3-63

198	林豪	〈春日園居雜興〉三十首之三十	半世長爲客，春還到客居。澆花因抱甕，探葯偶携鋤。屋小原如舫，香多好結廬。偷閒兼養拙，豪氣任消除。	3-80
199	林豪	〈頂店田家即目〉	到此消塵慮，翛然野客居。引泉穿蟹舍，因樹結蝸廬。掀地松根老，編籬竹影疏。何當遠世網，關徑學稷鋤。	6-191
200	林豪	〈夢蝶園〉	世界華胥耳，人生夢中身。夢中復占夢，疑夢復疑眞。何當借得邯鄲枕，好夢千春不肯醒。醒時栩栩，夢時蘧蘧。周耶蝶耶，故我今吾。吾與我相忘，非周亦非蝶。春色忽相遭，看花復採葉。花花葉葉夢未還，惟我與吾相周旋。周旋只在華胥表，是周是蝶都了了。夢亦非夢醒非醒，雞蟲鹿馬憑擾擾。此中卻有眞吾存，故我今吾不須論。留得高風足千古，當前即是桃花源。君不見，夢蝶園。	9-261
201	林豪	〈碧珊瑚軒夜坐書懷〉八首之四	一枕迴清夢，蕭然萬慮澄。蒼蠅朝集硯，點鼠夜窺燈。機息先忘我，心枯欲學僧。翻雲將覆雨，自嘆一無能。	9-262
202	林豪	〈秋夢〉	高臥烟霞短榻宜，遊仙清夢任遲遲。竹床秋冷呼兒換，菊枕香疎有蝶知。歸路五更迴曉柝，吟魂幾度到東籬，縱教得句憑忘却，未忍偎寒喚小姬。	9-262
203	邱巽煐	〈又題友德詩冊〉	獻身遽使許騷壇，終屈吟懷一世殫。師友相資爲學易，亂離之際立言難。愁來厄我疑天醉，夢覺將心與汝安。且快生前親寫定，懶從季緒問褒彈。	9-272
204	邱緝臣	〈息游〉	飛鳥倦知還，杯中酒尚寬。結廬依檉柳，相契在王蘭。山蕨堪供飽，秋英亦可餐。天涯游子淚，魂夢繞臺灣。	2-51
205	金文焯	〈沙鯤漁火〉	曲港潮回碧水澄，蛋船傍晚上漁燈。千檣影射波光動，一抹煙含暮靄凝。歷落疏星明復暗，朦朧螢火減還增。更添紅蓼白蘋岸，風景依稀似武陵。	6-184
206	施士洁	〈春日同朱樹吾、楊西庚兩明府、梁定甫拔萃集飲吳家園聯句〉	寄傲煙霞容我輩，偷閒泉石亦君恩。濁醪敢憚千回醉，佳句何妨一夕論。文字因緣眞不偶，雪泥鴻爪記今番。	4-99

207	施士洁	〈浴佛前一日唐維卿廉訪招同倪耘劬太令等遊竹溪寺〉	去年吟社笑紛爭，消夏樽開不夜城（去夏廉訪於夕署創「斐亭吟社」）。今雨重招三島客，下風群奉六如名。花前泛罈新篇出；竹裏歸驂暮靄橫。吏隱分途歌詠合，海天笙磬許同聲。	5-168
208	施士洁	〈閏五月十九夜復大風雨和萃翁韻〉	翩然江（子彝）李（敘卿）絕俗情，芙蓉幕裡豔才名，竟成松竹梅三友，與我共結歲寒盟。	5-158
209	施士洁	〈敘卿郡署種蕉和辛陔韻〉	瀛寰千里久安堵，直以官齋作書圃。郡侯幕客謫仙人，手植牙蕉洗伏暑。碧玉亭亭三五樹，披拂涼風把清露。陶令南山帶月鋤，成都桑之八百株。君今聊復踵餘韻，美人一笑相軒渠。長日如年寸分惜，鴻指園邊抱甕汲（園鄰郡署）。杞湖先生舞且歌，似助卷舒化工力。先生舊治留棠陰，胸次本無煩熱侵；況有綠葊動吟興，冰雪詞句煙霞襟。新編引我入勝境，詩脾爽極忘炎景。畫圖半幅蔚藍天，珍重他時社結蓮。	5-158
210	施士洁	〈簡菽莊鐘社主人並諸同志〉八首之六	寒郊那有不平鳴，轉坐詩窮得氣清。嚌爾路人誰肯受，怪他文士每相輕。蒼生豈必思安石？黃祖居然識彌衡。一笑硯田無惡歲，腹中有筍舌能耕。	6-197
211	施士洁	〈健人疊韻見和再疊前韻酬之〉八首之六	幾人雌伏幾雄鳴，眾濁如今笑獨清。黨部甘陵渾似戲，宦情思曠本來輕。聽松閣上懷宏景，種橘洲邊羨李衡。故里恨無桑八百，布衣何處可躬耕。	6-197
212	施士洁	〈羅穀臣太守招同耘劬漱荼穉香瑞卿消夏竹溪寺〉	長鯨千丈妖氣息，天遣文星照海國。蓬山芝草迎旌麾，幕府蓮花映金碧。赤嵌城外竹溪寺，佛界幽深入境隔。瀛南太守今羅含，嵇、阮襟期禽向癖。一麾五馬七鯤身，公是主人我是客。於時出郭驕陽迫，軟紅之中汗及額。斗然四顧陰□□，□作滿山涼翠滴。振衣忽化凌空翻，篿輿□□□□□。□□□□□□□，□鄰夢蝶先生宅。桂花□□□□□，□□□□□□□□。關西夫子恭以默，熊□□□乃四射。主客風流真畫圖，長官禮數寧羈勒。抱情寄趣各有適，千煩萬惱一齊滌。	8-243

		或觴或詠或跳擲，非癡非醉非枯寂。 蠟屐一雙瓢一只，不妨狂倒維摩側。 維摩是我舊時識，幾度爪泥疥僧壁。 公今於此展良覿，瘴外林巒生物色。 蒲牢報道日將夕，歸途五里綠無隙。 海天如水海月白，廣寒仙人濯我魄， 手寫蘭亭修禊冊。	
213	施士洁	〈牆東〉	懶學牆東避世賢，邵窩安樂勝神仙。 無情豈是英雄漢，有夢何妨淡定禪。 讀史一生關慧業，看花到老得眞詮。 秋風蕭瑟秋雲薄，如此風雲亦可憐。	3-70
214	施梅樵	〈圓光寺僧妙果招隱賦此示之〉二首之一	十年已淡利名心，變幻人情自古今。 覓盡寰區無淨土，不期世外有禪林。	2-51 8-236
215	施梅樵	〈入山詞〉	紅塵莫插腳，入山訪神仙。神仙竟難遇， 山中空雲煙。上有紫瓊芝，下有白玉田。 蒼蒼千歲松，直幹高接天。怪石懸危崖， 俯臨萬丈淵。我欲登絕頂，躡屐聳吟肩。 素有愛山癖，到此思慮捐。依山且結廬， 靜坐參詩禪。	2-51 8-236
216	施梅樵	〈次韻小魯移居東山〉二首之一	久遊結習喜全刪。飽覽風光興盡還。 徙宅適逢梧葉落。到家已過荔枝斑。 林泉便覺栖身穩。世路休嗟舉步艱。 養晦名山洵樂趣，桃源從古異塵寰。	3-81
217	施梅樵	〈小遊仙〉二十首	銀河咫尺架長虹，始信藍橋有路通。 曾向雲英求解渴，瓊漿貯滿玉壺中。 珠樓金闕幾重重，又上蓬萊第一峰。 長吉青蓮齊抗手，幾回仔細問行蹤。 半幅晶簾窈窕窗，白雲洞裏靜無厖。 飛瓊瀟灑工彈唱，不學尋常鍒笛腔。 小憐的是可人兒，月府攜來筆一枝。 泥寫新詞深護惜，留題當作去思碑。 芝草瓊花入望中，銀河水自隔西東。 曾從月殿詢消息，一段心情未許通。 久無塵俗繫心胸，陟遍雲衢有幾重。 金母木公相問訊，攜來玉液各盈鐘。 射覆藏鉤未肯降，屐痕花下印雙雙。 蓬瀛今日開歡宴，饌滿仙廚酒滿矼。 喧傳跨鶴客來遲，醉舞狂歌倒接䍦。 辭退玉樓齊出洞，幾人握手問歸期。	9-276

			一輌雲車駕好風，卻殊泛宅侍漁童。 仙山三萬八千里，盡在行人指顧中。 天池掬水洗塵胸，駭浪驚波看躍龍。 卻笑仙人偏弄巧，一時雨色散群峰。 紅玉樓臺白玉窗，鴨鑪麂几列雙雙。 仙家也解工書法，筆力分明鼎可扛。 海上仙山踏片時，支機石上也題詩。 他年倘織迴文錦，墨汁須防染素絲。 風馬雲車頃刻中，一行偏許入蟾宮。 嫦娥私把前情訴，偷藥原非出本衷。 休道蓬壺隔萬重，仙人姑射日相從。 卻防薄倖同劉阮，天上人間不定蹤。 偶向天池泛畫艭，雲光霞彩繞蓬窗。 卸帆時節飛鳧過，忽化王喬為一雙。 交梨火棗贈臨歧，正是雙成惜別時。 歸路休從山下過，恐貽柯爛待收棋。 去路生疏問葛洪，拄節側望翠微宮。 瓊樓珠闕遙相對，四面丹霞色似烘。 歷歷雲梯上幾重，霓裳曲罷不聞鐘。 胡麻一飯誰供給，忽化當前點點蜂。 星河日夜水淙淙，泛櫂清流倒玉缸。 到處逍遙忘是客，人間無此好家邦。 昔日麻姑鬢未絲，臨行故故緩歸期。 蔡經記是曾相識，憑寄天廚酒數卮。	
218	施梅樵	〈夢遊仙〉二首之二	蓬壺權借作青廬，小玉殷勤侍起居。 試問霓裳同詠後，阮郎習染可曾除。	9-277
219	施陳慶	〈打鼓山〉	聞道山中有白金，百年遺跡卻難尋。 山中寂寂金無語，惟有哀猿泣茂林。 哀猿鳴狖兩為伍，怪石巉巖如吼虎。 破址頹垣今尚存，埋金俠女終塵土。 茫茫不見埋金人，白雲來往埋金塢。 須臾山上有樵來，一擔枯株一柄斧。 告我曾知埋金事，笑指青山為錢虜。 發光斂晦已多年，有時隱現若將覩。 伊昔樵夫有奇緣，採樵日暮卻忘還。 山中竟遇埋金女，繡閣粧樓在目前。 巍峨不類人間屋，置酒張燈肆綺筵。 舞劍雙鬟來勸飲，奉金為壽醉瞑然。 羅幬翠被三更夢，冷露陰風一夜眠。 醒來只在荒林下，何處山中有人煙	2-34

			挑得白金一擔歸，欲尋舊跡似登天。 依稀如入桃源去，漁父樵夫可並傳。 世人多爲樵夫誤，欲覓白金不知路。 我聞此語爲謬傳，問卻青山不能吐。	
220	施鈺	〈耕讀篇〉	有田宜勤墾，及春無分蚤與晚。 有書宜勤展，獲益無分墳與典。 人生正路兩者該，耕讀之外無長材。 爲工爲商毫末較，居奇制勝百端來。 此理盡人皆能悟，誰歟肯堂矧肯穡。 歌管筵間燕笑譁，綺羅隊裏鶯花度。 讀書不在名，愛惜廉恥匪身輕。 力田不求榮，含哺鼓腹樂順成。 君不見豳風之詩陳王業， 辟廱之化美鎬京。	6-196
221	施鈺	〈石房樵唱畫冊題辭〉	巖石嵌空，松風諼颯。 時有一樵，歌與之答。 冷然松音，悠然樵吟。 白雲生岫，鳴鶴在陰。	6-196
222	施瓊芳	〈詠懷〉	榮枯各有時，誰能保厥終。春華茂桃李， 搖落向秋風。憫此無情物，羸縮感我躬。 一朝挂簪綬，有似羈樊籠。景彼箕山操， 古人有高風。去矣逍遙遊，前途毋使窮。	2-44
223	施瓊芳	〈初夏即事〉	臨水高樓習靜居，銅匜篆嫋碧䬃疏。 庭陰啼鳥葉濃處，天氣囚人梅熟初。 午後客稀容袒服，睡餘日永但觀書。 愛他閒趣薰風解，一過南窗室自虛。	2-44
224	柯輅	〈中春雨後元楲崗學博共遊鴻指園〉二首之一	別墅蓬瀛勝，招攜試一臨。徑幽迷展齒， 花艷覆春陰。樹石藤蘿古，樓臺煙雨深。 到來眞浩曠，吾亦愛山林。	5-156
225	洪坤	〈遊竹溪寺〉	挈伴尋春出郭遊，寺門高聳接平疇。 梵鐘響徹松陰外，玉磬音傳佛座頭。 嫩竹遙連村樹綠，清溪倒映暮雲浮。 一鉤隱現虛空際，羨爾山僧得靜修。	8-241
226	洪繻	〈再爲廣行斷髮詠〉	長嘆無天可避秦，中華遠海總蒙塵。 本爲海島埋頭客，更變伊川被髮人。 愧與伍間儓父輩，錯成廿載寓公身。 江湖滿地供樗散，不數襢中蟣蝨臣。	2-50
227	洪繻	〈看花感賦〉	玉碎崑崙珠碎淵，蛾眉何處逞嬋娟。 塵生閬苑難爲麗，水涸蓬萊莫問仙。 芳草美人榛莽裏，桃花明月劫灰前。 天寒翠袖憐修竹，其奈豺狼在道邊。	2-54

228	洪繻	〈閒居即事〉五首之二	海岱迢迢春復秋，遯荒未覺歲華遒。上層樓住陶弘景，下澤車乘馬少游。富貴不如書萬卷，滄桑況見屋千籌。陸沉暫作浮沉客，花月江山似水流。	3-72
229	洪繻	〈閒居即事〉五首之五	年年閉戶賦離憂，辭謝紅塵絕應酬。千歲古書堆榻上，一春今日據樓頭。雲開遠遠青山入，潮起茫茫碧海浮。且自逍遙人世外，不須歡樂不須愁。	3-72
230	洪繻	〈閒居偶詠〉二首之一	萬目時艱百不宜，襄陽休醉習家池。琴高魚長輸租重，支遁鶴多困米飢。禪海有關難泛宅，商山無路可尋芝。閉門聊作羲皇侶，長與陶潛伴菊籬。	3-72
231	洪繻	〈齋居偶得〉五首之一	閒齋日無事，夢足聞鳥語。坏戶卻冬寒，敞軒消夏暑。獨遊一室中，時與羲皇處。雖異柴桑居，聊比輞川墅。	3-86
232	洪繻	〈過秀水村視禾田感賦〉四首	閉門效閒居，未能遺田畝。禾稻青油油，我愧泥塗叟。孜孜田畝視，勝彼謀升斗。春初來一行，苗寸長如韭。今夏偶復觀，稻華秀已久。幽鳥鳴田間，老農登隴首。林樹帶茅茨，出入沽村酒。田家樂事多，軒冕同敞帚。願尋沮溺徒，永結蓬蒿友。 我居涸市塵，距村十二里。所樂有詩書，未免乏山水。多與駔儈逢，胸中入客鄙。偶聞海潮聲，枕流兼洗耳。來茲一徜徉，豁然為園綺。世路風塵生，誰是桃源裡。襏襫被煙霞，嘯傲觀無始。活計託農桑，生涯未為俚。買田陽羨居，我欲誇蘇子。 大隱未能為，中隱或庶乎。區區幾畝田，聊以備啜餔。箕斂雖甚重，鶴糧已不孤。所慮旱潦增，無以脫追呼。相嘆舊時民，隔歲作逃逋。彼時我無田，尚作功名徒。今失硯田耕，食粟苦納租。偶茲視畎畝，夫豈思蓴鱸。得食萬事足，歸去求樵蘇。 謀生豈不能，未忍隳素志。華夏棄功名，何論執鞭事。此日作儌荒，亦自甘詭異。驥士遁山中，逢萌居海次。雖有稻粱謀，未失衡門意。譬彼蟬蛻高，猶將風露餌。我非非忘世人，沉淪良有寄。 他日乘長風，尚須持糗糒。 一嘗稼穡艱，永絕精鯖嗜。	6-192

233	洪繻	〈夏日到新庄偶步田間〉	桃榔青插天，樹樹榕竹裡。清風吹鳥聲，白石流澗水。循水繞村行，雜沓炊煙紫。夕陽四野低，禾田黃雲起。看雲入田中，夏稻熟蕤蕤。農夫腰月鐮，稚子背泥耟。啄餘簷雀喧，得粒林鴉喜。言過野花間，夾花行不已。雖云喪亂秋，幸各居井里。吾來偶徜徉，吾去亦逶迤。今日烏溪頭，明朝鹿溪尾。	6-193
234	洪繻	〈說夢〉二首之一	連朝陰雨閉門扃，案頭萬卷當百城。讀書握筆呵凍玉，硯凹礴磈冰棱棱。平生素渴封侯願，麟閣鳳閣期標名。一朝墮作傖荒客，滄海桑田觸目驚。浮沉一世空苟免，仕隱千秋兩不成。夢中踏月出關塞，塞垣萬里黃雲平。漢馬驕嘶桃花雪，虜帳橫屯偃月營。壯夫盡向玉關老，天嶺陰山草不生。回鶻不揚令使節，燕然空讀古碑銘。提戈壯志無所用，夢破蕭齋燈月明。	9-267
235	洪繻	〈說夢〉二首之二	怒風萬仞吐潮浪，永從大海爭轟鳴。夜闌四壁走蛟魅，坐吒千聲吼鱷鯨。夢中樓船起橫海，遠從海上收赤城。曉日雙輪烏馭迅，落霞萬里龍旗明。金甌重補神州缺，玉柱遙撐地軸傾。玉皇虛左相逢迎，瑤池侍飲許飛瓊。奏凱蓬萊坐列仙，仙人顧我笑且興，此夢依稀落上清。	9-267
236	洪繻	〈夢遊玉京〉	日落蓬萊峰，微茫天地色。空中聞笙歌，忽見天門春。崔嵬帝座中，晃漭映金碧。真仙夾仗趨，玉女從旁掖。靈馭後扶輪，神人前執戟。朱鬣隨驪騽，几几來赤舄。童子帶雲璈，從行拂素策。徘徊晃蕩間，千門萬戶闢。羽葆擁旄幢，森森百千尺。雲氣雜星光，玲瓏繞幕帟。圭鑽奉嵯峨，璇璣紛映射。鈞天廣樂鳴，奇器無由識。蒼龍吹簧簴，白虎鼓竽瑟。神馬立天衢，珠韉黃金勒。鳳凰凌九臬，時啄靈脂食。白角千歲麏，青牛共游息。殊異難盡名，自是神仙域。日月相盪摩，雲霞時翕歘。列宿繚衣裙，不復辨昕夕。縱步得安行，無可問蹤跡。道逢老仙翁，揖之告以臆。仙翁顧我笑，似將為拂拭。問我何從來，對以恍然得。指之向我云，此為神君闕。	9-268

			昨者招群仙，共來會辰極。王母在上方，賜以蟠桃席。桃熟歲三千，塵寰經數易。今適塵劫時，子向塵寰謫。仙人憫子身，援汝魂與魄。雖不與斯宴，亦足繫斯籍。慎勿忘本來，致墮塵灰隙。聞之豁然悟，儼同群仙適。塵世苦惱懷，不復爲記憶。蝸角生戰爭，不過流光擲。陵谷起變遷，如掃塵埃積。富貴功名場，蜉蝣爲形役。無時無殺機，乾坤亦荊棘。萬古與千秋，去來如一刻。紫氣出天關，雲際庵霹靂。置身於此間，空明無障隔。瞥然望老翁，一去如飛翼。縹緲不可追，仙花開的的。看花不知歸，忽見赤城赤。前有采芝人，後有眠雲客。顧盼失所遭，一笑在羅幕。捫得胸懷間，猶遺仙桃核。迴思入夢時，夢境何歷歷。出門望鄉里，殊覺非疇昔。大廈爲荒邱，高原爲深澤。不見舊時人，問途迷巷陌。山川倏忽更，城闕生禾麥。痛悔到人間，從茲尋黃石。	
237	洪繻	〈臺灣哀詞〉四首之二	幾將晉土等分瓜，人事參差散晚霞；何限蛟螭兼寞盆，無多猿鶴與蟲沙。風塵已變寰中色，河漢難乘世外槎。我欲寄懷漁父路，往來撩亂武陵花。	9-269
238	洪繻	〈招隱〉六首之六	處世成大隱，神仙亦不如。煙霞入几席，日月生琴書。蠻觸與滄桑，浮雲過太虛。山林固可悅，城市亦可居。相逢殊俗人，相視如猿狙。雖處闤闠間，游心等邱墟。嘯詠近陶潛，草木傍茅廬。出視龍與蠖，爲捲不爲舒。	9-269
239	洪繻	〈避世歌〉	憶我昔居蓬萊巔，江山花鳥不知年。桃源子孫忘晉魏，葉縣鳧鳥盡神仙。危樓傑閣城十二，碧月青雲界三千。安期羨門崆峒子，時乘太乙駕青蓮。日出扶桑或晞髮，嬉遊帝子千丈船。靈境久閟無人到，遙與塵世分雲淵。一朝浩劫成渾沌，陡見滄海爲桑田。滄海揚塵日日淺，天魔山鬼爭勾連。武夷君與羅浮子，相率去此求樂天。聞道江南多蠻觳，花紅如火柳如綿。林下青牛閒偃臥，雲中白鶴高飛騫。又況梅市有仙尉，庶乎壺公寄一塵。誰料乾坤無淨土，芒芒大地皆腥羶。	9-270

			長狄白狄入廊廡，侏儒之語赤鬙鬙。 被髮左衽來伊川，河洛中州陸渾邊。 名山稜跡何可蹢，遼東華表空芊芊。 東狼西獒交垂涎，臥榻四旁鼾齁眠。 放懷欲到西佛國，亦燃烽燧森戈鋋， 撤我藩籬求麢延。四大部洲荊與棘， 洞府何處供蹁躚。要知清淨本無用， 退避亦愈滋蔓纏。雖外形骸亦安往， 天門迴叫終茫然。願捨學仙求劍俠， 剪除此獠開窮邊，雷硠砲火電光煙。 屠宰熊虎付鼈醢，束縛蛟螭爲蜿蜒。 妖氛既盪寰宇清，吾民庶幾登几筵。 嗚呼，仙人逍遙學蘊藉， 舉世沉沉如長夜。剩水殘山已削脧， 豈有隙地堪棲借。騎箕駕尾何處遊， 鹵莽神君從天下。	
240	洪繻	〈齋中即景〉	四圍風月一燈懸，帳裏芙蓉小洞天。 鄴架書堆群玉府，皇圖壁掛九州煙。 東洋髹漆西洋繡，南海玻璃北海氈。 又有巨文三萬軸，自家織綿勝湖川。	9-279
241	洪繻	〈吸煙戲詠〉	九華仙子餐沆瀣，薜荔衣裳芙蓉帶。 七寶盤匜百寶床，龍唅鯨呿天地隘。 葡萄宮中火不衰，櫻粟堆裏香常在。 獨銜金莖餞鳳吭，孤倚玉篠瘦蚊背。 瓊鐘瑤席甘露漿，黑雪玄霜紫雲靄。 燈閃長鳴窸窣風，斗收佳氣氤氳界。 不夜城中得溫觴，常燃鼎上欣津逮。 癖嗜已同九轉丹，創懲未要三年艾。 囊棄書劍求神仙，仙人謂我須淘汰。 入塵已似鼠拖腸，離世何望蟬脫蛻。 流連飲啄眞籧篨，散誕形骸總疣贅。 教我且學不死方，煙霞之裏垢塵外。 入山采朮兼采芝，青精有飯黃精代。 愧我尚戀煙火緣，未能絕物待沾匈。 蕙蘭膏後金粟膏，仙人擲米弄狡獪。 引我漫居大沬天，置身遂入須彌芥。 有時臥遊上九霄，有時魂遊空五內。 燥吻惟濡陸羽茶，饞情卻謝元修菜。 藉茲冀免俗氛侵，不治未是南山穢。 羅什有道吞亂鍼，游戲神通何介蔕。 睎髮陽阿下大荒，久鄰山魈木石怪。 御氣身與造化遊，陸地行仙縴莫壞。	9-280

		甜鄉休道爛如泥，糟邱須知肉不敗。 與人無悶世無懷，掃愁有帚詩有械。 揶揄或謂窮骨頭，顛倒拼作尸居態。 邯鄲一枕夢黃粱，洞府三清伸白喙。 霧液雲腴流玉酥，鸞膠鳳髓含金薤。 太乙然火三千年，一吸沖虛無大塊。	
242	洪繻	〈戒煙長歌〉	自從世界變腥膻，爇火劫灰焚大千。 惡氛炎煇不可掃，瘴煙毒霧鎮相連。 九霄無路餐金瀣，半世空勞煉汞鉛。 自歎此身已廢朽，遂將此事託逃禪。 古人有託隱於酒，我今何妨隱於煙。 收拾青雲付灰燼，壯心縷縷管中牽。 芙蓉城主石曼卿，金粟堂身李青蓮。 末路英雄無退步，噴薄憤氣塡坤乾。 小榻一椽書百卷，枕藉拼作甕中眠。 誰知時俗有洗滌，爭伐髓毛爭磨鑱， 禁煙爭問到吾邊。吾聊從俗佩韋弦， 戒之連日喜安便。不如俗鼻有涕漣， 不同俗態有癇顛。無眾生相無我相， 脫然一笑破萬纏。但是長夏難排遣， 終日廢閒空手心懸懸。此物費吾無多錢， 吾姑執此勝執鞭。陸沈於世何所望， 吸風飲露一寒蟬。援我自有「傳燈錄」， 愼毋嗔我爲矯虔，我於此中獲洞天。	9-281
243	胡承珙	〈衙齋偶成〉	小庭風細蝶依花，日午黃蜂亦散衙。 豈有不平鳴蜥蜴，未知何事鬧蝦蟆。 偶緣礙足思鋤草，莫爲傷脾便毀茶。 樹影微欹殘夢醒，渾忘身世在天涯。	5-159
244	胡承珙	〈立冬前一日蓋碧軒方泌太守招同音健齋登額總戎集鴻指園看菊因以酥和菊葉煎食之〉	何必騷人嗅落英，攀條擷葉試新烹。 鴻園拂石秋還暖，燕寢凝香晚更清。 插帽不妨開笑口，持螯端足了浮生。 爲君醉草天隨賦，合占滄洲吏隱名。	5-160
245	胡承珙	〈彰化道中〉	曉雨細愔愔，春寒晝屢陰。征衣饒海色， 詩句換蠻音。生事依諸蔗，人家恃竹林。 歸耕無計得，慚愧勸農心。	6-181
246	胡健	〈十三澳詩・赤崁澳〉	赤嵌紅毛舊日城，文身陋俗久全更。 十洲海外逢清晏，百忍堂前好弟兄。 羨有多魚頻入夢，漫勞春鳥喚催耕。 官閒到處詢民隱，巷舞衢歌詠太平。	5-161

247	胡應魁	〈太極亭碑記〉	予因閱城，一至其處。見山勢橫互，無主峰；乃喟然曰：『無主則亂，邑之不靖，其以是夫』。予思八卦之生根於太極，因鑿西池，即填土於署後，培成一山。山蟠屈如龍，至東方作昂首勢，爰於其上建太極亭。上繪一圖，中錄濂溪周子之說。亭之高約二十四尺，傑構凌雲，以襲氣母，八卦成列、環衛貼然，山靈有知，幸自今其有主矣。夫得主者，常有生生不已之機，萌芽在是，予將進形家之談易理焉。	5-151
248	范咸	〈露香亭即事〉	夜涼樹垂露，晨清花放香。坐覺幽意適，不知白日長。守宮鳴前楹，互答怪蟬螿。機事久已息，掉臂驚螳螂。感此發深喟，世態何張皇。營營名利窟，私欲羞難量。曷弗順大化，鼓腹遊虞唐。青青木蘭樹，金粟同芬芳。離離頹桐枝，火燄燒扶桑。但逞顏色好，終非金玉章。吾生更何求，返璞是所望。亢龍應有悔，大道歸斂藏。君子日乾乾，慎守千金方。	3-82
249	唐景崧	〈夢蝶園限東真陽韻〉	世外蓬仙海外臣，花中魂魄一相親。漆園客許棲遺老，香冢魂疑化美人。世界迷離逃幻境，天涯扈從睡閒身。夢中事畢聞王死，蛻骨終當返永春。	9-266
250	唐贊袞	〈春夜斐亭讌客〉	空亭篩晚風，吹落滿階翠。須臾見月來，姮娥亦無寐；盈盈下尊前，不借花影媚。頻將酒底看，月已先客醉；客醉興猶豪，月醉光欲墮。招之畏俗吏，漸向花陰避。	5-160
251	孫元衡	〈登廈門岸〉	三年窮困海，瘴癘憂相磨。兩腳踏中土，驚禽脫虞羅。環山帶靈石，往往見雲窩。流水出山來，淙淙橋下過。日明楓葉岸，籟起長松坡。弱鱗浮淺渚，喜鵲叫寒柯。翠竹鮮鉤棘，著手久摩挲。	2-40
252	孫元衡	〈草堂漫興〉	天外今知樂事偏，茅齋洒掃駐三年。連林蘭本飄金粟，出屋蕉叢吐赤蓮。棋局傍觀無我相，醉鄉漸入有仙緣。蠻煙瘴雨何滋味，八尺風漪得穩眠。	2-41
253	孫元衡	〈留滯海外候蹄三載，追維所歷不無嘅焉〉四首之三	推擠不去已三年，千首詩拋海一邊。初到似逋還似謫，即今疑幻卻疑仙。後車何處無前轍，大國由來是小鮮。疏懶不愁魚鳥笑，刺桐城裏得安眠。	2-53 5-140 9-263 10-287

254	孫元衡	〈閒遊羨子園林〉	杪秋似初夏，和風正輕靡。從遊四五人，出郭二三里。細路入幽篁，平沙渡寒沚。羨木行行直，崇岡面面起。故葉凌冬青，新枝垂暮紫。茅店闃無人，遠望洵足美。門前百尺陰，蔭此一溪水。	4-93 4-96 4-115
255	孫元衡	〈題林秀才池館〉	脫俗自成趣，園林物外閒。桄郎團竹塢，羨子亞荊關。雨過活枯澗，煙銷瘦小山。吾知謝靈運，到此不思還。	4-95 5-156
256	孫元衡	〈日入行〉	赤嵌東山高萬丈，金方溟漲天爲池。 羲和駕馭火鞭疾，霞車虹靷來何遲。 未旰登臺望蒙谷，虞泉下掬臨崦嵫。 是日天海明無翳，冉冉崇蓋覲西馳。 火輪漸低光轉近，與海鱗甲交離離。 初沒半輪如合璧，神芒百道兼千絲。 驪珠既墮萍實隱，九瀛化冶金鎔時。 踆烏戢翼不我與，燭龍低首焉能爲。 陽氣接戌便灰死，晻曖晻曖徒逶迤。 巨浪研光忽騰沸，萬烽並舉邊人疑。 谽呀豁閜舒長影，爚爚震震焚其逵。 烈燄烘雲煩煆鍊，洪爐煮海還蒸炊。 佛國明燈不知夜，神丘火穴良可窺。 燊燊應符再中瑞，輝輝擬見連珠奇。 空中長繩逝欲輓，河上杖策行當追。 戈揮三舍戰未已，射落九馭蘇來隨。 西隅白虎其宿昴，功成宜退胡相稽。 長留山頭少皞語，天目未閉諸神嬉。 佇立荒臺蓮漏下，爝煙滅盡星光垂。 憶昔山東登日觀，峰頭道士能狂癡。 天雞一唱呼我起，巖巒遠接扶桑枝。 金柱紅盆耀溟渤，三山隱見浮蛟螭。 大地光明杳何極，夢魂往往親重曦。 焉知落拓滄洲外，斷蓬卻逐西傾葵。 生死浮沈吁可怪，寸心炯炯無人知。	5-140
257	孫元衡	〈答篠岫弟到榕城見寄〉	鵜鴂飛不到蠻天，萬里艱難夢宛然。 蘇子眞成遙海望，惠連果枉濟江篇。 喜歡道上催春鳥，黯澹灘頭下水船。 留柳識韓俱浪語，浮名拋卻是歸年。	5-140
258	孫元衡	〈買舟〉	草亭落成時，題「浮瓠」二字於其上。跋云:「五石之匏，慮爲大樽，而浮江海，善用大也。浮之爾，于瓠乎何有？苟之於無，何有之鄉？余心與俱也審矣。」亭成，用以顏之。	5-148

259	孫元衡	〈草堂落成〉	一畝宮初闢，情奇境自遙。移根將筍竹，分本作花蕉。爐外安棋局，瓶邊挂酒瓢。人間無用地，應不礙鶺鴒。	5-148
260	孫元衡	〈題鳳山邑署東澄菴〉	山光延海色，新縣舊營邊。作吏有三載，所居惟一廛。秋花隱怪石，夕鳥翻寒煙。鼓角夜悲壯，知予耐穩眠。	5-150
261	孫元衡	〈諸羅縣即事〉	龜佛山前八掌舒，雕題絕國展皇輿。木城新建煩酋長，官廨粗營似客居。北向彝巢環瘴海，西偏估舶就牛車。嗟余慣睹殊方俗，鉛槧隨身可自如。	5-150
262	孫元衡	〈新建諸羅縣署記〉	四十五年，余攝諸篆，親履其地，問聽斷何所、承宣何所、自公退食何所？則荒田野草，數椽未就。因亟為之謀，命工庀材，依其爽塏，雖丹漆未施，而公堂內署已井然有序矣。從此蒞政之暇，或與邑紳士坐論桑麻，即不敢侈規模之大備，亦不至以百里官署等諸荒田野草，是則余之所差慰也。	5-150
263	孫元衡	〈題諸羅縣館室〉	醉上籃輿醒著鞭，似因行路謝塵緣。秋心遠水清於夢，野興孤雲澹欲仙。客裡逢迎隨耳目，城中氣味異山川。解龜應有為農日，願受無人處一廛。	5-151
264	孫元衡	〈雨止〉	草堂雨過勝林丘，竹榻橫斜枕簟幽。素月函煙青露暗，歸雲似水眾星浮。千憂一釋秋將及，諸苦全消暑乍收。滿院天香人靜後，未知身在海東頭。	5-156
265	孫元衡	〈詠懷〉三十首之二十三	高張逸清響，澡雪盥垢氣。領會無始意，結交雲中君。似謂魚鳥樂，遠殊竹帛勳。俗物眼中盡，筆硯良可焚。伏檻看丁子，紛陳皇古文。	5-159
266	孫元衡	〈夜〉	深宵原寂寞，孤館況蕭騷。風亂星光動，潮平月影高。蟲聲低在枕，露氣暗侵袍。心識鄉程遠，空令改二毛。	5-161
267	孫元衡	〈到官〉	室自掃除心便足，官閒隱窟竟何如。清嚴几硯浮生理，蕭瑟房寮靜者居。差待經營惟種竹，不煩籌度是澆書。天涯韻事應無缺，為避陽鱎嬾釣魚。	5-161
268	孫元衡	〈春興〉六首之五	門有煙波屋有林，笥無華袞橐無金。芳春逸興花同發，永夜遙情月共沈。鸚鵡螺前開笑口，蠹魚編裡問初心。散人乞得閒官職，天外應須著冷吟。	5-161

269	孫元衡	〈春日農圃言〉	老農飲春酒，向客舞婆娑。手中執雙壤，將以歌太和。我豕突陰壑，我牛礪陽坡。鵝黃鴨頭綠，池平水不波。二月刈新麥，三月布新禾。一坵輸五鍬，所用未爲多。	6-176
270	孫元衡	〈山家〉	地僻任耕鑿，山深無是非。檐前朝露注，林外海雲歸。鵝鴨晨懽隊，犯貓夜突機。官符從不到，白日款荊扉。	6-176 7-213
271	孫元衡	〈野望〉	曉起望墟落，他鄉幻轉妍。露濃疑宿雨，沙暖出疏煙。蠻嶂光侵海，驟潮聲在天。田田甘蔗綠，葉葉刺桐燃。分廨圍叢竹，安禪就谷泉。徘徊問心跡，身世總蕭然。	6-180
272	孫元衡	〈宿二林〉	雨歇天逾闇，風悲海欲來。荒塗欹獨枕，殘夜對空杯。庭燎棲雞怪，場其倦馬哀。壯心無一寸，那更不成灰。	7-213
273	孫元衡	〈野宿〉	秋雲向暮總陰森，竹屋卑棲枳棘林。風外葉鳴山鳥怪，雨中燈靜寺鐘沈。瘴煙作祟香先到，積水生寒夜漸深。耳目悲涼成底事，草蟲還爲發孤吟。	7-224
274	孫元衡	〈陪憲副王公總戎張公偕諸僚友往觀禾稼歸途讌集海會寺抵暮而返〉三首之二	回響入禪林，停輿就夕陰。餓鴟鳴斗酒，飛騎致庖禽。布席山門敞，行廚竹徑深。雙榕亂黃鳥，鐘磬會清音。	8-240
275	孫元衡	〈秋日雜詩〉二十首之二	八月渾如夏，冰紋枕簟斜。渴虹淹潦暑，毒霧莽風沙。破夢無名鳥，傷心未見花。自憐情漫浪，更擬著浮槎。	9-263
276	孫元衡	〈暑中書所歷〉	羈愁島嶼倍關山，浮世何由駐好顏？日月總如行水上，晦明不似在人間。地能簸蕩沙能沸，風最顛狂雨最慳。填委簿書當溽暑，投荒偏未許投閒。	9-263
277	孫元衡	〈苦熱行〉	丹蛇折鱗龍解角，扶桑曦馭騰東井。頭痛山南天毒西，片月當中墮焦影。牽牛脫軛河漢枯，織女停梭空引頸。大鵬戢翼大鯤潛，洪從祖公醉不醒。欲乞玄霜飛雪丹，滌滌山川心同同。	9-263
278	孫元衡	〈贈海客〉	頭白不須憐，安居已是仙。閉門遲過鳥，孤嶼得遙天。潮視盈虧月（潮之大小視月），風隨順逆船（海風不分南北，去來之舟可用）。此中堪翫世，知有太平年。	9-264

279	徐孚遠	〈桃花〉	海山春色等閒來，朵朵還如人面開。千載避秦眞此地，問君何必武陵回。	7-207 8-235
280	書山	〈勸農歸路經海會寺與諸同人分賦〉三首之二	問訊詞壇客，山僧逸興同。地高晴翠合，林靜妙香通。登眺消塵慮，安閒步梵宮。寸心持半偈，頓覺海天空。	8-240
281	秦士望	〈肚山樵歌〉	山高樹老與雲齊，一逕斜穿步欲迷。人跡貪隨巖鹿隱，歌聲喜和野禽啼。悠揚入谷音偏遠，繚繞因風韻不低。刈得荊薪償酒債，歸來半在日沉西。	6-183
282	馬清樞	〈臺陽雜興〉三十首之八	高岸萋萋草似煙，白波青嶂水沙連；編茅繞嶼千椽屋，架竹浮湖萬頃田。喚渡津頭划蟒甲，賣鹽市上用螺錢。行人莫憚藤橋險，別是瀛壖一洞天。	7-214
283	高拱乾	〈澄臺記〉	當風和日霽，與客登臺以望，不爲俗累、不爲物蔽，散懷澄慮，盡釋其絕域棲遲之歎，而思出塵氛浩淼之外，則斯臺比諸「凌虛」、「超然」，誰曰不宜？豈得以文遜大蘇而無以記之也。	5-144 5-155 5-166
284	高拱乾	〈東寧十詠〉之二	曉來吹角徹蒼茫，鹿耳門邊幾戰場。流毒猶傳日本國，偏安空比夜郎王。樓船將帥懸金印，郡縣官僚闢草堂。使者莫嫌風土惡，番兒到處繞車旁。	5-160
285	高拱乾	〈東寧十詠〉之三	客去留詩魚挂壁，吏閒無牘雀羅門。韶光拋擲眞堪惜，野杏春深落滿村。	5-161
286	高拱乾	〈東寧十詠〉之五	有懷須學藺相如，每遇廉頗獨讓車。晚圃晴霞秋習射，半窗苦竹午臨書。群公望隔三山杳，聖主明周萬里餘。素志漫言伸未得，忘機直欲混樵漁。	5-166
287	張以仁	〈竹溪寺〉	到此絕塵機，山光靄翠微。通幽泉自曲，悟靜鳥將歸。靄氣空中合，禪心物外依。何當襟帶綠，掩映竹成圍。	8-244 8-246
288	張宏	〈澄臺觀海〉	乘興登臺望四隅，海天莫可定贏輸。黃雲浩淼離還合，蒼靄微茫有若無。樓市結來成幻景，團團湧出映方壺。漁人罷釣沙灘上，換酒歸時招復呼。	5-155
289	張湄	〈聚星亭〉	梧竹陰森護短垣，群峰飛落聚星園。海翁九十髮如鶴，門外水田秋稼繁。	4-97
290	張湄	〈九日集郡齋四合亭贈錢道源太守〉	把酒登糕興未孤，仙亭四合讌清娛。黃花舊里親朋遠，碧海西風節物殊。	5-147

			晝永庭墀秋一鶴，年豐歌頌野多稌。 登高健足應猶昔，醉上榕梁不索扶。	
291	張湄	〈何總戎署讌集五 疊前韻〉	儒將胸中斗宿多，洗兵舊雨挽天河。 高城四面容春入，晚角雙吹喜客過。 座有麒麟堪寫照，川無蛟鱷久恬波。 裘輕帶緩風流甚，細柳旌門奏雅歌。	5-165
292	張湄	〈東郊勸農〉	出郭天四垂，墨雲挾狂雨。勢如萬鏃飛， 作氣不待鼓。彌望青蔥籠，物我同栩栩。 平畦漾穀紋，犁鋤應時舉。誰能甘惰農， 自貽樂歲苦。爲語蚩蚩氓，海濱履王土。 黃髮與垂髫，願勿入城府。熙怡若桃源， 往來有漁父。三時胼胝煩，勤焉豈無所。 況當膏雨餘，篝車滿可許。煙林布穀鳴， 陌上鞭水牯。米家畫圖閒，坐覽簑笠侶。	6-176 10-285
293	張湄	〈勸農歸路經海會 寺次韻〉二首之一	山郭雨初霽，招提入來。寒雲流梵韻， 濕翠蓮臺。缽爲投詩滿（僧石峰能詩）， 扉緣客開；催耕餘好鳥，人靜林隈。	8-240
294	張湄	〈勸農歸路經海會 寺次韻〉二首之二	野趣自清曠，豐年情不同。泉新茶碗碧， 火宿石鑪紅。眺海三層閣，栽花半畝宮。 息心塵外賞，遠嶼夕煙空。	8-239 10-285
295	張湄	〈彌陀寺〉二首之一	宦跡重溟外，遊情半日閒。妙香禪室靜， 灌木鳥音蠻。種葉常書偈，留雲早掩關。 稍聞烹水法，容我坐苔斑。	8-242
296	張湄	〈遊彌陀寺贈喝能 上人〉二首之二	何必遠城郭，已空車馬塵。因心川共逝， 觸指月如輪。客愧乘槎客，僧兼賣卜人。 此生期再訪，幽夢或通津。	8-248
297	梁啓超	〈萊園雜詠〉十二首	人物自是徐孺子，山林不數何將軍。 稍喜茲遊得奇絕，萊園占盡月三分。 （萊園） 娟娟華月霧峰頭，氾氾風光五桂樓。 傳語王孫應好住，海隅景物勝中州。 （五桂樓） 久分生涯託澗藹，虀鹽送老意如何。 奇情未合銷磨盡，風雨中宵一嘯歌。 （考槃軒） 一灣流水接紅牆，自憩圓陰納午涼。 遺老若知天寶恨，新詞休唱荔枝香。 （荔枝島） 小亭隱几到黃昏，瘦竹高花淨不喧。 最是夕陽無限好，殘紅蒼莽接中原。 （夕佳亭）	4-106

			溪紗浣罷月華明，荇帶蒲衣各有情。 我識蓬萊清淺水，出山原似在山清。 （擣衣澗） 一池春水干誰事，丈人對此能息機。 高柳吹綿鴨穩睡，荔枝作花魚正肥。 （小習池） 春煙漠漠雨蕭蕭，劫後逢春愛寂寥。 誰遣蜀魂啼不了，淚痕紅上木棉橋。 （木棉橋） 澹霧籠谿月上陂，曉來春已滿南枝。 君家故事吾能記，可似孤山鶴返時。 （萬梅崦） 綿綿列岫煙如織，曖曖平疇翠欲流。 好是扶筇千步磴，依稀風景似揚州。 （千步磴） 望月峯頭白露滋，南飛烏鵲怨無枝。 不知消瘦嫦娥影，還得娟娟似舊時。 （望月峰） 鶯吒鳳靡送年華，頗識吾生信有涯。 惆悵無因成小隱，賣書猶欲問東家。 （留別）	
298	章甫	〈雜詩平韻〉三十首之六	置身若在古風初，何必華堂不草廬。 尚有閒閒高士畝，謾來子子大夫旟。 莊周是蝶渾忘蝶，惠子非魚卻樂魚。 火食幾人曾斷去，的應飲水讀仙書。	2-42 3-61
299	章甫	〈山人笑渡行〉	溪流水勢曲又曲，古渡濟人日不足。 招招舟子在中流，兩岸遙聞櫓聲促。 東岸渡來西岸人，西岸待渡還相續。 渡頭溪水流出山，人在山頭高處矚。 當時結伴入山深，亂雲何處尋芳躅。 不知世上有風波，煙霞以外了無欲。 今日出上望滔滔，毋乃旁觀笑當局。 造物非以人拘拘，逸者榮分勞者辱。 夫人自甘逸與勞，山水何曾分雅俗。 紅塵靜處暮煙橫，山自空青水自綠。	2-42
300	章甫	〈草堂即句〉	斗室百空虛，中涵萬卷書。琴棋聊與共， 貧病若相於。退處生人後，追維造物初。 馬牛呼不管，吾自愛吾廬。	3-61

301	章甫	〈買隱〉	買隱入山林，雲煙密且深。松根支晚節，蘆葉淡秋心。補屋蔽風雨，擁書羅古今。偶然天籟發，吟韻答鳴禽。	3-61
302	章甫	〈幽居〉	世味年來淡，幽居且自安。才疏驚韻險，量窄怯杯寬。守拙因成懶，忘貧不覺寒。形骸知老至，小立亦憑欄。	3-79
303	章甫	〈次韻中秋郡署紅梅早開〉二首之二	一抹胭脂作意開，認桃辨杏任疑猜。漫隨竹外斜枝未，肯似林中半樹纏。索笑有情應贈句，憐香無語且傾杯。平分秋色官梅早，特爲調羹鼎鼐來。	5-159
304	章甫	〈和郡齋夜賞海棠〉	燭影搖光照影濃，捲簾斜看到殘鐘。宵深不滴懷人淚，睡足偏嬌悅己容。著雨新妝紅袖妒，含煙舊夢黑甜逢。花身本是神仙品，種出瑤臺第幾重。	5-159
305	章甫	〈漁樵耕牧〉	漁翁蕩漾水中天，最妙相忘不記筌。借問得魚何妙趣，化機一半躍于淵。 樵夫踏碎碧雲飛，伐木丁丁採四圍。山上斜陽山下落，一肩挑盡晚霞歸。 耕夫出作畝南東，樂在青畦綠野中。箬笠簑衣身計足，不愁雨煥不愁風。 牧童芻牧是如何，或飲于池或降阿。醒眼不隨人醉態，杏花村外自高歌。	6-187
306	章甫	〈村居晚興〉	村居風景古，晚興尚依依。殘照疏林合，微昏遠岫圍。杖頭逢叟話，牛背認童歸。薄暮誰家讀，尋聲且扣扉。	6-187
307	章甫	〈示兒孫〉	硯上我家田，傳耕幾百年。固窮休送鬼，安業亦云仙。尚剩琢錐地，寧艱補石天。試觀長坂駿，作勢便無前。	6-196
308	章甫	〈和友春睡夢覺集句〉	睡足脂痕暈海棠，故燒高燭照紅妝。驚回一覺遊仙夢，溪水流來誤阮郎。	7-228
309	章甫	〈月夜聽僧智輝與李爾沖和平沙落雁操〉	步月訪禪家，揮絃對碧紗。儼然來遠雁，相與落平沙。著指頻頻印，關情故故斜。曲終塵俗洗，並不點些些。	8-241
310	章甫	〈遊竹溪寺〉	西天即在海東關，記此沙門舊日顏。竹徑縫雲圍世界，溪橋渡水出人間。梵音了卻忙中鬧，鳥語吟餘靜裡閒。解到拈花微笑去，暮霞斜挂斗魁山。	8-243 8-246
311	章甫	〈宿岡山巖〉	山外連雲雲外山，雲巖古刹謝塵寰。零星木石相牽引，斷續藤蘿且附攀。	8-243

		避客兔歸三窟裡，談禪僧現十方間。 浮生因果誰參破，夜半鐘聲夢覺關。	
312	章甫	〈龍湖巖〉	野竹迷離翠作垣，微茫山色古雲門。 煙侵晚岫通幽徑，水隔寒堤接遠村。 曲檻留陰閒睡鹿，疏鐘倚月冷啼猿。 昔年曾得游中趣，依舊湖光瀲灩存。	8-246
313	章甫	〈萬石巖〉	疊嶂層巒萬石生，幽巖搆結豈虛名。 鳥吟空谷偷詩調，水滴寒橋淡畫聲。 四面溪山皆舊跡，幾間樓閣半新成。 搜奇引入桃源勝，疑是仙津路可行。	8-247
314	章甫	〈遊湧泉寺〉	岌嶪峰高寺湧泉，松陰翠粒破晴煙。 靈源有隙能開竅，喝水無聲不鬧禪。 石鼓風鳴青嶂外，通霄路在白雲邊。 人間亦有蓬萊景，到此登臨即是仙。	8-252
315	章甫	〈夢蝶園懷古〉二首之二	物化虛空萬象懸，蓬蓬栩栩散雲煙。 滿園都是華胥界，何處香魂覓醉眠。	9-266
316	莊年	〈范侍御招飲七里香花下〉二首之二	密葉繁葩綠玉叢，朝霞掩映雪玲瓏。 唐昌觀裏依稀似，后土祠邊想象同。 滿砌花飛驚積霰，隔鄰香透趁微風。 三年海外埋芳信，此日開箋興不窮。	5-165
317	莊年	〈重葺斐亭記〉	道署後有澄臺、斐亭，瀛壖八景之二也。癸亥秋，余承乏觀察。既攬澄臺之勝，復詢所謂斐亭者已邈不可即。唯臺西北隅有堂歸然，中霤懸額曰斐亭；余竊疑之。按亭與臺，皆前副使高公拱乾所構。公所為「澄臺記」，云載厂小亭於署後，環以竹，名以「斐」；更築臺於亭左，名之曰「澄」。是斐亭當在澄臺之右；彼歸然西北之堂，未可據竊其名以誣前人也。爰是披荊芟棘，於臺北十數武得隙地方二丈，石級磚甃尚餘草際；又傍多美箭，蒼翠襲人。遍訪於故吏，僉謂亭在是，因出俸餘，築草亭於其上。 　　落成日，偕我賓侶，俯仰其間。想見前哲之風流不墜、斯亭之興廢有時，不覺感慨係之。後之人履斯地而攬其勝，當不致有面失嵩華之歎；則是役也，寧惟補志乘之未備，實於斯亭有大造焉。	5-145
318	許南英	〈和易實甫觀察原韻〉	宦況蹉跎氣轉醇，隨緣五嶺看青春。 不知避地依然我，始悔趨時不若人。	2-49 8-236

			士本長貧終自好，官如此苦向誰陳。 還山無處思山隱，夢斷桃源世外民。	
319	許南英	〈三疊陳丈劍門見贈韻〉之四	世事如棋一局爭，祇爭權利不爭名； 一鍼度處翻駕譜，眾射穿時失鵠正。 不作馬牛藏我拙，肯攀龍鳳讓人精？ 從今謝絕塵間事，且學嵇康論養生。	2-50
320	許南英	〈菽莊避暑〉	老夫不是趨炎者，乘興從遊過菽莊。 已脫塵心平火宅，爰尋野趣憩山房。 歸雲久寄巖頭懶，片雨初收石乳香。 為謝熱中名利客，容吾居士號清涼。	2-50
321	許南英	〈和貢覺遊極樂寺用前韻〉之二	拈花一笑動眉波，妙悟聞香象渡河。 老去逃禪觀自在，閒來證佛拜迦羅。 名心解脫歸真實，梵語皈衣誦密多。 似與梅村身世感，揮毫狂寫晦山歌。	2-50
322	許南英	〈移居〉四首之四	一塵我亦葛天民，閉戶荒山歲易淪。 到此且生安穩想，向來原是寂寥身。 祇應皂帽尋遺老，那有烏衣識舊人。 飲酒讀騷今日事，支離南北正風塵。	3-71
323	許南英	〈問梅〉	淡嘗世味與人殊，寄跡孤山伴亦孤。 不去洛陽爭富貴，卻來庾嶺號清臞？ 因緣轉誤林逋老，眷屬誰憐鄧尉枯？ 問道壽陽曾點額，承恩承寵有耶無？	3-71
324	許南英	〈田家〉	落日亦云暮，躬耕謝南畝。荷鋤入我戶， 稚子候門久。因時摘晚菘，乘興開新酒。 布席命童僕，隔籬呼親友。頹然同一醉， 不醉隨所受。豈必盡十觴，何須傾一斗。 中庭懸明月，清輝照戶牖。嗤彼簪組人， 飛螢滿地走。雖有星星光，轉瞬復何有。 我願隱姓名，無勞栽五柳。	6-179 6-192
325	許南英	〈感時〉	此身無百年，此名足千古。嗟嗟時世人， 役役何其苦。既已美田廬，亦復榮簪組。 妻妾列鴛鴦，童僕豢狼虎。顧盼亦足豪， 鄉鄰誰與偶。以此為盛名，其實亦何取。 海上無金丹，肉皮囊易腐。功名富貴身， 北邙一坏土。	6-191
326	許南英	〈耕烟〉	遍地白濛濛，高歌我稼同。早烟猶未散， 曉日為之烘。楊柳春三月，桑麻地數弓。 一簑塵世外，來往畝南東。	6-192
327	許南英	〈擬小遊仙〉八首	仙山何處是蓬萊，弱水三千去不回。 十八年前遭小劫，紅羊劫盡復歸來。	9-274

			群仙高會在蓬瀛，我亦仙班舊有名。 神女宓妃相顧語，癡仙祇認許飛瓊。 滿山開遍碧桃花，來訪仙姬第幾家。 忽遇劉晨牽阮肇，深宵絳洞飯胡麻。 一醉瓊漿白玉醪，瑤池阿母餉蟠桃。 道心不爲思凡動，無用麻姑癢處搔。 御風夜夜駕雲輧，偶向桃花洞口停。 忽被蕊珠仙子笑，玉京忽現少微星。 聽罷霓裳醉廣寒，青天碧海夜漫漫。 嫦娥果有眞靈藥，乞與人間返少丹。 隨人信口自雌黃，自在華胥夢一場。 巫峽雨雲朝忽暮，何曾有夢到襄王。 忘情未到忘情天，究是凡夫不是仙。 縱不著魔應自笑，此情種在廿年前。	
328	許南英	〈重擬小遊仙〉四首	夢裡騎龍下玉京，洞霄宮外遇雙成。 誤貪煙火人間味，臥病維摩醉不醒。 未老徐妃似舜華，含羞半面暈朝霞。 天桃落盡春無主，來與仙人管落花。 琳房三十六秋屏，霧鬢雲鬟正妙齡。 醉後憨癡兒女態，通靈佯說不通靈。 纖腰約素裙吳綾，秘語傳來得未曾。 聞道能醫消渴病，愛河暗渡試新冰。	9-275
329	許夢青	〈書懷〉	把盞休須問辱榮，滿懷詩酒過平生。 何修得似陶彭澤，野鶴閒雲共性情。	2-51
330	陳文炳	〈龜山望海〉	極目滄溟萬里遙，白雲片片手中招。 晴嵐日抱山圍郭，水影聲喧人渡橋。 吾道南來歸學海，大江東去湧文潮。 何當跨鶴登仙路，繞遍蓬瀛聽紫簫。	7-218
331	陳文達	〈蝶園朝雨〉	鄉晨趨野寺，泉籟共幽清。法雨敲仙唄， 疏煙濕磬聲。蟲吟物外想，蝶夢幻中生。 頓覺無塵礙，道心處處明。	4-129 8-248 9-261
332	陳斗南	〈溪上〉	一灣春水繞人家，兩岸餘波濺碧沙。 咫尺煙津虛過客，浮沉古木欲棲鴉。 雲封遠岫千層渺，草長荒田一望賒。 共訪仙源何處是，隔溪依約有桃花。	7-227
333	陳永華	〈夢蝶園記〉	昔莊周爲漆園吏，夢而化爲蝴蝶，栩栩 然蝶也。人皆謂莊生善寐，余獨謂不然。 夫心閒則意適，達生可以觀化，故處山 林而不寂，入朝市而不棼。醒何必不夢，	4-93 8-235 9-260

			夢何必不蝶哉？吾友正青，善寐而喜莊氏書，晚年能自解脫。擇地於州治之東，伐芳闢圃，臨流而坐，日與二三小童，植蔬種竹，滋藥弄卉，卜處其中，而求名于余。夫正青，曠者也。其胸懷瀟灑，無物者也。無物，則無不物。故雖郊邑烟火之所比鄰，遊客樵夫之所闖咽，而翛然自遠，竹籬茅舍，若在世外，閒花野草，時供枕席，則君真栩栩然蝶矣。不夢，夢也；夢，尤夢也。余慕其景而未能自脫，且羨君之先得，因名其室曰「夢蝶處」，而爲文記之。	
334	陳廷珪	〈法華寺懷古〉	招提古蹟蝶圍中，物化都從佛化空。池水何緣含舊綠，岸風猶自落殘紅。茫茫湖海寰中客，栩栩江山夢裏翁。吾輩尋春談往事，雲花坐對冷簾櫳。	9-261
335	陳廷瑜	〈竹溪寺〉	古寺緣城近，魁山外一峯。路迴青疊疊，門隱翠重重。竹雨喧秋葉，溪烟冷暮鐘。闍黎饒種秫，幽杵亂聲春。	8-246
336	陳書	〈螺青書屋〉	湖海元龍氣未除，乾坤寬大是吾廬。身閒不必買山隱，心靜何妨近世居。案少奇珍惟筆硯，囊無長物只琴書。螺青社裏頻開帳，瀟灑襟懷定屬余。	3-86
337	陳登科	〈春日遊鯽魚潭〉	潭影湛明月，幽林芳徑穿。參差數茅屋，隱約依林泉。猖狂眾犬吠，恍在桃源間。我來問耕夫，三五話桑榆。爲予指東道，溪邊一草廬。竹籬半遮掩，門外雜菓蔬。客到坐談久，烹茗款款留。翅復虯麴蘗，邀共飲丹邱。田家風味真，雞黍供絪縕。微醉憩林下，身世慚閒鷗。往來鎮自得，宿食奚所求。江湖信爲樂，儘欲放輕舟。斜陽懸古道，棲鳥爭林投。相辭出門去，春鶯啼不休。	7-220
338	陳維英	〈題太古巢〉	山無甲子不知年，國入華胥夢枕邊。樹老宣栽盤古日，枝棲獨鬭有巢天。兩儀石叫驚山鬼，八卦潭澄問水仙。自笑草廬開混沌，結繩坐對屋三椽。	2-44 3-63
339	陳維英	〈太古巢即事〉十三首之九	笑魚得意躍無休，惹得漁人與作仇。不學沉潛深養晦，恐將難免網羅愁。	3-80
340	陳維英	〈太古巢即事〉十三首之十三	小屋如舟結構新，其間信宿脫風塵。明朝歸去誇朋輩，我是義皇以上人。	2-44 3-63

341	陳維英	〈太古巢〉三首之一	因思林泉幽僻地，屏嶂襟江，茵花幄樹，祇燎草安排，便成坦蕩蕩境，宜酒與詩。	3-64
342	陳維英	〈西野巢山房〉聯句	桃源小口初猶狹，蔗境倒頭入漸佳（第一重門）。到戶任題鳳字，閉門且讀牛經（門旁即牛柵）。	3-64
343	陳維英	〈題西雲岩雜詠〉十首之一	兀坐禪堂學上乘，休辭永別對孤燈。風生靈室窗三面，月照寒床枕一肱。欲扣齊魚祈佛祖，偏餐絮果伴山僧。況兼此地西天近，絕頂煙雲覆幾層。	8-250
344	陳維英	〈題西雲岩雜詠〉十首之三	漫道爲儒不解禪，此間幽隱謝塵緣。巉岩圖畫門前石，斷續琴聲澗底泉。恍寓夔州峰十二，如遊瓊島界三千。浮雲無事何須問，半日清閒卻是仙。	3-64 8-250
345	陳維英	〈題西雲岩雜詠〉十首之四	西雲蘭若上崚嶒，俯瞰江山一望平。石徑紆迴開法界，松軒寂寞聽鐘聲。丁年汲古資修綆，丙夜攤書對短檠。浩蕩此心寧待洗，明珠仙露擬同情。	8-251
346	陳維英	〈題西雲岩雜詠〉十首之七	西雲直上幾忘形，下視煙巒九點清。醉眼瞥開家遠近，塵心洗淨水瓏玲。龜山兀突膺天眷，犀嶺巍峨得地靈。且待杏花消息至，一枝高折插楊瓶。	8-251
347	陳維英	〈題西雲岩雜詠〉十首之九	龜山仰止幾何年，絕頂登臨得意先。北海且睥羈北淡，西雲直上接西天。高僧永伴青牛臥，俗客難同白鶴眠。世外紅塵皆不染，聊爲陸地小神仙。	8-251
348	陳維英	〈題西雲岩雜詠〉十首之十	西雲深處儼丹邱，古刹珠林萬相幽。俯仰太虛無畔岸，鴻濛元氣自沉浮。難因講道能傾耳，石以聆經亦點頭。可笑花銷輕薄子，妄從王播客揚州。	8-251
349	陳維英	〈齋中書事〉二首之一	地僻途紆少故知，青山綠水寄遐思。執經諸子多恂謹，糾過無人惜別離。病後還斟澆塊酒，閒來偶索閉門詩。書聲驚破黃梁夢，恍悟浮生盡若時。	3-82
350	陳維英	〈遣懷〉七首之七	經濟文章共一端，由來華國屬儒官。談天下事非容易，讀古人書大是難。風雨不緣章句誤，山林亦作廟廊觀。三分鼎足誰知者，只在南陽冷眼看。	6-198
351	陳維英	〈歸去來辭〉	天風吹袂下蓬萊，東望扶桑曉色開。不待舞鸞與騎鶴，踏雲歸去踏雲來。	8-252

			歸去歸來路幾程，春風自此愧先生。 不慣趨時宜守拙，那堪宿畫茲留行。 故鄉非憶鱸魚膾，家塾無嫌蛙鱔羹。 惟有窗前君子竹，蕭蕭弄出別離聲。	
352	陳肇興	〈山居漫興〉八首之二	一身如逐客，數日寄巖阿。世亂乾坤窄，山深雲雨多。生涯依木石，時事閱兵戈。不見天邊鳥，高飛避網羅。	2-48
353	陳肇興	〈山居漫興〉八首之三	寂寞空山裏，無人獨掩扉。養茸麋鹿馴，分子鯉魚肥。習字妻磨墨，薰香婢拂衣。憂來頻命酒，勉強學忘機。	2-48 3-69
354	陳肇興	〈山居漫興〉八首之四	燕去泥猶落，蟲飛雨欲來。山林饒樂趣，豺虎恕庸才。竹迸松根出，蘭穿樹腹開。桃源無處覓，雞犬漫相猜。	2-48
355	陳肇興	〈卜居〉	經年避賊寇，遷徙無定宿。有客晨過門，言善君平卜。長揖前致辭，再拜發龜櫝。自從喪亂來，八口滯空谷。供億有無故人，反噬有僮僕。親朋多白眼，群奸遠側目。入海愁蛟龍，登山畏虺蝮。吾甯居九夷，負矢射麋鹿。將委心任運，彫零依草木。吾甯請長纓，中原競馳逐。將浮沉觀變，憔悴匿林麓。吾甯依劉表，附會救饘粥。抑將說隗囂，辨論窮反覆。吾甯學杜甫，悲歌以當哭。抑將效揚雄，清靜自投閣。甯百折不回，守身如守玉。將模稜兩可，與世同齷齪。甯絕溫嶠裾，將戲老萊服。甯搖顧榮扇，將采陶潛菊。甯為轅下駒，將作雲中鵠。甯朝秦暮楚，將夜行畫伏。甯去依他人，抑來為宗族。甯四海為家，抑一枝自足。吁嗟天下亂，舉世方皆濁。瓦釜競雷鳴，干鏌埋地獄。豺虎橫咆哮，麒麟遭鞭扑。衣繡原非榮，披褐詎云辱。世無平不陂，道無往不復。詹尹將拂龜，賈生或賦鵬。何者為吉凶，何者為禍福。知幾有神明，尚其再三告。客聞呀然笑，釋策止弗瀆。王績醉為鄉，志和船作屋。在我求其是，到處皆安樂。七子沉湎同，三閭清醒獨。用行君之意，何必問龜殼。	2-48
356	陳肇興	〈哭張郁堂明經〉四首之四	君家山水武陵津，四季花開滿地春。畢竟煙霞多痟疾，桃源也不活秦人。	2-48
357	陳肇興	〈二十日彰化城陷〉	卦山何處擁旌旐，烽火連朝上翠微。定寨城空誇犄角，望洋援已絕重圍。	2-54

			優柔養寇機先失，倉卒陳兵計又非。從此瀛壖無樂土，荊榛塞路亂蓬飛。	
358	陳肇興	〈自許厝寮避賊至集集內山次少陵北征韻〉	皇帝元年秋，閏八月初吉。我遁於內山，潛伏野番室。深林暗無光，白晝不見日。破屋兩三間，茅茨雜蓬蓽。閉戶深藏匿，逢人未敢出。…生平耽烟霞，到此暫心悅。	3-69
359	陳肇興	〈感事述懷集杜二十首〉之十六	兵氣回飛鳥，殘生隨白鷗。文章憎命達，河漢逐人流。山鬼吹燈滅，鮫人織杼愁。夢歸歸未得，心折此淹留。	3-74
360	陳肇興	〈閒居〉四首之四	一鐙澹對睡常遲，寂寂西窗有所思。小飲最宜冬至日，苦吟偏愛夜長時。夢迴紙帳人初倦，春到梅梢蝶不知。卻怪寒蛩情似我，連宵唧唧伴吟詩。	3-85
361	陳肇興	〈春田四詠之分秧〉	春前春後雨初晴，十里風吹叱犢聲。不待鳴鳩終日喚，已看秧馬帶泥行。連疇蔗葉籠烟碧，隔岸桐花映水明。記得當年賢令尹，樂耕門外勸春耕。	6-190
362	陳肇興	〈初夏郊行〉	黑雲乍散雨初晴，一望郊原綠已平。好鳥逢人如問訊，野花滿眼不知名。晚煙幾簇籠修竹，新漲千畦長早秔。屈指納禾期已近，老農相對有謳聲。	6-190
363	陳肇興	〈肚山道中即景〉四首	樂耕門外草如茵，繞岸花開白似銀。如此風光真樂土，不須更覓武陵津。 過盡山莊與野橋，新秧萬頃綠齊腰。南樓幾日蕭蕭雨，又長東郊一尺苗。 竹園稻屋自成家，破曉兒童踏水車。萬綠叢中紅一片，隔籬幾樹莿桐花。 大肚山前大海西，嶔崎道路古來迷。緣堤一帶相思樹，日爲行人送馬蹄。	6-191
364	陳肇興	〈大坪頂〉	朝經水沙連，暮宿大坪頂。石級高百盤，槎枒爭一挺。直上如雲梯，連步防蹭等。中絕忽旁通，儼若汲引綆。前登膝齊腰，後顧形隨影。絕頂忽開張，桑麻近半頃。耕鑿數百家，茅舍亦修整。有如桃花源，雞犬得仙境。又若榴花洞，煙霞饒佳景。大石立其前，勢如猛虎猛。修篁四森布，巨可任斧艇。峩峩高半天，嶺上疊諸嶺。居人扳木末，雲際摘仙茗。復聞大頂峰，中有蛟龍井。其上多白雲，其下產蕈莚。	7-221

			路絕不可攀，悵望徒引領。何當結茅屋，長此事幽屏。閉戶有名山，願言養心靜。	
365	陳輝	〈買隱〉	買隱山村跡已深，軒車過客莫相尋。清泉白石通幽趣，野鶴溪鷗達素心。看罷晴雲峰有色，釣餘寒月水成陰。許由原有高風在，未報箕山得意吟。	2-43 3-62
366	陳輝	〈自題〉	窮居忘我拙，涉世懶逢迎。壁破牽雲補，窗疏待月生。蓬廬天地闊，塵事羽毛輕。好就杯中酒，狂歌一放情。	3-62 7-222
367	陳輝	〈不窳居訪林羽叟〉	羽叟先生不窳居，超然物外萬天初。青山雨度雙花塢，綠野煙消一草廬。醉倚壺觴閒歲月，吟依几席樂琴書。竹橋秋水相逢處，洗滌煩襟興有餘。	3-62
368	陳輝	〈小齋〉	僻處心常靜，幽棲意自閒。種花分隙地，閉戶似深山。日湧濃煙裏，風搖積翠間。不須尋酒伴，獨坐亦開顏。	3-76 7-222
369	陳輝	〈半路竹〉	客舍春郊裡，陰陰翠竹園。衝煙聞犬吠，隔樹見鶯喧。草綠疑無路，雲深又一村。行行車馬過，從此近仙源。	7-223
370	陳輝	〈村中〉	隱隱孤村近碧峰，朝來但覺睡雲濃。疏狂到處難爲客，懶散無心學老農。草舍寒煙迷橘柚，竹橋秋水映芙蓉。寂寥幸有園林趣，爲覓奇巖路幾重。	7-223
371	陳輝	〈依仁道中〉	踽踽行來望翠微，晚風吹度拂征衣。樣林斜影迷樵徑，竹塢繁陰引釣磯。路轉紆迴溪鳥散，山橫黯淡野人歸。鄉村擾擾何時靖，萬馬頻嘶未解圍。	7-224
372	陳輝	〈小店仔夜宿〉	塵途未整遠行裝，夜息還同客異鄉。一盞寒燈吟拓落，三更旅舍話淒涼。茅簷夢破芙蓉月，竹榻思侵荻葦霜。曉起雞聲咿喔處，數村煙水畫蒼蒼。	7-224
373	陳輝	〈鼉興溪〉	蘆澌人欲渡，幾曲鼉興溪。淺汕飛沙鳥，深蓬叫野雞。嵐橫皋濕地，路入水雲蹊。應是極南處，村遙草露迷。	7-224
374	陳輝	〈宿放索社口〉	十里荒荊路欲迷，停車小住傍巖棲。山當傀儡煙常冷，地接琉球月更低。蠻曲偏驚春夜裏，漁燈散點海涯西。行人到此渾無寐，夢斷詩成聽野雞。	7-224

375	陳輝	〈東港渡〉	斜帆臨野渡，水漲海涯東。草色連長岸，嵐煙聚短篷。山山春雨霽，樹樹夕陽紅。欲向津頭問，桃源路可通。	7-225
376	陳輝	〈琉球山〉	翠嶼孤懸在水隈，青蔥疑是小蓬萊。雲連遠影嵐光動，日映高峰海色開。恍惚鰲游千尺水，蒼茫浪激數聲雷。信知南極瀛壖地，物產猶傳鸚鵡杯。	7-225
377	陳璸	〈斐亭聽濤〉	蓁竹蕭疏護斐亭，公餘曾此把風泠。隨時花酒鶯傳語，適性琴書月繪形。堂下有情皆疾苦，樽前無念得安寧。況逢每歲秋風起，濤壯何堪靜裡聽。	5-164
378	陳繩	〈賦得夜涼溪館留僧話〉	老僧欲去復留之，溪館微寒夜話時。蓮社遠公猶具酒，香山居士尚吟詩。談空有象天花落，持偈無聲法雨施。畢竟三心須點破，道傍婆子莫支離。	8-241
379	曾作霖	〈虎巖聽竹〉	虎山巖寺宦而深，半是香花半竹林。赤劇有君當不俗，白沙許我最知音。禪參玉版空塵慮，夢入瑤篸愜素心。老衲憐渠風韻好，常教作笛效龍吟。	8-250
380	黃文儀	〈寄興〉	小隱隱城郭，簷前竹四帷。一庵花鳥趣，雅稱閉門居。	2-41
381	黃文儀	〈齋中閒居〉	茅屋蕭然靜不譁，幽居何物作生涯。數枝黃菊開時酒，一炷清香醒後茶。妙理細觀如有悟，狂吟無意學名家。尋詩寫興供吾樂，入夜梅梢桂月斜。	2-41
382	黃文儀	〈閒居雜詠〉廿四首之一	山聳千重綠，堂開一鏡明。讀來書幾卷，坐到月三更。	3-84
383	黃文儀	〈閒居雜詠〉廿四首之五	雨後添詩興，花前破笑顏。知音千古少，得趣一心懽。	3-84
384	黃文儀	〈閒居雜詠〉廿四首之七	意可香初燕，多情月照人。夢遊非有待，隨意上牛津。	3-84
385	黃文儀	〈閒居雜詠〉廿四首之十四	明月窺窗照，清風入戶來。篆雲抽縷縷，簾霧煖如煨。	3-84
386	黃文儀	〈閒居雜詠〉廿四首之廿三	理緒重重折，文思縷縷開。清機相引處，悟景豁然來。	3-85
387	黃叔璥	〈詠水沙連社〉	湖中員嶠外重溪，三跨橫藤人自迷。此境若非番社異，武陵洞口認花蹊。	2-35 7-214

388	黃清泰	〈宿貓霧捒田家〉	天外碧山碧，地上黃雲黃。雲黃稻已熟，家家刈穫忙。笠子團團月，鐮鉤皎皎霜。臥我新竹榻，茵鋪稻藁香。清絕無塵夢，一枕遊羲皇。	6-177
389	黃驤雲	〈豐亭坐月〉	琴堂側畔鼓樓邊，亭插雲宵月挂天。三五夜中涼似水，縱橫坐處碧生煙。能遊吏態當非俗，肯住詩心得不仙。半線山川全幅畫，一時都落酒杯前。	5-152
390	楊二酉	〈南巡紀事之新園道中〉	路轉埤頭近，平山一線連。野橋低澗水，深竹暗村煙。犬吠花間徑，人鋤屋後田。不知身異域，疑對武陵仙。	6-176
391	楊廷理	〈壬申生日志喜〉	名士突聞傳好句，荒陬拓土見平田。喜從團聚得真樂，鴻指春深百卉鮮。	5-165
392	翟灝	〈聚芳園記〉	署之西有隙地，為植木種花之所，久經荒蕪。因環舊址築短垣，廓其地建北舍三楹。牆外有小崗，松陰里許，蒼翠之氣，接連窗牖，因題曰「對松居」。自北而西為「聽月廊」。引泉其後，透竹林之南灌菊圃。圃東為矮屋，對「觀射亭」，植丹桂十株，名之曰「小軒十桂」。當春日融和，黃蜂滿院，欹枕聽畫眉聲，雌雄相應。時而隔簾香透，花影參差，蓋醞釀將卸也。臺地和暖，花無冬夏，樹不凋，砌草不黃，故能終歲菁蔥，生意滿眼。蘭蕙、素馨之類，隨地布置，欄檻芬芳，溢於亭榭。然君究何修而得此樂也？夫人惟不滯於境之內者，斯可超於象之外。嘗見夫權門貴客，日坐錦堂，玩好滿前，艷熖鋪地，以視君之茅舍柴扉，紙牖竹屋，不啻霄壤也；猶自營營於紛華靡麗之場，而戚戚於蘭麝帷帳之內，寤寐不釋，飲食不寧。究不知何時而樂也』。	5-152 5-167
393	齊體物	〈竹溪寺〉	梵宮偏得占名山，屼作蠻州第一觀。澗引遠泉穿竹響，鶴期朝磬候僧餐。夜深佛火搖鮫室，雨裏檳榔級法壇。不是許珣多愛寺，須知司馬是閒官。	8-241
394	劉文芝	〈秋詠三十律〉之二十二	盤中首藌思何如，元箸超超未敢居。冷署有誰供稻蟹，扁舟無處話蓴鱸。尋常嗜好酸鹹外，老大生涯淡泊餘。自笑年來糟粕盡，耐人咀嚼是清虛。	5-162

395	劉家謀	〈林氏園見梅花〉	海外無霜雪，逢人問此花。不須嗟歲暮，稍足慰天涯。幽徑香聞遠。頹垣幹出斜。蒣茶與荊竹，一例棄荒遐。	4-115
396	劉家謀	〈庭前忍冬籐花〉	此地無霜雪，焉知歲晚心。祇應依冷署，聊與慰孤襟。漫羨金銀簇，能消瘴癘侵。東洋誰伴汝，一樹短牆陰。	5-161
397	劉家謀	〈聽楊陶徑春蕃廣文譚火山之勝〉	七年閩官腸久冷，對此應教生鬱勃。炎方習俗易浮動，都爲精華太洩越。由來地氣關民風，所貴韜光藏樸訥。賞奇攬勝自一事，令我憂時心砰砆。	5-161
398	劉家謀	〈酒邊同黃希叔惠元話別〉	一官低首風塵下，有似青絲籠奔馬。乍逢伯樂便長鳴，邅恓當塗識音寡。感君慷慨爲我謀，謂我冷署毋羈留。豈知骨相本窮薄，十年早已輕王侯。天風吹水漲蓬島，有酒當筵且醉倒。飄零試看絕代姿，何處榮枯問蒼昊。柳絲裊裊滿長亭，惜君欲行難久停。蛾眉山月照瀛海，天涯萬里如堂庭。	5-162
399	劉家謀	〈宿竹溪寺〉	迺有此靈境，窈然郊郭間。四年自塵坌，一夕且幽閒。風竹韻清夜，月泉輝近山。人言法華好，金碧絕斕斑。	8-244
400	劉鴻翱	〈臺灣道署斐亭記〉	臺地竹多苞生，道署小平泉西兩檻外，叢竹千竿蔽日，濃陰交錯：院中有亭翼然，名曰「斐」，蓋取「淇澳」之「菉竹有斐」以名。由亭之東折而北，爲「寄雲曲舫」，早起，雲常滿室中。澄臺在其東南，可望海。臺之外爲圃，可習射。泉溢爲池，池中堆石爲島；雙鷗戲水面，時飛時止。芭蕉大如樹；畜麋鹿，每日午臥蕉陰下。海外奇木異卉──如佛桑、洋桃、文元、桂子、番石榴、黃梨之屬，經冬花蕊不斷。故胡公承珙題云：「明月先臨三島夜，好花常駐四時春」。孔公昭虔額曰「滄洲嘯詠」，其形容是亭者備矣，而未究名「斐」之義。	5-144
401	蔡德輝	〈沙連即景〉四首之一	嘉彰形勝此中分，奇跡搜尋廣見聞。濁浪排空多滾木，危巒繞社半籠雲。天斜北斗光長映，地接東埔氣不絕。塵世依然仙境在，笑看泉石酒微醺。	7-216
402	蔣允焄	〈偡室十三勝記〉	署創自有臺以來，堂宇西嚮，迤北爲別寢，堂東有澄臺、斐亭，載在郡志。此	5-145

			外隙地廓然，蕪久不治。余於是構室三楹，戶牖皆南啓。東房供臥起，迤西鑿方塘，樓其上曰攬月；稍北俯塘，曰魚樂檻。又塘北曰叢桂逕；逕北折梯，其上曰延薰閣。又自檻東循仄徑半徑，蠹石類盆盎，曰小仇池，亦折而梯於閣。閣左右翼‧其自左折洞浯北瞰曰花韻欄。盡閣之東，緣梯而下，斐亭移於此。又自亭度垣而東，曰得樹亭。又南曰接葉亭，曰花南小樹，訑焉。又西達澄臺，臺北曰挹爽廊，廊延室前，庭之東，其前廷周以欄，欄隙屛顏交錯，曰瑞芝嚴，曰疊雲峰，曰醉翁石。計新闢者凡十有三勝，各有記。澄臺、斐亭或新甃之，或移置之，名從其舊，不復記，然合之爲勝十有五，凡此皆有室也。	
403	蔣允焄	〈鴻指園記〉	署西偏廣可數畝，古榕三株，蟠根屈曲，志稱榕梁，枝葉展翠，又稱榕屛，舊四合亭址也。歲久且蕪，予就而新之，芟荒塗、鑿深沼、護花欄、砌曲徑，別作堂宇，以爲游觀。中列三楹，盛宴會也。左縛小亭，備游憩也。右架層榭，憑眺望也。	5-147
404	鄧傳安	〈遊水裏社記〉	時已初冬，四山青蔥如夏。滿潭皆菱芡，浮水白蓮如内地之六月菊。自北而南，艤舟山後。攝衣披草而登，不數十步，見美人蕉一畝，又見萬年菊一畝，紅黃相映，俱是蔓生。木果亦天成，石榴已殘、林檎尚可食。風清雲澹、鳥語花香，怡愕忘疲，惜荒蕪中無處可列坐而休耳。鹿洲所云：「番黎繞嶼爲屋以居、架竹木水上藉草承土爲浮田以耕者。」府志亦載之，今皆不見。但見庋木水中，傍嶼結寮爲倉，以方箱貯稻而已。其實番黎不解蒔畜，旣視膏腴如磽确，又安用此浮田爲哉？山麓望潭，不知原委；望遠山，不知脈絡。欲躋山頂以得寥廓之觀，而草深樹密，無路可尋，悵悵而反。嗚呼。臺灣乃海中一嶼耳，嶼之中有斯潭，潭之中復有斯嶼，十里如畫，四時皆春；置身其間，幻耶、眞耶？仙耶、凡耶？	7-215

405	鄭用錫	〈園居遣興〉	半畝園林景色幽，禽魚花木足遨遊。何人乘興同看竹，斯世浮名盡幻漚。道味須從閒處玩，物情最愛靜中求。此間真趣誰能識，悟到南華蝶與周。	2-45 3-78 4-129
406	鄭用錫	〈北郭園記〉	余自假養歸田，屈指至今已十餘載，自顧樗櫟散材，無復出山之志，竊效古人買山歸隱，以樂殘年。…顧今已老矣，無能為好山好水之遊，而朝夕此地亦足以杖履逍遙。仰而觀山、俯而聽泉，尋花看竹、聞鳥觀魚，豈不快哉。	2-45 4-103
407	鄭用錫	〈聞丁述安司馬日健郡城購園亭多植花木亦分八景書此寄之〉	勞薪暫息開無事，新修廨舍三弓地。隔斷紅塵境自清，先憂後樂心心寄。山房雙桂苦栽培，小山招隱非公志。榴花豔照眼中明，五月開軒應獻媚。松生書屋匝地陰，此是公家夢所致。掃徑吾亦愛吾廬，廣廈誰作萬間庇。惟公邱壑足胸中，不拘於吏為仙吏。故山猿鶴不須愁，數笏石存歸岫意。	2-55 5-167
408	鄭用錫	〈北郭園即事〉	愧無廣廈庇歡顏，舞鶴匡床日往還。四壁絲飽有文字，數村松竹是家山。天教境界鄰城郭，地幸喧囂隔市寰。我本武陵新避世，蒼苔十里掩柴關。	2-55
409	鄭用錫	〈戲贈鶴珊〉	託迹潛園宇宙寬，故鄉歲月樂盤桓。使君疑是陶宏景，既愛山林更愛官。	2-55 4-129 10-288
410	鄭用錫	〈陳迂谷中翰移居獅子巖齋額曰棲野巢賦此贈之〉	四面青山爽氣浮，何人卜居最高頭。此墩終屬謝石安，勝地今為陳太邱。古寺鐘沉獅子吼，疏林日暮鳥聲幽。分明一幅倪迂畫，合與先生雅號留。	3-64
411	鄭用錫	〈薦階茂才小飲北郭園贈詩和原韻之三〉	邱園養拙拜經神，敢比躬耕鄭子貞。懶掃門庭留鼓吹，曾攜杖履近星辰。林泉有夢依天上，文學何緣託海濱。幸遇足音空谷貴，多君不薄退休人。	3-80
412	鄭用錫	〈十年〉	十年難學到詩翁，少不如人老豈工。只為村居無一事，聊將晚景付吟筒。	4-103
413	鄭用錫	〈北郭園新成八景答諸君作〉	「小樓聽雨」足登臨，「曉亭春望」堪遊憩；「蓮池泛舟」荷作裳，「石橋垂釣」香投餌；「深院讀書」一片聲，「曲檻看花」三月媚；「小山叢竹」列簪箸，「陌田觀稼」占禾穗。莫言撮土此三弓，亦	4-104 4-115

			足引人入深邃。玻璃戶牖生虛白，四序能延清爽氣。巡簷索笑頗復佳，顧影獨酌眞成醉。座客聞言各歡呼，妙諦可抉南華祕。非魚子豈知魚樂，看花我更得花意。此是平生安樂窩，他時當入淡廳誌。	
414	鄭用錫	〈安晚〉	最愛安閒樂晚年，人生何事被塵牽。我今亦自稱安晚，要與吾家作比肩。	4-104
415	鄭用錫	〈新擬北郭園八景・小樓聽雨〉	南樓凭几坐，過雨又瀟瀟。有味青燈夜，爲予破寂寥。	4-109
416	鄭用錫	〈新擬北郭園八景・小山叢竹〉	有山兼有竹，宜夏亦宜秋。絕似篔簹谷，新封千戶侯。	4-109 4-124
417	鄭用錫	〈新擬北郭園八景・石橋垂釣〉	且理釣魚絲，石橋獨坐時。一竿遺世慮，最愛夕陽遲。	4-109 4-130
418	鄭用錫	〈北郭園新成八景答諸君作〉	笑余買山太多事，新築小園喜得地。迴環曲折略區分，編排一一增名字。小樓聽雨足登臨，小亭春望堪遊憩。蓮池泛舟荷何裳，石橋垂釣香投餌。深院讀書一片聲，曲檻看花三月媚。小山叢竹列篔簹，阡陌觀稼占禾穗。週遭八景繫以詩，題箋滿壁群公賜。既非洞天六六開，但有蹊徑三三驤。堂坳尺水當海觀，封垤拳石作山企。斯爲倪迂清閟圖，補作平泉花木記。莫言撮土此三弓，亦足引人入深邃。玻璃戶牖生虛白，四序能延清爽氣。循簷索笑頗復佳，顧影獨酌眞成醉。座客聞言各歡呼，妙諦可抉南華祕。非魚子豈知魚樂，看花我更得花意。此是平生安樂窩，他時當入淡廳誌。	4-115
419	鄭用錫	〈再和蔭庭〉之一	老夫歸計問耕漁，新築吟窩徙舊居。僻地無塵留靜境，凌霄有竹愛吾廬。敢誇門地稱通德，尚望兒曹讀父書。我本疏慵忘宦況，爲牛爲馬任呼余。	4-115
420	鄭用錫	〈賞菊〉	有菊當有詩，有詩當有菊。無菊詩何工，無詩菊亦俗。采采南山隈，清香願盈掬。不見古高人，吟詩三往復。柴桑處士家，隱者花爲族。	4-118
421	鄭用錫	〈對菊〉	物候催移歲月忙，繁英代謝感風霜。人誇老圃秋容淡，我愛疏籬傲骨香。	4-118

		晚節幾同韓相國，孤標此即魯靈光。 平生何處尋知己，五柳門前隱士鄉。	
422	鄭用錫	〈和汪韻舟少尉昱元日詠梅菊作〉	世人競羨春花早，我說秋花遲更好。 春花從無百日紅，惟有秋花偏耐老。 花花相對換新年，觀者一時齊稱妍。 當筵不惟菊度歲，寒梅一樹相比肩。 此物何爲同位置，老圃孤山爭獻媚。 留此孤標傲世姿，化工指點非無意。 君不見西湖處士家，水邊籬落枝橫斜。 又不見五柳先生宅，葛巾大醉歡今夕。 撫時且共霜中守，乘興看花兼把酒。 勸君暢飲延齡盃，勸君小試調羹手。	4-121
423	鄭用錫	〈詠柳〉	長條細拂午風輕，添得園林景色清。 滿地夕陽誰繫馬，一庭細雨每藏鶯。 隨花掩映饒佳勝，與竹高低互送迎。 若便柴門招隱去，也應五柳號先生。	4-122
424	鄭用錫	〈鄰花居即事〉	日月雙丸彈，春秋一草廬。寄身無別業， 退老此幽居。庭靜花添韻，窗陰竹補虛。 有時成午夢，亦自到華胥。	4-124
425	鄭用錫	〈獨坐〉	鎮日無閒事，蕭齋獨坐宜。茶香消世慮， 書味話兒時。門户持全局，河山戒漏巵。 盛衰原定數，息息箇中知。鎮日無閒事， 蕭齋獨坐宜。茶香消世慮，書味話兒時。 門户持全局，河山戒漏巵。盛衰原定數， 息息箇中知。	4-130
426	鄭用錫	〈述懷〉	成陰林木同名節，垂暮光陰等幻漚。 富貴浮雲隨分好，微軀此外復何求。	4-130
427	鄭用錫	〈齋居遣興〉	小築三間安樂窩，蒲團坐破老頭陀。 呼牛世上吾能答，旋馬廳前地豈多。 幸可消閒搜典籍，有時乘興託吟哦。 園丁爲報春光到，如夢鶯花一刹那。	4-130
428	鄭用錫	〈感作〉	我生本不才，庸庸何所見。一官歸去來， 幸侍寢門膳。倏忽廿餘年，流光如掣電。 到處皆險巇，人情多幻變。軒冕似泥塗， 昔貴今亦賤。不如收桑榆，行樂且安便。	6-179
429	鄭如蘭	〈林維丞賞菊索和原韻〉二首之一	黃花泛酒跡非陳，陶令相逢分外親。 籬畔蕭疏猶故我，坐中雅淡恰宜人。 名園到晚誰堪冷，老圃經霜倍有神。 知己如翁真灑脫，幾時賞識出風塵。	4-119

430	鄭如蘭	〈林維丞賞菊索和原韻〉二首之二	鍼芥相投榻下陳，一番談笑一番親。孤芳本不諧流俗，冷豔偏宜伴老人。花到濃時爭嫵媚，我從淡處見精神。園中獨作群芳殿，凡卉何從步後塵。	4-119
431	鄭如蘭	〈送黃淦亭廣文如許之任彰化用前韻〉	錯落珠璣一一陳，開函雒誦怳身親。門前雪立追前哲，坐上風來憶故人。叔度何時重覿面，文通此日更傷神。官卑猶足尊吾道，況有幽齋避俗塵。	5-156
432	鄭家珍	〈八月望後之七日遊青草湖感化寺〉	風塵碌碌騁無方，偶到城南古佛場。鄉望白雲能遠俗，湖留青草有餘香。謝公乘興攜雙屐，御史題名臥一梁。十畝桑田秋意淡，躬耕我欲學南陽。	6-179
433	鄭經	〈屏跡〉	生來性放曠，興起獨遨遊。寂寞橫漁釣，逍遙扣角牛。千峰形紫翠，百鳥調喧啾。開卷聖賢侶，絕塵水石儔。空山巖谷靜，荒徑林塘幽。終歲邀明月，穿窗伴白頭。	2-38 7-212
434	鄭經	〈隱者〉	高人隱臥在沙洲，日暮逍遙古渡頭。市酒歸來明月偶，泛舟遠去白雲酬。門前綠柳夾幽徑，屋後青松壓翠樓。乘興餘書隨意得，不知鴻雁幾迴秋。	2-39
435	鄭經	〈隱者〉	古木斜荒徑，幽人頻倚凭，山居數十載，不識何名姓。	2-39
436	鄭經	〈幽人〉	愛幽尋靜處，結草在陰崖。峰岫春秋變，雲煙朝暮埋。居山解鳥興，臨水動詩懷。清景牧樵共，義農作等儕。	2-39
437	鄭經	〈題潛苑景〉	潛苑樓臺上，巍巍接碧天。紅蓮含宿雨，綠柳帶朝煙。歸鳥集芳樹，遊魚躍紫淵。夜思還入夢，擬到白雲邊。	4-92
438	鄭經	〈潛苑三洲〉	一苑皆春色，三洲帶晚風。青山接碧漢，翠潤落晴空。漁艇出叢綠，岸花到處紅。遠峰橫落日，長渚掛殘虹。流水搖溪月，輕煙籠岸楓。江波逐返棹，霞影送歸鴻。疏竹開幽徑，芳林隱澤宮。清幽無限景，何必羨瀛蓬。	4-92 4-96 4-115
439	鄭經	〈遊陳復甫憩園〉	憩園桃李映杯春，滿地殘紅渾繡茵。翠竹芳林開曲徑，碧流孤棹動高旻。輕煙冉冉浮江際，飛鳥翩翩鬧水濱。醉後歸來將墜馬，霏霏細雨淨車塵。	4-93
440	鄭經	〈田家〉	孤山草舍田家廬，杉松蕭疏遶村墟。屋後闌中睡黃犢，門前簷下掛犁鋤。	6-174

		崎嶇石田傍流澗，屈曲山泉通溉渠。 稚童驅牛下澤陂，老婦提筐入竹籬。 妻兒餉饋坐隴畔，葵蕨蔬羹黃粟糜。 數瓢濁醪同歡飲，酌罷低頭復敷菑。 日落將暮山首西，牧子吹笛過前溪。 農夫負耒歸家去，嘻嘻笑接兒女妻。 放下農器入竹戶，少者懷抱長者攜。 天昏月色微露影，夜樹子規悲春啼。	
441	鄭經	〈田家樂歲〉	山中錯落田家村，草作屋分竹作門。 門前膏田千萬頃，種植皆是赤苗蘗。 嘉穀橫斜滿隴畝，收穫盈堆在東墩。 農人歡歌多稼曲，妻女頭帶忘憂萱。 父子家人同樂歲，共酌濁醪醉飽尊。	6-175
442	鄭經	〈江村〉	一曲清溪遶孤村，綠竹猗猗作翠垣。 籬邊寂寞無尨吠，江中出沒有風豚。 夾岸桃花迷遊客，穿盡楊柳乃知門。 草廬野叟曳杖出，滿眼攜抱皆兒孫。 長者溪邊沿水戲，幼者胸前抔髻掀。 怡笑自得天地外，不管閒塵歲月奔。	6-186
443	鄭經	〈牧人〉	和煦天氣任遨遊，驅牛上山群聚休。 亦有披襟松間臥，亦有樹上亂狂謳。 大牛喘息溪谷裏，小犢歡舞在林丘。 日暮歸來橫短笛，不辨歲月任悠悠。	6-186
444	鄭經	〈山中作〉	獨坐深山臥曲房，閒行竹徑俯林塘。 清流能洗氣埃事，幽谷自開名利韁。 林鳥朝朝喧異語，石泉夜夜奏清商。 碧空明月時相侶，翠嶺輕雲日在傍。 聽韻松間倚竹杖，尋芳花下擷荷裳。 情移山水共清態，神與煙霞俱景光。 此外俗塵都已淨，惟將旨酒作吾鄉。	7-212
445	鄭經	〈幽居〉	避塵隱深山，出入扶藜杖。歧路荒草掩， 親朋無相訪。靜坐幽谷裏，日在碧流傍。 青山橫聳起，環列如屏嶂。杉松萬重翠， 惟聞鳥聲唱。孤山人到少，麋鹿堪爲伉。 瀟灑雲煙外，登臨憑四望。長嘯巖谷應， 心清任曠放。草廬橫石床，寄傲自安暢。 景幽絕世塵，日日獨醉忘。	7-212
446	鄭應球	〈移家〉	淡泊無營意自寬，移家東郭近林巒。 鳥吟白日春前樹，人整青山竹外冠。 張老已知成室美，淵明但取敝廬完。 由來物理難齊論，聊借鷦鷯信所安。	3-68

447	鄭鵬雲	〈北郭煙雨〉	半村半郭日閒遊，一抹山光眼底收。煙景模糊池畔柳，雨聲點滴水邊樓。披圖學畫懷摩詰，欹枕閒聽記陸游。絕愛名園時憩息，宜春宜夏又宜秋。	4-110
448	盧九圍	〈春日遊竹溪寺〉	千竿綠竹一灣溪，掩映禪房繞曲隄。煙濕翠巒花隱隱，雲深碧澗水萋萋。無營祇覺幽懷廣，自在惟聞好鳥啼。清磬數聲人去也，詠歸還過畫橋西。	8-246
449	賴世觀	〈悟道〉	半積陰功半讀書，乾坤到處是吾廬。逍遙莫把塵牽住，洗滌聊將志暢舒。有酒醉眠明月窟，無吟含笑白雲居。此身曾作登瀛夢，今日閒來看太虛。	3-83
450	錢元揚	〈觀音山寺〉	曲折循幽徑，中峰信可觀。澗阿紆以曠，松石邃而寒。禪定花香異，機忘鳥語歡。如何窺道意，夕照有遺丹。	8-249
451	錢時洙	〈登屏山〉	徙倚芝苔徑，白雲盈我衣。新花開欲遍，啼鳥散還飛。笑逐山光入，醉攜春色歸。更餘幽興在，淡爾發清機。	7-219 7-229
452	錢琦	〈香洋春耨〉	何處聲聲布穀啼，岡山山北柳林西。杏花春雨紅千畝，蔗葉寒煙綠一犁。水引石頭開短甽，笛橫牛背過前溪。屢豐不待秋來卜，多稼如雲望早迷。	6-182
453	謝本量	〈寒食日諸羅署中偶作〉	樣花如雪飼金魚，小院陰濃綠不除。春色尚留三分一，盤中已薦夏秋蔬。	5-151
454	謝家樹	〈香洋春耨〉	上沃三春潤，洋寬一望迷。風馴芳草浪，雨釀落花泥。司饁童攜筥，忘機鳥集犁。西成先可慶，不辨地高低。	6-182
455	謝道隆	〈歸台〉	腥風吹到劫灰飛，海島孤懸困四圍。避地人因驚鶴唳，覓巢鳥爲戀雛歸。重分社肉情猶洽，再整門楣事已非。無奈深山狼虎穴，夷齊難採首陽薇。	2-54
456	謝道隆	〈山居〉	賣藥餘貲爲買山，結廬小隱住巖間。中年祇愛幽栖好，俗慮應將次第刪。芳草溪邊堪薄採，晴雲嶺上伴長閒。牧童叱犢歸村去，空谷黃昏且閉關。	3-74
457	謝道隆	〈閒居〉	世事寧堪問，閒居自養神。烹茶隨喚婢，把酒便呼鄰。開戶迎歸燕，觀書對古人。階前秋葉落，俯拾喜添薪。	3-81

458	藍鼎元	〈紀水沙連〉	自斗六門沿山入，過牛相觸，溯濁水溪之源。翼日可至水沙連內山。山有蠻蠻、貓丹等十社。控弦千計、皆鷙悍未甚馴良、王化所敷、羈縻勿絕而已。水沙連嶼在深潭之中，小山如贅疣，浮游水面。其水四周大山，山外溪流包絡，自山口入，匯爲潭。潭廣八、九里，環可二、三十里。中間突起一嶼。山青水綠，四顧蒼茫，竹樹參差，雲飛鳥語；古稱蓬瀛，不是過也。番繞嶼爲屋以居，極稠密。獨虛其中爲山頭，如人露頂然。頂寬平，甚可愛。詢其虛中之故，老番言自昔禁忌，相傳山頂爲屋，則社有火災，是以不敢。嶼無田，岸多蔓草。番取竹木結爲桴，架水上，藉草承土以耕，遂種禾稻，謂之浮田。水深魚肥，且繁多。番不用罾罟，駕蟒甲，挾弓矢射之，須臾盈筐。發家藏美酒，夫妻子女，大嚼高歌，洵不知帝力於何有矣。蟒甲，番舟名，刳獨木爲之；劃雙槳以濟。大者可容十餘人，小者三、五人。環嶼皆水，無陸路出入，胥用蟒甲。外人欲詣其社，必舉草火，以煙起爲號，則番刺蟒甲以迎；不然，不能至也。嗟乎？萬山之內，有如此水：大水之中，有此勝地。浮田自食，蟒甲往來，仇池公安足道哉。武陵人誤入桃源，余曩者嘗疑其誕；以水沙連觀之，信彭澤之非欺我也。但番人服教未深，必時挾軍士以來遊，於情弗暢，且恐山靈笑我。所望當局諸君子，修德化以淪浹其肌膚，使人人皆得宴遊焉，則不獨余之幸也已。水沙連內山，產土茶，色綠如松蘿，味甚清冽，能解暑毒，消腹脹，亦佳品云。山中奇景，耳目一新。但番人服教未深，必挾軍士以遊，殊少雅趣。修德馴番，使人人皆得往遊，是作者立言本旨，固知不在登臨適興也。	2-35 7-213